U0128606

本书系国家社科基金一般项目"闽南文化与海上丝绸之路"（项目编号：15BMZ06372）、福建省社科一般项目"海上丝绸之路与近世福建社会变迁"（项目编号：FJ2015B126）研究成果，同时感谢福建师范大学地理科学学院资助出版。

海上丝绸之路与近世以来
福建区域社会变迁

Maritime Silk Road and Social Changes in
Fujian Region Since Modern Times

钟羡芳　徐文彬　著

中国社会科学出版社

图书在版编目（CIP）数据

海上丝绸之路与近世以来福建区域社会变迁 / 钟羡芳，徐文彬著．
—北京：中国社会科学出版社，2023.9
ISBN 978 - 7 - 5227 - 1479 - 0

Ⅰ.①海…　Ⅱ.①钟…②徐…　Ⅲ.①海上运输—丝绸之路—
历史—研究—中国②社会变迁—研究—福建　Ⅳ.①K203②K295.7

中国国家版本馆 CIP 数据核字(2023)第 031506 号

出 版 人	赵剑英
责任编辑	宋燕鹏
责任校对	李　硕
责任印制	李寡寡

出　　版	中国社会科学出版社
社　　址	北京鼓楼西大街甲 158 号
邮　　编	100720
网　　址	http://www.csspw.cn
发 行 部	010 - 84083685
门 市 部	010 - 84029450
经　　销	新华书店及其他书店

印　　刷	北京明恒达印务有限公司
装　　订	廊坊市广阳区广增装订厂
版　　次	2023 年 9 月第 1 版
印　　次	2023 年 9 月第 1 次印刷

开　　本	710 × 1000　1/16
印　　张	20
插　　页	2
字　　数	288 千字
定　　价	108.00 元

凡购买中国社会科学出版社图书，如有质量问题请与本社营销中心联系调换
电话：010 - 84083683

目　录

前言　国内外研究进展及相关概念

一　国内外研究进展

福建作为海上丝绸之路的重要起点和发祥地，早已受到海内外学者的重视。早在 20 世纪初，欧美及日本学者已对中国海上丝绸之路开展了研究，取得较为丰硕的研究成果，其中日本学者桑原骘藏发表《蒲寿庚考》[①]，广征博引，考证翔实，成为其扛鼎之作。中国学者冯承钧翻译法国学者伯希和（Paul Pelliot）等人著作，汇编成《西域南海史地考证译丛》[②]，对《诸蕃志》等海上丝绸之路的汉文文献进行整理和校注[③]，撰述了《中国南洋交通史》[④]，开拓了海上丝绸之路研究。傅衣凌[⑤]、张星烺[⑥]等学者勘察福州、泉州的重要海上丝绸之路遗址，发表《福州琉球通商史迹调查》《泉州访古》等论文，萨兆寅编撰《福建对外贸易史研究》[⑦] 等等，此类成果对后来研究者颇有启发。

中华人民共和国成立后，北京大学向达[⑧]系统整理出《西洋番国

---

① ［日］桑原骘藏：《蒲寿庚考》，岩波书店 1923 年版。

② 冯承钧译：《西域南海史地考证译丛》，商务印书馆 1995 年版。

③ 冯承钧校注：《诸蕃志校注》，商务印书馆 1940 年版。

④ 冯承钧：《中国南洋交通史》，商务印书馆 1935 年版。

⑤ 傅衣凌：《福州琉球通商史迹调查》，见《傅衣凌治史五十年文编》，厦门大学出版社 1989 年版，第 236 页。

⑥ 张星烺：《泉州访古记》，《史学与地学》1928 年第 4 期。

⑦ 萨兆寅编撰：《福建对外贸易史研究》，福建省研究院社会科学研究所 1948 年版。

⑧ （明）巩珍撰，向达校注：《西洋番国志　郑和航海图　两种海道针经》，中华书局 1959 年版。

志》《郑和航海图》《两种海道针经》等史料，相关成果列入《中外交通史籍丛刊》出版。季羡林①、周一良②也分别探讨中外科技、文化如何通过海路传播。复旦大学田汝康③探讨中国帆船贸易的兴起与衰落。福建本地学者吴文良④应中国社会科学院考古研究所邀请，整理出版《泉州宗教石刻》，受到国内外学术界的瞩目。1959 年，泉州海交史博物馆成立，逐渐成为海上丝绸之路研究的重镇。与此同时，章巽⑤、韩振华⑥等学者深入剖析各个时期交通路线的变化、船舶建造、航行技术等方面，对相关文献予以细致考据，成果显著。1974 年后渚港宋船出土，在海内外引起轰动，被视为中国自然科学史上最重要的发现之一，厦门大学、中国社会科学院等高校、科研机构学者对其加以深入考察，发表一系列科研成果。

　　与此同时，日本学者三杉隆敏⑦提出"海上丝绸之路"的概念，后在饶宗颐⑧、陈炎⑨等学者的推动下，逐渐在国内普及，成为中外关系史研究的重要内容，研究领域向海外贸易史、文化交流史拓展。1981年北京大学陈炎在"中国中外关系史学会"成立大会上首次在内地提出了"海上丝绸之路"的概念，后发表《略论海上"丝绸之路"》等论文，推动海上丝绸之路研究。周一良先生主持出版《中外文化交流史》⑩，是北京大学学者研究海上丝绸之路成果的一次集中展现。福建与海上丝绸之路关系方面也有学者从不同角度进行了分析。林汀水⑪从

---

　　① 季羡林：《中国纸和造纸法最初是否由海路传到印度去的?》（1954），载《中印文化关系史论文集》，生活·读书·新知三联书店 1982 年版，第 44—50 页。

　　② 周一良：《鉴真的东渡与中日文化交流》，《文物》1963 年第 9 期。

　　③ 田汝康：《中国帆船贸易的兴起与衰落》，上海人民出版社 1957 年版。

　　④ 吴文良、吴幼雄：《泉州宗教石刻》，科学出版社 2005 年版。

　　⑤ 章巽：《我国古代的海上交通》，上海新知识出版社 1956 年版。

　　⑥ 韩振华：《南海诸岛史地考证论集》，中华书局 1981 年版。

　　⑦ ［日］三杉隆敏：《海のシルクロードを求めて——東西やきもの交渉》，东京：創元社，1968 年，第 1 页。

　　⑧ 饶宗颐：《蜀布与 Cinapatta——论早期中、印、缅之交通》，《"中央研究院"历史语言研究所集刊》第 46 本第 4 分，1974 年。

　　⑨ 陈炎：《海上丝绸之路与中外文化交流》，北京大学出版社 2002 年版，第 52 页。

　　⑩ 周一良：《中外文化交流史》，河南人民出版社 1987 年版。

　　⑪ 林汀水：《略谈泉州港兴衰的主要原因》，《厦门大学学报》1984 年第 1 期。

历史地理角度分析泉州港兴衰的主要原因。陈高华①考察以泉州为中心的宋元时期海外贸易。谢方②认为西方殖民者侵略导致明代漳州月港衰败。林仁川③考察明沫清初以漳州月港为中心的民间海外贸易。庄为玑④将泉州作为海上丝绸之路重要港口加以考察。港台及海外学者亦关注海上丝绸之路研究。张炎宪、曹永和等学者倡导海洋史研究，出版《中国海洋发展史论文集》。李东华⑤考察泉州与我国中古的海上交通。新加坡学者吴振强⑥剖析港口城市厦门如何成为重要的海上贸易中心。值得一提的是，1991 年，联合国教科文组织开展海上丝绸之路考察活动，并在泉州举办国际学术研讨会，后将会议论文汇编为《中国与海上丝绸之路》⑦，极大地推动了国内海上丝绸之路的研究。

20 世纪 90 年代，国内关于海上丝绸之路研究蔚然成风。黄时鉴、蔡鸿生⑧、刘迎胜⑨等学者对海上丝绸之路的研究颇为丰厚。其中以杨国桢为代表的厦门大学学者，倡导"海洋史学"，先后推出《海洋中国与世界》《海洋与中国》《中国海洋文明专题研究》丛书，使厦门大学成为海上丝绸之路的研究重镇。多位厦门大学学者或与厦门大学学缘密切的学者从多角度考察福建与海上丝绸之路的关系，如李金明⑩系统研究厦门海外交通，杨彦杰⑪分析郑氏海商集团与荷兰东印度公司的商品种类等等。福建师范大学徐恭生⑫、谢必震⑬对郑和下西洋与福建海

---

① 陈高华、吴泰：《宋元时期的海外贸易》，天津人民出版社 1981 年版。

② 谢方：《明代漳州月港兴衰与西方殖民者的东来》，《中外关系史论丛（第一辑）》，世界知识出版社 1985 年版，第 160—175 页。

③ 林仁川：《明末清初私人海上贸易》，华东师范大学出版社 1987 年版。

④ 庄为玑、庄景辉、王连茂：《海上丝绸之路的著名港口——泉州》，海洋出版社 1988 年版。

⑤ 李东华：《泉州与我国中古的海上交通》，台北学生书局 1986 年版。

⑥ 吴振强：《厦门的兴起》，新加坡大学出版社 1983 年版。

⑦ 联合国教科文组织海上丝绸之路综合考察泉州国际学术讨论会组织委员会编：《中国与海上丝绸之路》，福建人民出版社 1991 年版。

⑧ 蔡鸿生：《广州与海洋文明》，中山大学出版社 1997 年版。

⑨ 刘迎胜：《海路与陆路：中古时代东西交流研究》，北京大学出版社 2011 年版。

⑩ 李金明：《厦门海外交通》，鹭江出版社 1996 年版。

⑪ 杨彦杰：《荷据时代台湾史》，江西人民出版社 1992 年版。

⑫ 徐恭生：《明初福建卫所与郑和下西洋》，《海交史研究》1995 年第 2 期。

⑬ 谢必震：《中国与琉球》，厦门大学出版社 1996 年版。

防的关系、琉球朝贡贸易亦有精深的论述。中国大陆与台湾、香港地区的学者开始携手交流，并与日本、韩国等地学者进行学术沟通，有力地推动了海上丝绸之路史研究。

步入 21 世纪，随着全球化进程的加快，水下考古的陆续发现，海上丝绸之路成为重要的研究领域，相关成果层出不穷。许多著名学者对海上丝绸之路进行深入考察。王振忠①运用琉球官话刻本探讨清代福州城的社会生活。王日根②探讨清代海疆政策与社会发展的关系。李庆新③深入研究海上丝绸之路，并创办《海洋史研究》集刊。黄纯艳④系统考察宋代海外贸易。苏基朗⑤对中古泉州城进行研究等等。台北"中央研究院"和成功大学延续以往研究海洋史的传统，陈国栋⑥、陈宗仁⑦、林伟盛⑧等学者对荷据时期的台湾海上贸易进行研究，堪称此方面的代表。日本学者滨下武志⑨从海洋的视角透视中国、亚洲和世界经济，亚洲的内部贸易，中国的国家财政和朝贡贸易体系，银行和金融，海关等。松浦章先后出版《清代海外贸易史研究》《汽船的时代——近代东亚海域》《中国的海贼》等著作，可谓著作等身。欧美学者如罗德里希·普塔克⑩、包乐史⑪对海上丝绸之路的研究，亦颇有创见。

2013 年，随着"一带一路"成为国家倡议，海上丝绸之路成为学

---

① 王振忠：《清代琉球人眼中福州城市的社会生活——以现存的琉球官话课本为中心》，《中华文史论丛》2009 年第 4 期。

② 王日根：《明清海疆政策与中国社会发展》，福建人民出版社 2006 年版。

③ 李庆新：《海上丝绸之路》，五洲传播出版社 2006 年版。

④ 黄纯艳：《宋代海外贸易》，社会科学文献出版社 2003 年版。

⑤ 苏基朗：《刺桐梦华录》，浙江大学出版社 2012 年版。

⑥ 陈国栋：《台湾的山海经验》，远流出版社 2005 年版。

⑦ 陈宗仁：《鸡笼山与淡水洋——东亚海域与台湾早期史研究（1400—1700）》，联经出版有限公司 2005 年版。

⑧ 林伟盛：《荷兰时期东印度公司在台湾的贸易（1622—1662）》，博士学位论文，台湾大学历史学研究所，1998 年。

⑨ ［日］滨下武志：《中国、东亚与全球经济：区域和历史的视角》，社会科学文献出版社 2009 年版。

⑩ ［德］罗德里希·普塔克：《海上丝绸之路》，中国友谊出版公司 2019 年版。

⑪ ［荷］包乐史：《看得见的城市——东亚三商港的盛衰浮沉录》，赖钰匀译，浙江大学出版社 2010 年版。

术热点。相关成果层出不穷，一方面是文献资料的整理。学界除将传统海上丝绸之路文献影印出版外，日益重视域外汉文文献、外文文献、图像史料的收集与整理，出版《海上丝绸之路文献汇编》（2018）、《海上丝绸之路稀见文献丛刊》（2020）、《海上丝绸之路文献集成》等等，或将国外海上丝绸之路的研究成果翻译出版。关于海上丝绸之路的研究成果颇多，其中涉及福建的研究成果有《中国海洋文明专题研究（1—10卷）》《图说福建海上丝绸之路》《海上丝绸之路研究丛书》《扬帆台海通丝路丛书》等等。泉州成为海上丝绸之路的重点，受到海内外研究者的高度关注，相关著作达到十余部之多。

　　总之，福建海上丝绸之路研究取得丰硕成果，研究手段和研究方法推陈出新，研究水平不断深入，研究视野不断拓展，并呈现以下特点：1. 研究区域不断拓展。由单纯关注福建地方史，逐渐将研究区域延伸至台湾、东南亚等地，注重在全球视野下考察区域经济文化交流。2. 研究方法日渐多元。强调多学科交叉研究，文献研究法与田野调查并重，理论与实践相结合，并注重与考古成果的相互验证。3. 研究资料日益丰富。由方志、明清实录等传统官方史料延伸至碑刻、文集。成就显著，但仍存有拓展空间，尤其是系统探讨海上丝绸之路与福建区域变迁之间关系的研究并不多。已有研究主要聚焦宋元时期的泉州，对厦门、漳州涉及较少，对明清时期福建其他区域涉及相对较少，若干科学问题仍有待深入剖析，如海上丝绸之路的兴衰对福建社会变迁产生怎样的影响？与其他沿海省份相比，福建社会变迁具有怎样的特点，存在怎样的空间差异性？域外文化与本土文化如何在福建碰撞交融，或和平共处？因此，本书将在前人研究的基础上，系统分析海上丝绸之路与福建区域变迁的互动关系，从新的角度剖析福建区域变迁的作用机制，并探讨如何以史为鉴，为建设21世纪海上丝绸之路建言献策。

二　"海上丝绸之路"的概念及范畴

19世纪70年代，德国地理学家李希霍芬（von Richthofen, Ferdinand）

在 China：*The Results of My Travels and the Studies Based Thereon* 一书中，首次提出"丝绸之路"的概念，原指两汉时期中国与中亚河中地区以及印度之间，以丝绸贸易为主的交通路线。其后德国历史学家赫尔曼（A. Herrmann）在《中国和叙利亚之间的古丝路》将丝绸之路延伸至地中海西岸和小亚细亚，确定了丝绸之路的基本内涵。丝绸之路"使用越来越广泛，其外延也越来越大，甚至成了中西乃至整个中外多领域交流的代名词"。该商路以丝绸命名，是因为中国丝绸主要通过该商道远销中亚、欧洲，享有盛誉，以致当时希腊和罗马称中国为"丝国"。如"中国"在拉丁文译成 sina，即源于古希腊文 Sinai。丝绸之路形成于两汉时期，此后两千多年，成为中外陆路贸易的主干道。

谁首次提出海上丝绸之路的概念，学界争议颇多。但对"海上丝绸之路"概念的普及，日本学者贡献颇巨。1967 年，日本学者三杉隆敏出版专著《探索海上丝绸之路》，产生较大影响。20 世纪 70 年代初，香港学者饶宗颐在《蜀布与 Cinapatta——论早期中、印、缅之交通》一文的附论部分《海道之丝路与昆仑舶》，专门讨论了以广州为转口中心的海道丝路。20 世纪 80 年代，国内学者陈炎也致力于此方面研究，后将其成果辑成《海上丝绸之路与中外文化交流》。此后，随着联合国教科文组织开展海上丝绸之路考察活动及一系列相关学术研讨会的召开，海上丝绸之路的影响不断扩大。

由于地理环境的差异，海上丝绸之路较之陆上丝绸之路，交易大宗商品除丝绸外，还包括瓷器和茶叶，尤其在明清时期，瓷器和茶叶外贸金额更是大幅超过丝绸。因此学界又有"丝瓷之路""丝茶之路""茶叶之路"等不同称呼，"但丝绸出口贯穿始终，称丝绸之路可以涵盖全体，且更形象，更具浪漫色彩，业已被广泛接受"。随着研究的渐趋成熟，一些学者专门探讨海上丝绸之路的概念，如赵春晨对"海上丝绸之路"作如下定义："它是以丝绸贸易为象征的、在中国古代曾长期存在的、中外之间的海上交通线及与之相伴随的经济贸易关系。"但笔者认为，丝绸之路作为地理空间概念，它不仅代表中外经济贸易关系、还表现为中外政治文化交流，是依托该商道，古代中外友好关系的综合反映。如张骞出使西域、郑和七下西洋，主要是政治行为，无强烈的经济动机。就范畴而言，唐宋以来，朝鲜、日本、琉球等国与我国往来频繁，深受中华文化的影响，因此海上丝绸之路不仅包括经马六甲海峡进入印度洋、波斯湾、红海，远抵欧洲的南海航线；还应包括前往日本、朝鲜的东海航线，并应将16世纪后兴起的跨太平洋航线以及抵达拉美的航线纳入其中。

三　"近世"的概念

对于中国近代化的起始时间，胡绳、郭沫若、范文澜等为代表的马克思主义史学家，以唯物史观为指导，主张以第一次鸦片战争爆发（1840年）作为近代史的开始。西方帝国主义通过坚船利炮，强迫中国签订不平等条约，中国经济上遭到西方资本主义掠夺、领土被分割，主权遭到破坏，从封建社会沦为半殖民地半封建社会，帝国主义与中华民族的矛盾成为社会的主要矛盾。

以费正清为代表的西方学者则提出冲击—回应模式，主张来自西方的外在刺激是驱使中国近代化的决定性因素，认为中国传统社会儒家思想长期处于停滞、稳定的状态，缺乏内在发展动力，充满惰性。只有19世纪中叶在西方冲击下中国才打破闭关锁国状态，开始向近代转变。

对于费正清"西方中心观"，国内外学术界认为其忽视中国内部的变化因素，其弟子柯文即主张应该从中国内部发展脉络，探讨中国现代性的演变。以张显清等国内学者认为"晚明是中国传统封建社会向近代社会转型的起点"。15世纪中叶，西方地理大发现，早期经济全球化，推动中国商品经济的发展，导致晚明社会剧烈变迁，奢靡之风盛行，贫富分化加剧、市民阶层出现、启蒙思潮盛行，使国家控制力不断减弱，里甲、黄册等传统社会控制体系逐渐失效。但在这个历史的十字路口，中国未能抓住机遇，从而不得不再等上两个世纪，才又在新的国际环境中重新开始近代化的进程。

日本京都学派是研究中国史的重镇。内藤湖南等人提出近世变革说，认为唐宋时期中国社会发生显著改变，认为唐代是中世的结束，而宋代是近世的开始，具有贵族门阀统治被君主集权取代，市民社会的崛起，乡绅阶层形成，城市坊巷制的崩溃、商品经济繁荣，土地所有制由部曲制向佃农制转变、允许自由流转等显著特征。唐宋社会变革论对中国史研究产生巨大的影响，许多学者的研究亦证实，唐宋时期中国社会存在巨大的变化，但对于"近世"仍缺乏明确的界定，对此，岸本美绪认为不要急于下实体定义，而应该关注 16 世纪至 18 世纪世界许多地区在受到大规模变动的冲击时，是怎样以各自不同的方式来摸索新秩序的；不应该以倒叙的方式检验"近世"中是否存在通向"近代"的要素，而应该以"近世化"的多样性为背景来理解作为新的重建时代的"近代"。

福建与海上丝绸之路的渊源甚深，尤其唐宋以降，更是成为福建区域社会变迁的主要因素之一。因此本书借用"近世"概念，探讨两者之间的互动关系。对于海上丝绸之路的时间下限，是否延伸至近代成为学界争论焦点，陈炎主张除古代海上丝绸之路外，近代亦有海上丝绸之路，林士民、沈建国以宁波港为例，将近代视为海上丝绸之路萎靡期，陈高华研究员则认为鸦片战争的爆发标志着海上丝绸之路的终结。赵春晨亦认为海上丝绸之路的历史下限是作为古、近中国历史分界的鸦片战争。由于近代开埠后，中国社会变迁剧烈，较之传统社会呈现诸多不同，尤其在国际关系方面，反映诸多时代特征，但通过对历史连续体的考察，能够对古代海上丝绸之路有更为深刻的理解，更准确把握其时代内涵及特殊地位，更好地实践"以史为鉴"的治学理念，因此本书将近代也纳入考察范围。

四　本书的结构

根据上述思路，本书将从以下方面考察海上丝绸之路与近世福建社会变迁，共分以下部分：

绪论　阐述问题的缘起，梳理前人的研究成果，分析需要探讨的问题，说明选择本课题的缘由。同时界定相关概念、阐明课题的主要框架。

第一章　福建与海上丝绸之路的历史渊源及重要贡献。本章从长时段考察福建与海上丝绸之路的历史渊源，指出福建海上丝绸之路兴于隋唐、盛于宋元，明清仍维持强劲势头，直到近代才渐趋衰落。福建海上丝绸之路对于促进中西文化的交流、推动社会变迁贡献颇巨。同时还探讨全国海丝遗址的时空分布特征，彰显福建在海上丝绸之路的重要地位。

第二章　海上丝绸之路与近世以来福建民众生计。海上丝绸之路的发展，推动了近世福建经济商品化，随着区域开发的深入，人地矛盾加剧，贩洋成为福建民众的主要生计。明代中后期，甘薯、玉米等南美粮食作物通过海上丝绸之路传入，成为济荒佳品，使福建人口大量增长，人地矛盾进一步凸显，迫使福建尤其闽南民众大规模迁往台湾、东南亚等地谋生。

第三章　海上丝绸之路与近世以来福建民风习俗。海上丝绸之路的发展，使近世福建民风发生较大改变，妈祖等民间信仰得以传播，衍生出祈风等海洋性民俗。通过海上丝绸之路，佛教、伊斯兰教、基督教、印度教先后传入，和谐共处，使福建文化呈现多元一体的特征。

第四章　海上丝绸之路与近世以来福建精英群体。海上丝绸之路的发展，孕育了近世福建的精英群体。中外文化的交流碰撞，使福建精英对异域文化兼容并蓄，不受传统的束缚，敢为天下先，产生如明末思想家李贽、清末慈善家林瑞岗等有影响的人物，尤其是近代福州名人群体的崛起，对中国历史进程影响弥深。

第五章　海上丝绸之路与近世以来福建地域人群。海上丝绸之路塑造颇有特色的福建地域人群。清代，广州成为清政府特许对外开放的港口，大量福建商人赴广州经商，形成旅粤闽商群体，他们主导十三行贸易，虽身在异乡，却心系家乡，与原乡联系密切，对推动海上丝绸之路贡献弥深。清代以来，大量福建民众通过海上丝绸之路下南洋，华侨作为重要的社会阶层，热心桑梓公益，对侨乡社会稳定贡献颇巨。

第六章 海上丝绸之路与近世以来福建慈善事业。海上丝绸之路的发展，对近世福建慈善事业影响弥深，通过海上丝绸之路，商人地位不断提高，成为推动慈善事业的重要社会力量，如海丝重镇——安海商人代表林瑞岗，出身贫寒，通过海上丝绸之路，积累大量财富，成为富绅，开启近代闽南慈善事业新纪元。抗战爆发后，尽管日军对福建沿海地区实行封锁，但通过海上丝绸之路，侨胞善款得以汇入东山县，成为东安善堂重要的资金来源，保障了战时海岛社会有序运转。

第七章 海上丝绸之路与近世以来福建民间信仰。海上丝绸之路的发展，使福建航海行动兴盛，在科技不发达的情况下，福建民众祈求神灵庇佑航行平安，使妈祖、通远王等海神信仰颇为流行。通过海上丝绸之路，亦使福建民间信仰传播到域外，构建跨国信仰网络，神缘成为域外闽籍华侨群体的重要联系纽带，提升其凝聚力与竞争力。与此同时，通过海上丝绸之路，亦使域外成为福建本土民间信仰重要的筹资渠道，并在一定程度上推动了福建本土民间信仰的复兴。

第八章 海上丝绸之路与近世以来福建政区。海上丝绸之路的发展，对近世福建政区影响深刻，海港经济的繁荣，使厦门迅速崛起，成为闽南区域经济中心，与省会福州并列。近代海外华侨积极参与厦门市政建设，推动其在全省率先建市。与此同时，福建沿海岛屿开发日渐成熟，社会力量不断壮大。民国初年，通过商民请愿方式，思明等四岛先后建县，华侨群体在其中发挥重要作用。

第九章 区域比较视野下福建海上丝绸之路的地域性特点。通过区域比较，指出海上丝绸之路一方面使闽北、闽南、闽中等地生计方式呈现鲜明的区域差异，另一方面较之浙江、广东，海上丝绸之路对近世福建区域社会变迁影响更为深刻。这主要是由于地理环境决定，属于内生型驱动，海上丝绸之路与福建社会变迁呈现相互促进的关系。

第一章 福建与海上丝绸之路的历史渊源及重要贡献

福建地处东南沿海，北与浙江毗连，南与广东相接，与台湾岛隔海相望，海岸线长，大小港湾多达上百处，特殊的地理位置，使福建成为我国对外贸易的重要枢纽，海上丝绸之路的门户。海上丝绸之路是指历史上我国通过海路与各国所形成的贸易网络。它与陆上丝绸之路相辅相成，是我国与各国友好往来，发挥国际影响力的主要途径。

第一节 福建区域地理环境

福建靠山面海，东北与浙江接壤，西与江西为邻，西南与广东相接，东隔台湾海峡与台湾岛相对，距台湾岛最近仅 128 千米。地貌以山地丘陵为主，山丘起伏，河谷和盆地错综其间。主要的平原有漳州平原（面积约 566.7 平方千米）、福州平原（面积约 489 平方千米）、兴化平原（面积约 464 平方千米）、泉州平原（面积约 345 平方千米），山地丘陵占全省土地总面积的 90% 左右，冠于我国东南沿海诸省，有"东南山国"之称。其中海拔 ≥800 米的中高山地约占土地面积的 14.8%，500—800 米的低山约占土地面积的 31.2%，≤500 米的丘陵占土地面积的 43.5%，而河谷面积仅占土地总面积的 10.5%。由于山丘广阔，地势坡度大，加之外力对坡面的强侵蚀、剥蚀，易发生水土流失、塌方、滑坡和泥石流等地质灾害。山多地少不利于福建发展农耕业，又由于崇山峻岭的阻隔，使福建沿海地区与内陆山区交通不畅，物资主要通过水运输送。

福建河流众多，流域面积不大，流域面积超过 1 万平方千米的仅有闽江、九龙江，小于 1 万平方千米的有汀江、晋江。闽江是福建最大的河流，长达 562 千米，干支流经 36 个县市，流域面积 6.08 万平方千米，约占全省的一半。从流域平面来看，水系多呈明显的扇状，上游多为扇面，集水区庞大；而中下游多为扇柄形，洪峰集中。每当上游普降暴雨，便造成中下游河段负担过重，往往洪峰暴涨，宣泄不及，酿成洪涝灾害。且福建地表径流量大，年平均径流量达 1168 亿立方米。如闽江径流量面积只有黄河的 1/12，但每年入海的径流量达 629 亿立方米，比黄河还多。加上水量季节变化大，径流量主要集中在汛期（4—9 月），占年径流量的 75%—80%，一般年内最大月径流量是最小径流量的 5—12 倍，而年际最大流量与最小流量之比相差更大。① 其流量最大值和最小值的比为 172∶1。福建河流水量丰富且季节变化大，洪峰集中，易酿成上游山洪暴发，而中下游河谷平原低洼地则水患成灾，尤其是河流下游河口段的水位变化，除了受径流影响外，还受到潮水涨落的影响，每当河流洪峰形成又逢大潮时，洪峰径流受潮水顶托，推波助澜，更加剧了河口段平原低地的水患。

福建为滨海省份，大陆海岸线北起福鼎沙埕南至诏安宫江，长达3051 千米，仅次于广东而居全国第二位，海岸曲率为 1∶5.7，居全国第一，大小岛屿 1400 多个，岛屿岸线长达 177 千米。就气候而言，福建位于中国东南部，处于东经 115.5°—120.4°，北纬 23.3°—28.22°之间，靠近北回归线，这一地区属亚热带温暖地区，沿海地区常受到台风的影响，季风气候的不稳定性与海陆界面的活动性使福建处于世界上两条主要的自然灾害地带的交汇处和叠加区，是我国自然灾害的多发区之一。

---

① 注：根据闽江竹歧站实际历年最大洪峰流量为 33800 立方米/秒（1999 年 6 月 23日），而实际历年最小流量为 196 立方米/秒（1999 年 8 月 30 日）

第二节 福建与海上丝绸之路的历史渊源

在两千多年岁月中,海上丝绸之路随国际形势而不断演变,福建凭借其特殊的地缘优势,在该商贸网络的地位逐渐凸显。秦汉时期,海上丝绸之路初步形成。秦始皇统一六国后,派遣大军南下,征伐百越,设置桂林郡、象郡、南海郡、闽中郡,将两广及福建地区纳入秦朝的版图。汉朝建立后,随着国力的强盛,汉武帝除派遣张骞出使西域、建立以长安为起点,途经河西走廊,远抵安息(波斯,即今伊朗)的陆上丝绸之路外,还积极经略南方,开辟以徐闻、合浦为起始港,途经印度、斯里兰卡的海上丝绸之路,使华夏器物行销西方,深受罗马贵族的喜爱。

福建虽在秦代即设立闽中郡,但仍处于待开发状态,许多地方仍浸没于汪洋之中,群山隐约出现,故《山海经》云:"闽在海中,西北有山。一曰闽中,山在海中。"直至汉代,随着海水东去和闽江口向东延伸,福州平原始逐渐露出为陆地,但周围仍多沼泽、水湾。[①] 东汉时期,福建在海外贸易体系中扮演中转枢纽港角色,对外直接联系较少,如《后汉书·郑弘传》记载:"旧交趾七郡,贡献转运,皆从东冶,泛海而至,风波艰阻,沉溺相系。"以致郑弘上奏,"开零陵、桂阳峤道",改海路运输为陆路运输,可见当时途经东冶(今福州)的航线并不成熟。

魏晋南北朝时期,我国北方地区陷入分裂,少数民族政权林立,战乱不断,局势动荡。中原士民为此纷纷南下,推动南部地区的开发,对外联系日趋频繁,航海贸易逐渐兴盛。如孙吴政权曾派卫温、诸葛直率甲士万人"浮海求夷洲及亶洲",后"得夷洲数千人还",夷洲即

---

① 林汀水:《福州市区水陆变迁初探》,载氏著《历史地理论文选》,香港人民出版社2005年版,第51页。

今天台湾岛，可见当时航海技术已较为先进，能够支持数万人的军队渡海作战。随着对外交流的频繁，中国与东部岛国建立密切关系。邪马台女王卑弥呼多次派遣使者赴华，被尊为亲魏倭王，赐以金印。许多波斯萨珊商人、天竺僧侣也通过海路，来华经商、传法。南海（广州）超越交趾，成为南方海外贸易的主要港口。福建在海上丝绸之路中的地位开始凸显。如孙吴政权在此设立典船校尉、建立温麻船屯，作为造船的重要基地，后又在此基础上，设立温麻县，隶属晋安郡（今福州）。天竺优禅尼国僧人真谛取海路经东南亚来到广州，在梁朝都城建康等地弘法，后欲归国，辗转至晋安郡（福州），"遂欲汎舶棱伽修国"。因"道俗虔请，结誓留之"而作罢，后"又汎小船至梁安郡（泉州），更装大舶，欲返西国"①。此处棱伽修国指马来半岛，西国指天竺国，而福州、泉州均能乘船前往，凸显其海外交通亦趋于成熟。

唐代前期，李世民统一全国后，趁东突厥内乱之际，迅速将其平定，被四夷君长推戴为"天可汗"，并派兵征服高昌、焉耆、龟兹等国，设立安西都护府，管辖四镇，恢复对西域的治理，陆上丝绸之路遂得以畅通，敦煌、阳关、玉门等地成为沿途商业重镇。与此同时，随着大运河的开通，南北经济文化的不断交融，吸引大食商人、日本遣唐使远渡重洋，来到中国经商、求法，学习中华文化，在南北丝路的共同支撑下，唐朝国势臻于顶峰，成为闻名世界的礼仪之邦，万邦来朝，经济极为繁荣，长安成为世界第一大都市。然而安史之乱后，唐朝国势渐衰，回鹘、吐蕃崛起，安西四镇先后被攻陷，陆上丝绸之路几乎断绝。与此同时，北方的藩镇割据，赋税难征，唐王朝只能依赖依靠东南沿海地区，维系运作。为开辟税源，唐王朝出台诸多措施，在广州等地设立市舶司，发展海上贸易。在诸多因素影响下，海上丝绸之路遂超过陆上丝绸之路，在我国对外贸易体系中占主导地位。广

---

① （唐）道宣：《续高僧传》卷一《拘那罗陀传》，《大正藏》（第50册），新文丰出版公司1983年版，第430页。

州作为南海交通最重要的港口，不仅有"蛮舶之利，珍货辐辏"，而且番人众多，数以万计。除广州外，扬州、明州、登州也成为重要的商埠。福建也开始在海上丝绸之路中扮演重要角色。阿拉伯地理学家伊本·胡尔达兹贝（约951—911）在其著作中，将 Khanfou（广州）、Al-wakin（交州）、Djanfou 和 Kantou（扬州）列为中国四大贸易港之一。桑原骘藏（1870—1931）经过考证，认为 Djanfou 即泉州。① 许多外国人在泉州生活定居，甚至长眠于此。在泉州东郊灵山，仍保存有该时期修建的穆斯林坟墓。福州亦是重要的对外商埠，据立于唐大中十年（856）的《球场山亭记》碑记载，福州"廛闬阗阗，货贸实繁，人无流庸之"②。商业极其兴盛，但"海夷日窟，风俗时不恒"，海夷即指前来经商的胡商，由于数量众多，以致影响城市风俗。除商人外，日本空海等僧人也来福州开元寺求法，归国后创立密宗，均凸显福建在海上丝绸之路的重要性。但在中原士人眼中，福建仍然开发有限，如独孤及在《送王判官赴福州序》，指出福建"岭外峭峻，风俗剽悍，岁比饥馑，民方札瘥，非威非怀，莫可绥也"③。

　　五代十国时期，王审知采取轻徭薄赋的政策，以福州为中心，组织流民到福建各地开垦荒地，并"劝课农桑"，大力发展农业，兴建六里陂、占计塘、大塘等大型水利工程，围海造田，其"污莱尽辟，鸡犬相闻。时和年丰，家给人足"④。王审知鉴于"闽疆税重，百货壅滞"，开凿甘棠港，"招徕海中蛮夷商贾，纵其交易"，"国用日以富饶"⑤。其侄子王延彬管理泉州期间，"多发蛮舶，以资公用，惊涛狂飙，郡人藉之为利，惊涛狂飙，无有失坏。郡藉之为利，号招宝侍郎"⑥。发展海外贸易，使福建的物资得以贩卖到海外，以充实国库，巩固地方政权。招徕海中蛮夷商贾，并开凿黄崎海道，设甘棠港，成

---

① 参见苏基朗《刺桐梦华录》，浙江大学出版社2012年版，第13页。
② 《唐元和八年球场山亭记》，出土残碑，今置于福州市博物馆展览室。
③ 《全唐文》卷三八七，第1741页。
④ （唐）于兢：《琅琊忠懿王德政碑》，《全唐文》卷八四一，第8847页。
⑤ （清）吴任臣：《十国春秋》，中华书局1983年版，第1377页。
⑥ （乾隆）《泉州府志》卷四十《封爵》，第2页。

为连接南北海运的重要枢纽。

闽国王氏政权通过海外贸易，将福建的物资出口，换回海外的奇珍异宝，达到相当规模，根据《旧五代史》记载："福建贡玳瑁、琉璃、犀象器，并珍玩、香药、奇器、海味，色类良多，价累千万。"可见当时海外贸易的品种丰富，数额巨大。福建出口的主要物资是手工艺品，如留从效治理泉州期间，大力发展海外贸易，"陶瓷铜铁，远泛蕃国，取金贝而返，民甚称便"①。陶瓷、瓷器、铜器、铁器成为出口大宗，以获得海外奇珍异宝，使泉州"云屋万家，楼雉数里"，成为商业重镇。

两宋时期，福建"通互市于海外者，其国以十数"②。省会福州，远蕃巨舶，通过内河港汊，直达城下安泰港，一派"海船千艘浪，潮田万顷秋"的繁荣气象。泉州更成为主要的对外贸易港口："东南有海道，所以扞隔诸蕃，如三佛齐、大食、占城、阇婆等数国，每听其往来，相为互市。遂于岭南之广州、福建之泉州，各置市舶一司。诸蕃通货，举积于此。荆、淮、湖外及四川之远，商贾络绎，非泉即广，百货所出，有无易此，亦生人大利也。"③ 泉州与广州并列，成为中国对外贸易的主要经济港口。凭借着"有蕃舶之饶，杂货山积"④ 的优势，泉州逐渐超越福州。

北宋建立后，虽然结束五代时期分裂局面，却长期受到辽国、西夏等国的军事威胁，陆上丝绸之路受到极大影响，因此海上丝绸之路成为宋代政府财政的重要来源。尤其靖康之变后，南宋政权更积极发展海外贸易，使海上丝绸之路范围不断扩大，出现一批新兴的港口。除传统的大港外，江南等地的镇江港、青龙镇港、江阴港、杭州港、上海港、太仓港也日渐兴盛，吸引大批外国商人，享誉世界。尤其值

---

① 《清源留氏族谱》，《宋太师鄂国公传》，手抄本。

② （宋）林之奇：《泉州东坡葬蕃商记》，载《拙斋文集》卷十五，文渊阁《四库全书》本，第1140册，第490页。

③ （明）杨士奇等编：《历代名臣奏议》卷三四九《四裔》，文渊阁《四库全书》本，第442册，第6956页。

④ （元）脱脱：《宋史》卷三三〇《杜纯传》，中华书局1977年版，第10632页。

得注意的是，作为南海门户重镇的广州，由于官员对海商过度勒索，导致南海番商纷纷来泉州贸易。① 至南宋时，泉州已能和广州并驾齐驱，对外贸易的繁荣"反映宋代本区经济开发的成就，本区经济发展则是泉州港等港口繁荣的主要原因。正是本区不断增多的出口物资，吸引了大批海外商客到来，促使更多的当地人出洋兴贩"②。

元代，蒙古贵族重视商业发展，经商风气很盛，上自皇室贵族，下自细民百姓，普遍从事商业活动。③ 采取较为宽松的海外贸易政策，"听海商贸易，归征其税"④。福建的海外贸易继续发展，此时福建海外贸易主要为色目人所控制。宋元交替之时，色目人蒲寿庚叛宋投元"提举泉州舶司，擅蕃舶利者三十年"⑤。在蒲氏家族的推动下，泉州超过广州，成为中国最主要的贸易港口，"番货、远物、异宝、奇玩之所渊薮，殊方别域富商巨贾之所窟宅，号为天下最"⑥。除泉州外，福州的海外贸易也颇为发达，根据马可·波罗的记载："这个城市的中央有一条河蜿蜒而过，河面宽一英里，两岸都建有高大豪华的房屋。在这些房屋前面停泊着大批的船只，满载门类齐全货品，特别是糖，因为这里产糖量也非常高。有许多商船来自印度，装载着各色珍珠宝石，只要售出，即可取得巨大的收益。这条河离刺桐港不远，河水直接流入海中，因此印度来的船舶便可以轻松地抵达这个城市。"⑦ 福建商人贸易网络北至高丽、日本，南抵南洋，西至孟加拉、大食，成为海上丝绸之路的主力。

---

① 杜瑜：《海上丝绸之路史话》，社会科学文献出版社 2011 年版，第 136 页。
② 吴松弟：《宋代东南沿海地区的对外贸易港口及其出口物资来源》，载马勇、公婷等《改革与国情研究》，复旦大学出版社 1988 年版，第 88 页。
③ 李金明、廖大珂：《中国古代海外贸易史》，广西人民出版社 1995 年版，第 202 页。
④ （明）宋濂：《元史》卷九四《食货志二》，中华书局 1976 年版，第 2403 页。
⑤ （元）脱脱：《宋史》卷四七《瀛国公本纪二王附》，中华书局 1977 年版，第 942 页。
⑥ （元）吴澄：《吴文正公集》卷一六《送姜曼卿赴泉州路录事序》，乾隆五十一年万氏刻本，第 13 页。
⑦ ［意］马可·波罗：《马可·波罗游记》，徐海燕编译，大众文艺出版社 2009 年版，第 151 页。

较之宋代，元代对出口商品有所限制，颁布《市舶司法》，"金、银、铜、铁货、男子、妇女人口并不许下海私贩诸番"①。在海外贸易的带动下，福建的区域经济商品化不断加深，如马可·波罗到建宁府，发现"此处还盛产生丝，并且能将生丝织成各种花色的绸缎。棉布则是由各种颜色的棉纱织成的，行销整个行省各地。居民从事商业，他们将大量的生姜运往外地"②。离开建宁府后，他前往侯官，沿途经过许多市镇和城堡，"这里的居民是偶像崇拜者，盛产生丝，并且大量输出。此地以大规模的制糖业著称，所产的糖大多运往汗八里，专门供给宫廷"③。除此之外，建宁的茶叶、建阳的刻书业、德化的陶瓷等仍大量输送海外，成为出口大宗。

明清时期，中央政府实行海禁政策，海外贸易有所衰落。日本、琉球等国通过朝贡方式，定期来华贸易，对交易的商品、时间、人数都做出严格规定。嘉靖二年（1523），宁波发生"争贡之役"。闽、浙市舶司被裁，只有广东留存，更使两地朝贡贸易受到极大影响。尽管如此，福建仍然是海上丝绸之路的重要枢纽，并呈现若干新的特点。

其一，贸易中心的转移。由于受港口淤塞，泉州港逐渐衰落，至明中期，漳州月港成为中国的主要海外贸易港口，被视为"海上一大都会也"。呈现"东接诸倭国，南连百奥疆，货物通行旅，资财聚富商"的气象，据载："当其盛，则云帆烟楫辐辏于江皋，市肆街廛星罗于岸畔，商贾来吴会之遥，货物萃华夷之美，珠玑象犀家阗而户溢，鱼盐粟米泉涌而川流。诗书弦诵之声不绝，科名辉映于后。"④ 月港海商"输中华之产骋彼远国，易其方物以归，博利可十倍，故民乐之"，

① 黄时鉴点校：《通制条格》，浙江古籍出版社1986年版，第226页。
② ［意］马可·波罗：《马可·波罗游记》，徐海燕编译，大众文艺出版社2009年版，第150页。
③ ［意］马可·波罗：《马可·波罗游记》，徐海燕编译，大众文艺出版社2009年版，第151页。
④ （明）谢彬：《邓公抚澄德政碑》，载（明）蔡国祯、张燮等纂，梁兆阳修（崇祯）《海澄县志》卷十七《艺文志》，第504页。

海外贸易的发展，推动福建造船业、丝绸业、陶瓷业等相关行业的发展，在相当程度上维系了社会稳定。

月港的兴盛，与世界格局变动密切相关。1453 年，奥斯曼帝国攻陷君士坦丁堡，欧洲通往东方的传统商路被切断，西班牙、葡萄牙等国家着力开辟新航线。1492 年，哥伦布发现新大陆。1498 年，达·伽马开辟了印度航路。1519—1521 年麦哲伦船队完成首次环航地球。伴随着地理大发现，西方探险者先后攻占东南亚与美洲等地区，建立殖民统治。1511 年，葡萄牙占领马六甲。1533 年，西班牙的弗朗西斯科·皮萨罗灭亡美洲印加帝国。新航路的开辟，殖民据点的建立，有力地促进了东西贸易交流。中国成为欧洲商人竞相前往的"黄金国度"。

至明末时，月港渐趋淤塞，厦门逐渐取代其成为新兴的贸易枢纽。省会福州由于地理位置优越，仍然有所发展，郑和七下西洋，均须到长乐候风，再从闽江入海口五虎门出海，其舰队有多只船只在福州建造，船员也多在福州招募。明成化八年（1472），福建市舶司由泉州迁置福州，设立"柔远驿"，招待琉球使者，成为中琉贸易的唯一港口。

其二，民间贸易兴盛。尽管朝廷实行海禁，福建民众却敢于冲破禁令，闯荡海疆，开拓贸易，形成强大的海商集团。其典型者如郑芝龙、郑成功集团，凭借实力，他们以厦门为基地，收复台湾，与清廷抗衡。海禁期间，更是独揽对外贸易，维系割据政权长达数十年。大批福建民众赴南洋经商，不仅推动经济交流，而且促进中外文化碰撞。明清西方传教士通过海路来到福建，设立教会，建造教堂，藉此为据点，辐射全国。

近代之后，在列强武力强迫下，中国对外开埠，较之传统时代的海上丝绸之路已有诸多不同，英、法、美等新兴列强成为贸易的主要对象，交易的大宗商品由丝瓷转为茶叶等土特产品，贸易关系由平等转为不平等，上海成为全国的贸易中心。福建在开埠初期，尚居全国领先，五口通商即包括福州、厦门两城市。19 世纪 70 年代，福州一度成为国际茶港，对外贸易总额曾位居全国第二，却仅维系十余年，即告衰落，闽江航道淤塞严重，城市基础设施薄弱，以致新中国成立前夕，时人认为其落后上海达半世纪。厦门开埠后不久，成为中国最大的苦力贩卖中心，英法洋行在厦门设立据点，采取诱骗手段，将数十万华工贩卖到南洋、美洲等地。20世纪，得益于华侨的投资，厦门城市建设得到改善，但仍与上海等地有相当差距。

总之，福建是海上丝绸之路的主要枢纽，兴于隋唐、盛于宋元，明清仍维持强劲势头，直到近代，才渐趋衰落。特殊的地理位置，经济中心的东移，区域开发的深入，是福建能够在海上丝绸之路扮演重要角色的原因所在。福建的海外贸易港口呈南北两点分布，福州地处闽江下游，为闽中、闽北区域的主要海外贸易港口。泉州港虽在宋元时期极其辉煌，后因内河淤塞，闽南区域的海外贸易枢纽港口遂转移到月港，再转移到厦门。除自然因素外，政治因素亦对海上丝绸之路发展影响极大，泉州港衰落与明代市舶司迁走有极大关系，而福州凭借省会优势，在朝贡贸易体系中占据优势，换言之，政府的政策导向对港口兴衰能产生决定性影响。

第三节　福建对海上丝绸之路的重要贡献

福建海上丝绸之路的发展，不仅塑造当地独特的区域景观，而且对全国、东西方国家都产生极为深远的影响。

（一）促进中外文化交流

通过海上丝绸之路，福建成为中西文化的交汇处。一方面弘扬中华文化，对日本与南洋等地影响尤深。如唐代日本高僧空海从福州登陆，驻锡开元寺，在当地官员支持下，得以到长安求法，归国后创立真言宗，成为日本最大的佛教宗派。明代末年，福建高僧隐元从厦门渡海，登陆长崎，获得德川幕府的支持，在京都建造黄檗山万福寺，形成独特的"黄檗文化"，成为日本文化的重要构成部分。明清时期，琉球使者来华均须在福州登陆，在柔远驿驻扎后，再北上京城。因此许多琉球人在福州求学、学艺，回国后加以传播，使两地文化至今仍有颇多相似之处。除东亚外，许多福建人前往南洋经商，对当地文化影响极其深远，如越南李朝创建者李公蕴原籍泉州，陈朝创始人陈日煚原籍长乐，他们仿照中国典章制度，推动当地汉化。明清以来，数以百万计的闽人下南洋，使当地建筑、民间信仰、社会组织刻上中华文化烙印。另一方面，西方文化也通过海上丝绸之路，得以向福建传播，如前述真谛大师，毕生致力于弘法，被视为中国佛教四大译经家之一。宋元时期，泉州作为世界第一大港，成为伊斯兰教、景教、摩尼教等多元宗教的汇聚之处。明清时期，西方传教士搭乘商船，在福建设教会、建教堂，藉此辐射全国。如清朝礼仪之争的爆发，即是因为担任福建代牧的外方传教会士颜当禁止辖区内的中国教徒祀祖敬孔，以致康熙帝下令禁教。

（二）推动中国社会变迁

近世以来中国社会呈现诸多变化，与福建海上丝绸之路的发展有着密切的关系。首先，人口数量的膨胀。明清之前，中国人口多在二千万与六千万之间徘徊，至乾隆六年（1741）已达到14341万，道光十四年（1834）增至40101万，其增速远超前代，其重要原因即甘薯的大面积种植。甘薯不仅能在沙地种植，而且产量极高，"一亩收数十石"。甘薯原产于南美，明万历年间，福建人陈振龙将其从吕宋引进，福建巡抚金学下令推广，逐渐在全国种植，成为民众应对灾荒的重要口粮。其次，金融体制的变革。近世之前，铜钱是国内的主要流通货币，中国常因铜矿匮乏而引发金融危机。明清时期，日本和美洲发现特大银矿，而福建商人通过与长崎、马尼拉等港口的贸易，将国内货物输送到国外，换取新开采的白银，并运回中国，推动赋税制度变革。再次，开风气之先。福建人通过海外贸易，拓宽视野，对相对保守的农耕文化形成一定的冲击。如明代思想家李贽为泉州人，在商业氛围浓厚的环境中成长，孕育反对重农抑商、提倡功利主义的"异端"思想。又如在近代社会转型过程中，福州精英群体敢为天下先、能为天下先，活跃于国内政界、军界、学界，在诸多重大历史事件中扮演关键角色，并呈现人才集聚的特征，出现林则徐、严复等时代名人，正是得益于福州在海上丝绸之路的重要地位。①

（三）改变西方的消费理念

福建海商向西方出口丝绸、瓷器、茶叶，由于全国丝绸产地颇多，尚难以从文献分析福建丝绸对西方社会的具体影响，但德化瓷却在一定程度上改变了西方上层社会的消费理念。根据日本学者的记载："十六世纪初，这种白瓷（德化白瓷）偶然通过葡萄牙的东洋贸易船介绍到西欧以后，立刻得到全欧洲贵族阶层的欣赏和欢迎，并接受无限的订货。"② 武夷茶亦在相当程度上改变了西方民众的日常生活。17 世纪之前，欧洲尚没有形成喝茶的习惯，随着中国茶叶的输入，至 18 世纪，英国、法国、北美等地已普遍形成喝茶习俗。这些茶叶有相当部分为武夷茶，如波士顿倾茶事件中，倒入大海的茶叶正是 VarBohea（武夷茶变种）。19 世纪初，由于对茶叶的巨大需求，西方人士不断深入武夷山勘察，并趁签订《南京条约》之机，选择福州作为开埠口岸，以便于进口武夷茶。

（四）促进台湾与东南亚开发

明清之前，台湾岛开发较少，人口以原住民为主。明末时期，郑芝龙以台湾为基地，开展海外贸易，势力逐渐壮大。崇祯元年（1628）闽南大旱，郑芝龙将灾民数万人运到台湾垦荒，"人给银三两，三人给牛一头"。郑成功驱赶荷兰殖民者后，继续以台湾为基地，开展海外贸易，使台湾得到初步开发，成为东亚贸易体系的重要一环。近代开埠后，台湾的茶、糖、樟脑在欧美市场颇受欢迎，经济发展迅速，逐步实现近代化。东南亚在宋元时期，其社会形态较为原始，许多地方仍以海贝作为货币。明清时期，福建民众大量前往南洋经商，不仅推动当地的转口贸易，而且促进文化的发展。近代，闽籍华侨集团崛起，许多人成为当地的工商巨子、文化领袖，

---

① 参见徐文彬《近代开埠与地域精英群体兴起——以福州为分析中心》，《福建论坛》（社会科学版）2015 年第 3 期。

② ［日］上田恭辅：《支那陶瓷之时代的研究》，转引自叶文程、林忠干《福建陶瓷》，福建人民出版社 1993 年版，第 344 页。

贡献不言而喻。

福建海上丝绸之路的发展，不仅推动区域经济发展，维护社会稳定，促进中西文化交流碰撞，影响明清中国社会变迁，而且促进台湾与东南亚的开发，改变西方社会的消费理念。福建丝绸之路之所以影响如斯，一方面是当时中国国力强盛，文化先进，受到诸国仰慕，所生产产品能够引领时尚，受到国外民众欢迎。另一方面福建地处东海与南海交汇处，具有独特的地理优势，而敢于拼搏、敢于闯荡的独特区域人文性格，使福建商人敢于冲破官府禁令，不断拓展海上丝绸之路的贸易范围。

福建与海上丝绸之路有着深厚的渊源，福州、泉州、漳州、厦门是海外贸易的主要港口，从隋唐开始，即在海上丝绸之路上扮演极其重要的角色，尤其在宋元，泉州更成为世界第一大港，明清时期，尽管政府采取海禁政策，但福建对外联系仍较为频繁，直到近代，才渐趋衰落。福建海上丝绸之路的发展，对促进中西文化的交流、推动明清中国社会的变迁等领域均贡献颇多。福建海上丝绸之路影响如此深远，得益于福建地处东亚与东南亚的咽喉要地，而不惧风险、敢于闯荡的独特区域人文性格，使福建商人敢于创新，不断拓展贸易范围，使海上丝绸之路历千年而不衰。

第四节　"海上丝绸之路"遗址点的时空分布特征及形成机制

本节选取海上丝绸之路主要遗址点（申遗点）为研究对象，利用地理学和统计学的方法，探讨其时空分布特征及影响因素。对海上丝绸之路遗址点进行深入剖析，不仅有助于构建具有中国特色的经济地理学，而且能够为推动"21世纪海上丝绸之路"建设提供历史借鉴。

"海上丝绸之路是古代人们借助季风与洋流等自然条件，利用传统航海技术开展东西方交流的海路网络，也是中西方不同文明板块之间经济文化科技相互传输的纽带。"① 2013 年 10 月，习近平总书记访问印尼，提出建设"21 世纪海上丝绸之路"构想，成为中国构建开放型经济新体制的重要举措。中国共产党十八届三中全会通过的《中共中央关于全面深化改革若干重大问题的决定》进一步明确提出，要"推进丝绸之路经济带、海上丝绸之路建设，形成全方位开放新格局"②。建设"21 世纪海上丝绸之路"，是新时期深化改革，促进国内经济转型发展，建立国际经济政治新秩序的重要决策。从历史维度来看，海上丝绸之路源远流长，然而古人对其并无清晰的认识，直到 20 世纪 60 年代，此概念方由日本学者三杉隆敏提出③，后在饶宗颐④、陈炎⑤等学者的推动下，逐渐在国内普及。但研究者大多只能借助古籍文献对其加以勾勒，或考证古地名、古航道，或分析中外贸易互动、人员往来，⑥ 较少结合申请世界文化遗址点对海上丝绸之路进行综合系统的考察。

世界文化遗产是指"被联合国教科文组织和世界遗产委员会确认的人类罕见的、无法替代的财富，是全人类公认的具有突出意义和普遍价值的文物古迹及自然景观"⑦。根据联合国教科文组织规定，申请世界文化遗产，缔约国应提前一年将《预备名录》呈报给秘书处，列入预备名单的遗产应"在世界范围内凸出普遍价值，具有良好的真实性与完整性"⑧。在中国，申报列入预备名单的遗产遵循"地方申报、

① 姜波：《海上丝绸之路：环境、人文传统与贸易网络》，《南方文物》2017 年第 2 期。

② 《中共中央关于全面深化改革若干重大问题的决定》，人民出版社 2013 年版，第 5 页。

③ ［日］三杉隆敏：《マイセンへの道——东西陶磁交流史》，创元社 1968 年版，第 1 页。

④ 饶宗颐：《蜀布与 Cinapatta——论早期中、印、缅之交通》，《"中央研究院"历史语言研究所集刊》第 46 本第 4 分，1974 年。

⑤ 陈炎：《海上丝绸之路与中外文化交流》，北京大学出版社 2002 年版，第 52 页。

⑥ 参见龚缨晏、刘恒武《中国"海上丝绸之路"研究百年回顾》，浙江大学出版社 2011 年版。

⑦ 姜敬红：《中国世界遗产保护法》，西南交通大学出版社 2015 年版，第 1 页。

⑧ 单霁翔：《世界文化遗产保护》，天津大学出版社 2015 年版，第 121 页。

专家审核、从严把握、规划先行"① 等原则，遗产保护管理规划应获得国家文物局审计和认可。可见预备名录遗址群评审严格，具有相当的代表性。故海上丝绸之路申遗点可视为海上丝绸之路遗址群的典型代表，能够反映特定历史时期中国海上丝绸之路的历史变迁。

目前中国海上丝绸之路主要遗址点（申遗点）已受到学界的广泛关注。一些学者运用历史学的方法和理论对单个或若干个遗址点加以分析，并侧重现实、诠释其历史价值，探讨如何开发保护、成功申请世遗。如泉州、福州、广州等地考古文博工作者对当地海上丝绸之路遗址开展田野考察，勘察其空间位置、时代、形制和主要出土文物，绘制详细的考古报告。张星烺②、李庆新③等学者剖析了泉州海上丝绸之路遗址、南海一号遗址的深刻历史内涵与重要价值。赵云④等学者认为海丝申遗策略应能够准确反映海上丝绸之路的交流特征，政府应重视此方面工作，扩大宣传，加强保护工作。从整体来看，现有成果主要通过梳理文献资料结合考古调查对海上丝绸之路进行定性分析，对客观事实描绘性居多，较少进行定量分析。本研究运用地理学和统计学方法系统考察海上丝绸之路遗址点的时空分布，分析其特征及形成机制，以揭示中国古代海上丝绸之路演变的内在规律，为"21 世纪海上丝绸之路"建设提供历史借鉴。

一　数据来源与研究方法

随着建设"21 世纪海上丝绸之路"战略以及国家"一带一路"倡议的提出，海上丝绸之路保护和申遗成为重大文化举措。各级地方政府重视挖掘历史文化资源，动员多方力量，积极申报世界文化遗产，以贯彻国家发展战略、塑造地方形象，推动区域经济发展。2012 年，

---

① 中华人民共和国文化部编：《中国文化年鉴》，新华出版社 2014 年版，第 93 页。
② 张星烺：《泉州访古记》，《史学与地学》1927 年第 4 期。
③ 李庆新：《南海一号与海上丝绸之路》，五洲传播出版社 2009 年版，第 2 页。
④ 赵云：《当青瓷遇上海丝：关于上林湖越窑遗址申报世界文化遗产的思考》，《世界遗产》2017 年第 5 期。

中国正式将海上丝绸之路列为中国申报世界文化遗产名录，先后有泉州、广州、福州、南京等26个城市组成联盟，共同申报。2017年广州被确定为牵头城市，2018年广州、南京、宁波、福州、北海、三亚、淄博等24个内地城市共同发起成立海上丝绸之路保护和联合申遗城市联盟。随后，长沙、澳门加盟其中，使联盟成员由24个城市增至26个。此外，2019年泉州以"泉州：宋元中国的世界海洋商贸中心"名义单独申报世界文化遗产，2021年被列入世界文化遗产名录。本书选取2019年海上丝绸之路保护和联合申遗城市联盟联席会议上，中国文化遗产研究院中国世界文化遗产中心所公布中国63处海上丝绸之路史迹遗产点和关联点预备名单及"泉州：宋元中国的世界海洋商贸中心"列入预备名单的22处遗址，共85处申遗点为样本，探讨其时空分布特征及其形成机制。

二　海上丝绸之路主要遗址点的空间分布特征

中国海上丝绸之路主要遗址点的空间分布极为广泛，主要集中于东南沿海及沿海通往内陆的交通要冲。从省级政区尺度来看，以福建（31处）、广东（13处）、江苏（13处）、浙江（6处）四个省份分布较为密集，共有遗址点63处，约占遗址总数的74.1%。从市级政区尺度来看，泉州（22处）、广州（7处）、福州（6处）、连云港（6处）4个城市共有41处，约占遗址总数48.2%，凸显这四个城市是中国海上丝绸之路的主要枢纽。值得注意的是，内陆城市亦有少量遗址存在，如长沙铜官窑遗址、晋江磁灶窑址、德化瓷系遗址等等，这主要是由于受港口与腹地效应影响，内陆特色产业得以发展，形成海上丝绸之路节点。

从时间序列来看，85处海上丝绸之路主要遗址点：汉代有14处，主要分布在广西北海、山东淄博、广东广州等处；魏晋南北朝有3处，主要分布在江苏连云港、浙江宁波等地；隋唐有11处，主要分布在海南三亚、江苏扬州等地；宋元有41处，主要集中于福建泉州、浙江丽水、广东广州、山东淄博等地。但这41个遗址点空间分布极为广泛，山东、江苏、浙江、福建、广东等沿海地带均有分布，尤其是泉州遗址点达到 22 处之多，凸显其作为宋元中国的世界海洋商贸中心的地位。明清有 16 处，主要分布在南京（4 处）、漳州（2 处）、潮州（4 处）、汕头（1 处）等地，其遗址点数量较之宋元时期已大幅减少。

　　海上丝绸之路主要遗址点分布的时空变迁，彰显海上丝绸之路的历史演变。隋唐之前是中国海上丝绸之路的开辟时期。先秦时期海上丝绸之路在山东半岛萌发，这主要是由于当时领土大多分布在黄河流域及长江流域，地处山东半岛的齐国，得滨海之利，重视商业①，"通利末之道"，颇得"鱼盐之利"，开辟与海外诸国的海上航线，"越海而东，通于九夷"②。此处"九夷"主要指朝鲜半岛与日本九州等地，两国先后出土产地为齐国的文物，证实当时海上通道已经开辟。秦汉时期，海上丝绸之路遗址点有所增加，这与中国版图的扩大颇有关系。中央王朝通过对百越、闽越的征伐，将福建、两广等地纳入版图，开辟前往南海的新航线。汉武帝派船队从徐闻港、合浦港出发"入海市明珠、璧琉璃、奇石异物，赍黄金杂缯而往"③，直抵今越南半岛南端、印度半岛南部。

　　魏晋南北朝时期，随着海上丝绸之路的成熟，佛驮跋陀罗、菩提达摩、拘那罗陀（真谛）等高僧渡海来华，弘扬佛法，教化众生，翻译佛经，不仅契合当时民众饱受战乱、寻求慰藉的精神需要，而且由于梁武帝及北魏道武帝等统治者的尊崇，使佛教迅速发展，兴建寺院颇多，对中华文化影响深刻，在人文景观上颇有反映。

　　隋唐是海上丝绸之路的发展时期，江浙等地的遗址点数量继续增加，而且分布范围延伸至福建、湖南、海南等地。此时中国国势强盛，文化繁荣，成为世界文明的中心，吸引各国商人、使者前来经商朝拜。其中以日本颇为典型，多次派遣唐使来华学习，邀请鉴真等僧人东渡

---

　　① 曲金良：《中国海洋文化的早期历史与地理格局》，《浙江海洋学院学报》（人文科学版）2007 年第 3 期。

　　② （西晋）张华：《博物志》，华文出版社 2015 年版，第 5 页。

　　③ （东汉）班固：《汉书》，中华书局 1962 年版，第 1671 页。

弘法，扬州、登州是当时连接中日海上交通的重要港口，故相关遗址甚多①。安史之乱后，陆上丝绸之路逐渐衰落，海上丝绸之路日益兴起，陶瓷成为出口大宗。与此同时，长沙铜官窑成为唐代最重要的外销瓷产地，产品远销至东亚、东南亚、中亚等地，这从"黑石号"打捞的出水文物可见一斑。南方广州，海外贸易繁荣，"外蕃岁以珠、玳瑁、香、文犀浮海至"②。云集数以万计的外国商人。

宋元是海上丝绸之路的繁荣时期，遗址数量大幅增加，从山东至广东的沿海地带均有分布。随着造船和航海技术的发展，沿海区域经济的繁荣，加之中央王朝鼓励海外贸易，海上丝绸之路臻于鼎盛。泉州成为宋元中国的世界海洋商贸中心，建立了完备的海洋贸易制度体系，海外贸易极为繁荣，"番货远物、异宝珍玩之所渊薮，殊方别域富商巨贾之所窟宅，号为天下最"③。泉州被马可·波罗誉为"东方第一大港"④。一方面大量番商赴泉州经商，主要定居在城南一带。据《泉州府志》记载："胡贾航海踵至，富者赀累巨万，列居郡城南。"⑤ 另一方面泉州商人贸易网络北至朝鲜、日本，南抵东南亚，西至阿拉伯半岛，成为开拓海上丝绸之路的主力。海外贸易的兴盛，多元文化的碰撞交融，使泉州海上丝绸之路遗址数量达到 22 处之多。

明清是海上丝绸之路发展的延续时期。此时段的遗址点数量有所减少，分布范围有所萎缩。明代中央王朝构建朝贡体系，郑和奉命七下西洋，从南京出发，途经太仓、福州等地，历时 28 年，经过 30 个国家和地区，成为世界航海史上的空前壮举。与此同时，明代中期中央王朝却推行海禁政策，但素来"以海为田，蹈海为生"的漳州、潮州、汕头等地民众，冲破禁令，到日本、东南亚等地开展贸易，使民

① 龚缨晏：《关于古代海上丝绸之路的几个问题》，《海交史研究》2014 年第 2 期。
② （宋）欧阳修：《新唐书》，中华书局 1975 年版，第 1087 页。
③ （元）吴澄：《吴文正公全集》，上海古籍出版社 1986 年版，第 299 页。
④ 陈冬梅：《全球史观下的宋元泉州港与蒲寿庚》，《复旦学报》（社会科学版）2019 年第 6 期。
⑤ （清）怀荫布等主修，黄任、郭庚武撰：（乾隆）《泉州府志》，清同治九年刻本。

间海外贸易悄然兴起，对区域社会影响弥深，故有一定数量的遗址留存①。随着新航路的开辟，方济各·沙勿略等西方传教士在闽粤沿海地区活动频繁，促进了中西文化碰撞交融。

总之，中国海上丝绸之路遗址点主要分布在沿海一带，呈现从南北沿海向东南沿海集中的演变趋势。其中以泉州最为密集，福州、广州、宁波等地次之的空间分布特点。尽管早在秦汉时期，海上丝绸之路即已开辟，但受到航海技术、造船技术等方面的限制，发展较为缓慢，直到隋唐时期，海上丝绸之路方趋于成熟。宋元时期，在官府的倡导下，海上丝绸之路颇为兴盛，遗址点数量颇多，但至明清时期，随着海上丝绸之路的衰落，遗址点数量亦急剧减少。海上丝绸之路遗址群的时空分布特点，反映了中国海上丝绸之路的历史变迁及演化规律，具有重要的文化内涵。

三　中国海上丝绸之路主要遗址点的历史成因

中国海上丝绸之路主要遗址点的时空分布特征，彰显了经济地理格局的演变，受到地理环境、王朝政策等因素的影响，具体而言，可以分为以下四个方面（图1-1）。

（一）自然因素

中国海上丝绸之路遗址点主要分布在江海交汇地带，如泉州、福州、广州、苏州、宁波等，利用江海交汇的地理优势，汇集腹地物资，再通过海运，与域外商人开展贸易，实现物资与人员流通，进而促进文化的传播，故海上丝绸之路遗址点颇多。南京、扬州虽未濒临海滨，但地处长江航运要冲，港口环境优越，为江海转运的重要枢纽。② 除此之外，还有部分海上丝绸之路遗址点分布在内陆地区，如德化瓷遗址、永春瓷遗址、长沙窑址等等，主要是由于瓷器生产需要特殊的瓷土资源，德化、永春等地不仅此类资源丰沛，还能依托水运将物资输送到

---

① 李金明：《17世纪初全球贸易在东亚海域的形成与发展》，《史学集刊》2017年第6期。

② 姜波：《海港遗址与海上丝绸之路》，《中国文物报》2017年7月2日第3版。

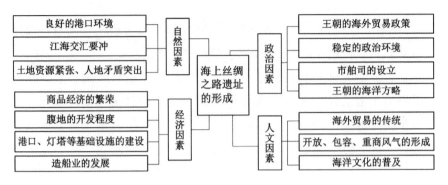

图 1-1　海上丝绸之路遗址点形成的影响因素

下游，故能成为瓷器生产的中心与海上丝绸之路的重要枢纽。值得注意的是，福建海上丝绸之路遗址点颇多，共达到 33 处，约占遗址点总数的 38.8%，呈现较为密集的空间特征，这主要是由于福建沿海区域多为盐碱地，农业开垦有限，加上人多地狭，迫使闽人贩海为生。时人即指出："闽之福、兴、泉、漳，襟山带海。田不足耕，非市舶无以助衣食。"① 故沿海区域逐渐形成海外经商的传统。

（二）人文因素

海上丝绸之路遗址点的数量与区域文化底蕴颇有关系，海外贸易持续时间越长、则遗址点数量越多。如广州、福州均是因海而兴的城市，海外贸易持续时间长达近千年，故遗存数量颇多。地方风气亦对海外贸易开展有着深刻的影响。如泉州逐渐形成重商、包容、开放的社会风气，故能吸引众多番客前来，并使基督教、印度教、伊斯兰教等多种宗教和平共处，纷纷立庙设寺，留下颇多的历史烙印。除此之外，造船技术、航海技术等海洋性知识的普及，亦是推动海上丝绸之路发展的重要因素。扬州是唐代最重要的造船基地之一，故能为鉴真东渡提供航行保障。泉州是宋代全国造船的主要基地，能够建造水密隔舱技术的福船，使泉州商人能够闯荡海疆。南京是明代造船与航运

---

① （明）许孚远：《敬和堂集》，北京大学出版社 2019 年版，第 4333 页。

的中心，设有龙江船厂，为郑和下西洋建造船只，故三处均有海上丝绸之路遗存。

（三）经济因素

海上丝绸之路反映了空间互补，通过中外贸易，实现互通有无，故其不仅应具有便利的港口条件，还与区域开发程度、经济繁荣与否密切相关。从中国历史进程来看，北方较早开发，如山东在先秦时期以富庶著称，颇得"鱼盐之利"[1]。隋唐时期，随着大运河的开通，江南等地逐渐取代北方，成为中国的经济中心，极大地促进海外贸易的发展，扬州、宁波、南京成为海上丝绸之路之重镇。宋元时期，北方移民的大量迁徙，加速了福建开发进程，使其从蛮荒之地成为人烟辐辏之地，生产力得以飞跃，纺织业、瓷业、茶叶种植均得到较大发展，为泉州、福州成为海上丝绸之路集散地奠定基础[2]。广西尽管在汉代即开通海上丝绸之路，但由于此后区域开发较为缓慢，生产力发展有限，故海上丝绸之路遗址数量较少。

（四）政治因素

王朝的海外政策，深刻影响海上丝绸之路。宋元时期，统治者深刻认识到"市舶之利最厚"，积极发展对外贸易，"招徕外夷"，对其极为宽容，"听海商贸易，归征其税"[3]。当时推动海上丝绸之路的发展，故海上丝绸之路遗存甚多。明清时期，中央王朝推行朝贡体制，禁止私人海外贸易，规定"片板不许下海"，故海上丝绸之路遗存较少。就地方而言，海外贸易能否发展，与市舶司设置颇有关系，如泉州、宁波、广州均曾设立市舶司，在相当程度促进海外贸易的发展，尤其是泉州，宋代设立市舶司后，海外番客云集，城市兴盛，迅速成为宋元中国的世界海洋商贸中心。明代中后期，市舶司迁至福州，导

---

① 朱亚非：《论古代北方海上丝绸之路兴衰变化》，《山东师范大学学报》（人文社会科学版）2019 年第 6 期。

② （明）宋濂：《元史》，中华书局 1976 年版，第 2403 页。

③ 曾庆成、吴凯、滕藤：《海上丝绸之路港口的空间分布特征研究》，《大连理工大学学报》（社会科学版）2016 年第 1 期。

海上丝绸之路与近世以来福建区域社会变迁

致泉州海外贸易衰落，以致此段时期未有海上丝绸之路遗存。除此之外，明代南京海上丝绸之路遗址点甚多，概因其作为明初京师，为郑和下西洋始发地，朝贡体系的中心。

总之，入选世界文化遗产预备名录的海上丝绸之路遗址点多地处江海交汇地带，具有优越的港口自然条件，水运发达，经济腹地开发成熟，生产力先进，并得益于王朝的海外贸易政策，故能发展外向型经济，成为与海外互通有无，深具文化底蕴的海上丝绸之路重镇，故海上丝绸之路遗址点的形成，是自然环境与人文因素综合作用的结果。

四 结论与讨论

（一）结论

本研究采用定量分析的方法分析了中国海上丝绸之路遗址点的空间分布规律及其驱动因素。从时空分布来看，海上丝绸之路遗址点主要分布在东南沿海地区，但在不同历史时期有所演化。秦汉时期，遗址点主要分布在山东、广西等地。隋唐时期，遗址点主要分布在江南、广东等地。宋元时期，遗址点主要分布在泉州等地。明清时期，遗址点又呈现空间扩散的特征，遍布江南、东南、华南等地，反映海上丝绸之路的历史演变与时空拓展。

从入选世界文化遗产预备名录来看，海上丝绸之路主要遗址点是人类和自然环境共同作用的产物，其形成受到多种因素的影响，其中地理环境尤为重要，多数遗址点地处江海交汇之处，凭借良好的航运条件，与腹地形成外向型产业链，成为物资交汇的集散地，参与国际市场网络。王朝的外贸政策亦是影响海上丝绸之路遗址点时空分布的重大因素，不同历史时期中央政权奉行相应的外贸政策，导致海上丝绸之路的枢纽发生转移。宋元时期，中央王朝鼓励对外贸易，海上丝绸之路蓬勃发展，遗存甚多，尤其在泉州、广州、宁波等设立市舶司的城市更为明显。明清王朝奉行海禁政策，限制海外贸易开展，导致海上丝绸之路遗存大幅减少。除此之外，腹地开发成熟与否，农业是否发达，亦是影响海外贸易开展的重要因素。[①]

（二）讨论

从历史经验来看，海上丝绸之路的发展是多种因素共同作用的结果，其中区位因素与自然禀赋是首要的，良好的港口条件，地处交通要冲，是海上丝绸之路枢纽形成的前提条件。因此推动海上丝绸之路的发展，应根据当地的自然禀赋，因地制宜，明确定位，不能盲目迎合，违背客观的经济规律。政策的导向对海上丝绸之路的发展起到关键作用，塑造开放、稳定、包容的营商环境，提供便利的公共设施服务、减轻税负，能够产生强大的吸引力，促进与丝路国家的往来。推进"21世纪海上丝绸之路"建设，还应增强港口的辐射作用，带动腹地的开发，并通过市场机制配置资源，形成产业链，参与跨区域国际交流与合作，形成共赢发展的经济共同体。

诚如李小建教授所言："对中国独特的经济地理现象的深入研究，有利于凝聚理论创新。"[②] 海上丝绸之路作为中国独特的经济活动空间格局，颇具研究价值，对其深入剖析，有助于构建具有中国特色的经济地理学。入选世界文化遗产申报预备名录的海上丝绸之路遗址点，蕴含深厚的历史价值，彰显多元文化的交融碰撞，见证蓝色文明。加强对海上丝绸之路遗址点的保护，不仅能展现中华文化的辉煌灿烂，延续海洋文明，塑造文化品牌，亦能为推动"21世纪海上丝绸之路"提供历史借鉴，裨益甚多。

---

① 王列辉、朱艳：《基于"21世纪海上丝绸之路"的中国国际航运网络演化》，《地理学报》2017年第12期。

② 李小建：《中国特色经济地理学思考》，《经济地理》2016年第5期。

第二章　海上丝绸之路与近世以来福建民众生计

第一节　近世福建经济商品化趋势

在海外贸易带动下，福建区域被纳入全球市场网络，经济商品化趋势明显。如时人记载："凡福之绸丝，漳之纱绢，泉之蓝，福、延之铁，福、漳之橘，福、兴之荔枝，泉、漳之糖，顺昌之纸，无日不走分水岭及浦城小关，下吴越如流水，其航大海而去者，尤不可计。"[①] 惠安"自青山以往，又出盐、细白布，通商贾，辇货之境外，几遍天下"[②]。

贸易的兴盛使福建经济作物大量种植。如福建荔枝在海内外享有盛名："水浮陆转，以入京师，外至北戎、西夏，其东南舟行新罗、日本、流求、大食之属，莫不爱好，盖鲜，岁之出不知几千万亿。而乡人得饫食者，重利以酬之。故商人贩益广，而非种益多，其断林鬻之也。"[③] 种植荔枝成为乡民收入的主要来源，种植颇广，仅在福州一地"延迆原野，洪塘、水西尤其盛处，一家之有，至于万株。城中越山，当州署之北，郁为林麓。暑雨初霁，晚日照曜，绛囊翠叶，鲜明蔽映，数里之间焜如星火，非名画之可得，而精思之可述"[④]。棉花种植亦广，

<hr>

① （明）王世懋：《闽部疏》，商务印书馆1936年版，第12页。
② （明）张岳：(嘉靖)《惠安县志》卷四《风俗》，第2页。
③ （宋）蔡襄：《荔枝谱》，《文渊阁四库全书》，台湾商务印书馆1983年版，第845册，第156页。
④ （宋）蔡襄：《荔枝谱》，《文渊阁四库全书》，台湾商务印书馆1983年版，第845册，第157页。

"闽岭以南多木棉，土人竞植之"①。

明代福建经济商品化继续发展。由于福州是朝贡港，"琉球国从中国携往海外诸国贸易的物品主要是各种绸、缎、丝、纱、罗、绞、色绵花布及纺织工艺品，各种瓷器（大小青盘，大小青碗），各种漆器（漆盘、漆栈）等。还有杭州金扇、徽州墨、湖州笔等产品。海外各国经琉球船只输往中国的主要产品是胡椒、苏木、香料和倭刀倭扇"②。可见，当时中方对琉输出商品主要是手工艺品。对外贸易的发展，不仅推动了福建相关产业的发展，也进一步密切了福建与江南等地的经济联系。

明代中后期，随着民间海外贸易的兴起，福建经济商品化的趋势更为明显，推动相关区域的开发。此时福建引进了甘薯、玉米等新式粮食作物，广泛种植靛蓝、烟草等经济作物。③ 由于盈利可观，烟草占用大量的耕地，"今则烟草之植，耗地十之六七"。并且"烟叶之雨露入地，则地苦而谷蔬不生，无益于人而害于嘉种"。以致"闽田既去七八，所种粳稻、菽麦，亦寥寥耳，由是仰食于江、浙、台湾"④。

经济的发展亦推动福建开发的深入。如福州府永福县"邑居万山之中，地之平旷者不得什一"。当地土著居民多伴泉而居，"顾一泓之泉，可溉数里，旱无抱瓮之劳，潦无害稼之患"。其山居之民"终身不知车马驰骤之逸"⑤，基本是封闭的农耕社会。明代中期之后，漳、泉、延、汀之民，涌入"引水不及之处，则种菁种蔗、伐山采木，其利乃倍于田"。结果使"久之穷冈邃谷，无非客民"。随着人数的增长，"客民黠而为党，鳞轹土民。岁袯揭竿为变者，皆客民也"⑥。

① （宋）彭乘：《墨客挥犀》卷一《吉贝布》，中华书局 2002 年版，第 427 页。
② 谢必震：《略论福州港在明代海外贸易中的历史地位》，《福建学刊》1990 年第 5 期。
③ 林汀水：《明清福建经济作物的扩种问题》，《中国社会经济史研究》2000 年第 4 期。
④ （清）郭起元：《论闽省务本节用书》，见贺长龄、魏源编《皇朝经世文编》卷三六，第 7 页。
⑤ （宋）黄子理：《玩芳亭记》，（明）黄仲昭著，福建省地方志编纂委员会校注：《弘治八闽通志》，福建人民出版社 2006 年版，第 54 页。
⑥ 永泰县地方志编纂委员会编：《万历永福县志》，海风出版社 2012 年版，第 39 页。

又如漳州平原，宋代之时，尚被视为穷僻之地。王安石《送李宣叔倅漳州》："闽山到漳穷，地与南越错。山川郁雾毒，瘴疠春冬作。荒茅篁竹闲，蔽亏有城郭。居人特鲜少，市井宜萧索。野花开无时，蛮酒持可酌。"① 可见当时漳州人烟稀少。又如宋郭祥正《净众寺法堂记》："闽之八州，漳最在南，民有田以耕，纺苎为布，弗迫于衣食，云云，非七州之比。"② 和福建其他地方形成鲜明对比。但到明代中后期，漳州月港成为中国主要民间海外贸易港口，

晚清福州开埠后，茶叶贸易逐渐兴起，受此刺激，福建内陆地区大量种植茶树，推动市镇化发展，蛮荒之地成为闹市，如清代闽北"茶山愈延愈广"，"由是商贾云集，穷崖僻径，人迹络绎，哄然成市"③。总之，近世以来，随着海外贸易的兴盛，福建经济日趋商品化，不仅使烟草、荔枝等经济作物大量种植，也带动了丝绸、制瓷等手工业的发展，密切了福建与江南等地之间的联系，推动了福建地区不断深入开发。

第二节 近世福建生态危机的加剧

随着海上丝绸之路的发展，商品交易活动兴盛，造船、樟脑、茶叶贸易、木材贸易、陶瓷等行业的发展对福建的生态环境造成诸多的影响，兹分别论述。

一 造船业的发展

开展海外贸易，船只是必备的交通工具。福建地处东南沿海，早

---

① （宋）王安石撰，（宋）李壁笺注：《王荆文公诗笺注》，中华书局1958年版，第110页。

② （宋）黄子理：《玩芳亭记》，（明）黄仲昭著，福建省地方志编纂委员会校注：《弘治八闽通志》，福建人民出版社2006年版，第54页。

③ （清）蒋蘅：《云廖山人文钞》卷四，福建师范大学图书馆藏本，第22页。

在先秦，闽越人即以"善舟楫"而闻名。三国时期，福州是重要的造船基地，孙吴政权在此设立典船校尉、建立温麻船屯，后又在此基础上，设立温麻县，隶属晋安郡。唐宋时期，随着海外贸易的发展，福建造船技术日渐成熟，在世界居于领先地位。明代郑和下西洋所用船只，有相当部分在福建建造。清代在福州、漳州、台湾三处设立造船厂。

福建所造船只，以福船最具盛名，它体积巨大、安全性较好，适应"福建收港溪水甚逆"特点，多用于海外航线。据史载"福船高大如楼，可容百人，其底尖，其上阔，其首昂，而口张其尾，高耸设柁楼三重于上，其傍皆护板钉以茅竹，坚立如垣，其帆桅二道，中为四层，最下一层不可居，惟实土石，以防轻飘之患"①。出土文物亦验证此点。1974 年，从泉州湾后渚港发掘的宋代沉船，为典型的福船样式，沉船残长 24.20 米、残宽 9.15 米。其规制之大，可见一般，除此类大福船外，小商户所用福船，其规制较小，根据康熙四十二年（1703）规定："商贾船许用双桅。其梁头不得过一丈八尺"，亦需："杉一支、中吉木十五枝、橹枋十五片、什木十三枝、樟枋十二片、樟极八付、含檀一个、尾坐一块。"② 所用木料之多，可见一斑。而且福船主要以松杉木制成，较易折损。故时人云"每一造福船其费甚大，暴露于风雨，震击于怒涛，其坏又甚易"③。

随着海外贸易的发展，造船数量的增多，福建的森林资源被大量砍伐。至明代中期，福建造船业即面临木料不足的窘境。弘治三年（1490）五月工部要求福建布政司造海船二艘，帮助登州卫从海道运送物资，福建太监陈道声称："福州近年山木消乏，且自此至登州海道险远恐有人船俱没之患。"建议"备银万五千两，送南京龙江提举司造海

① （明）郑若曾：《筹海图编》卷十三，第 11 页。

② 《报造船只案　嘉庆十二年同安县造船案》，《福建沿海航务档案》（嘉庆朝），福建师大古籍部抄本，第 1 页。

③ （明）郑若曾：《福船论》，载氏著《江南经略》卷七下。

船为便"①。可见当时福建林木资源渐枯竭。

清代中期时，沿海地区可用森林所剩无几，以致一些重要场所的树木亦遭砍伐。福州鼓山在城东三十里之外，"屹立海滨，高出云汉，面扼双江之险，背当巨海之冲，非特一省名胜之区，实省会屏藩外洋扼要也"，该山涌泉寺"前后左右数十里山场，皆前代存留树木虬松、巨樟，不下万余株"，官府"向来不许里民私行砍伐，诚以有关省会之藩篱，且培护一省之名胜也"。然而在乾隆八年（1743）正月，"忽有附近各奸民窥觊该山树木，聚众多人，日夕斧斤不绝，千百年培养巨柴，尽遭砍伐"。福建巡抚周学健发布告，并"严饬该府驱逐，禁止有案"，然而在该年十月，仍有"木匠及男妇老幼每日数百人在山砍伐树木，捡拾柴枝，环山数十里，至濯濯一空，即寺内古木亦尽遭砍锯，墙垣寺门路亭皆被压毁"。民众敢于违反官府禁令，主要是由于"山多樟木大料，为海艘（杠）根所必需，价值甚贵，出本雇佣工匠在山搭寮住宿，砍锯船料，公然货卖射利，而附近穷民见有砍倒树枝，可为柴薪，因而老幼男妇聚集日多"，以致"郁葱古木，数月之间，尽成童山"②。鼓山生态环境遭到严重破坏。

道光年间，由于福建历年承办造船，加上"江、浙等省屡次委员采买"，导致"伐木过多，出产缺乏，桅木一时难得"，林木资源渐趋枯竭，福建各船厂停工待料，不能克期兴办。总督为此奏请"宽免历任迟延各员处分"③。番木逐渐成为福建造船的主要来源，"贩洋商船桅用番木，购自外番"。官府所造战船，原本令各道采办。由于"近日闽山出木稀少，战舰亦间用番木，价倍于他木"④。以致需要营员与厂员捐价津贴制造。至光绪年间，森林资源几近枯竭，"各处采办木料，

---

① 《明孝宗实录》卷三，弘治三年五月丙子，第814页。

② 《重建白云廨院碑》，载《续修鼓山志稿》，赵朴初主编：《中国佛寺志丛刊》（第99册），广陵书社2011年版，第31页。

③ 厦门市地方志编纂委员会办公室整理：《厦门志》卷五《船政略》，鹭江出版社1996年版，第112页。

④ 厦门市地方志编纂委员会办公室整理：《厦门志》卷五《船政略》，鹭江出版社1996年版，第129页。

历年久远，凡近水次山杨大料，采伐殆尽，近年来购办甚艰，每桅一根需价四五百金"①。此项成为福建地方重要的财政支出。

总之，明清时期，随着造船业的发展，福建森林资源逐渐减少，从明代中期开始木料不足的问题逐渐凸显。至清代中期，在利益驱使下，民众冒险违官府禁令，砍伐禁区林木，木料不足的问题十分严重。至清代晚期，由于沿海林木资源几近枯竭，船厂业务被迫中止，并开始向外洋进口造船木料，桅木价格高昂。

二　茶叶、樟脑贸易的兴衰

明清时期，茶叶是福建重要的出口商品。鸦片战争爆发前，闽北茶叶即通过福州，大量输送到海外，成为欧美民众的日常消费物资，英国人之所以将福州列为五口通商口岸，正是基于红茶贸易的考量。晚清福州开埠后，茶叶贸易随之兴起，"红茶较之上年，不相上下，增瓤赴天津者，计七万五千九百五担，且现年尚有二万二千四百六十八担，贩往英京"②。茶叶成为重要的输出商品（表 2-1）。受此刺激，不仅茶树大量种植，市镇化也得到发展，蛮荒之地成为闹市。

19 世纪 80 年代，受印度茶兴起等因素的影响，福建茶叶贸易衰落，樟脑逐渐成为福建重要的出口大宗产品。1906 年海关年度报告指出，福建"除樟脑一宗贩运出口，颇能获利外，其余各货均未见大有起色"③。樟脑制法为："树干劈成小片，入甑内安置于鍊铁锅，注水蒸之，热至一百七十五度起分解，甑口有一帽，满装稻草，其气结稻草上，曰生脑。亦可于锅内得油，及一种之奥油，再升华法。将生樟脑加石灰，少许变白贮入大瓶封之，稍温化气凝于向光一边，为净脑。"④ 樟木是炼制樟脑的主要原材料，樟脑出口数量的增多，导致樟

---

① （清）德福：《闽政领要》卷中《商渔船只》，第 4 页。

② 中国第二历史档案馆、中国海关总署办公厅：《中国旧海关史料》（1859—1948）（第 24 册），京华出版社 2001 年版，第 200 页。

③ 《光绪三十二年福州口华洋贸易情形论略》，中国第二历史档案馆、中国海关总署办公厅：《中国旧海关史料》（1859—1948）（第 44 册），京华出版社 2001 年版，第 322 页。

④ 詹宣猷修，蔡振坚等纂：（民国）《建瓯县志》卷二五《实业》，第 4 页。

树遭到大量砍伐。

表2-1　　　　　　　1856—1861年茶季福州茶叶出口量　　　　（单位：磅）

年度 国家和地区	1856—1857	1857—1858	1858—1859	1859—1860	1860—1861
英国	21396500	2181300	18227300	26472500	36507700
澳大利亚	3735500	2684200	4376600	5363700	11797200
美国	7435600	6259300	6701700	8615400	11293600
欧洲大陆	2712400	1293500	……	897000	2068000
总计	35280000	32050300	29305600	41348600	61666500

数据来源：BPP，1865-7-582，转引自姜修宪《环境·制度·政府》，博士论文，复旦大学，2006年。

相较茶叶贸易，樟脑贸易开展较晚，据《光绪二十五年三都澳口华洋贸易情形论略》记载："但无人能谙熬脑之法，致樟树之多，历来荒弃。"可见当时福安樟树仍然较多。1900年夏季，海关"会设脑灶，示以熬煮之法"，以冀有人取法而行，由于工艺相对简单，"且需本微而取利丰，较之制造别项生意，其获利更可操卷而得矣"①。各地掀起炼制樟脑运动，樟树成为各方竞相砍伐的目标，诱发诸多社会冲突。

古田"邑多产樟树，有为荫卫村坟，禁人砍伐，久成巨材"。然而"自化学发明，樟脑可制物，而来古采办者，不惮爬山越岭，购砍制售，谋沾厚利，一时樟树价值百倍，他树大者，每株可售千金，小亦可售百数十金"。以致"因此争脑强砍，控案累累，甚至酿起外人交涉"。清光绪季年，有日本商人来古田"勾结地痞为爪牙，设局采办樟脑，往往藉势强砍，揩给树价，受侵害者不少"。该县东溪村罗家村，"均有樟树数株，荫卫向村"，该日商率地痞前往强砍，村众向县政府起诉，但官厅对此毫无办法，村民只好令妇女"置溺器于树下，以粪

---

① 《光绪二十五年三都澳口华洋贸易情形论略》，中国第二历史档案馆、中国海关总署办公厅：《中国旧海关史料》（1859—1948）（第30册），京华出版社2001年版，第215页。

为抵御，并扭剪地痞发辫，日商无法强砍树，始保存"①。此后该日商觊觎后潮村钟姓樟树数株，企图设局诱骗未遂，威胁古田县令追偿，甚至通过日本领事馆照会省级官员，以诬陷的方式施加压力，直至福州知府吕渭英经过调查"斥日商卖押地痞"，该日商才不再来古田骚扰。

建瓯的情况也与之相似。光绪三十年（1904），有日本人来建瓯设立樟脑局，随着樟脑价格的上涨，"乡民砍伐樟树，争执滋讼，不可胜数"。其后有英国商人设立荣昌、裕昌买脑行，与日商展开竞争，日商"以与中国订约，不许英商采办"②，后来省宪向日人收回独办权限。

樟木贸易获利颇丰，社会各界展开激烈角逐，以致樟木资源受到严重破坏。如霞浦县："樟脑盛行，炊斫数十寮，历十余年而不尽。"至20世纪20年代："今梗楠椤楮，老松大楗轮困盘礴之材，非村卫坟荫者，不能存，古刹丛祠略见一二，通常楻桶之需、桁椽之材、薪蒸之料，日减一日甚矣，林业之衰也。"③ 全省樟树资源在短时间内消耗殆尽："查自光绪三十二年至宣统元年之间，凡有可得之樟树，均已炼成樟脑，其不可得者，祇有福宁府作保堤之万株左右尔"，以采炼收买樟脑，福建樟脑局设立分厂五十六处，获脑约有六百万斤，随着"省内樟树既已尽毁"④，福建樟脑业亦趋衰落。

三 木材贸易的兴起

近代，福建木材成为出口大宗，导致闽北大量木材被砍伐。为能求购木材，江沪商人前往"山势巍峨，林木蓊郁"的延、邵、建等府，购山伐树，扎成木筏，顺闽江而下，南台成为"木植萃集总

① 黄澄渊修，余钟英纂：（民国）《古田县志》卷二十《外交志》，第8页。
② 詹宣猷修，蔡振坚等纂：（民国）《建瓯县志》卷一八《外交》，第4页。
③ 徐友梧总纂：（民国）《霞浦县志》，《实业卷》，第3页。
④ 《宣统二年厦门口华洋贸易情形论略》，中国第二历史档案馆、中国海关总署办公厅：《中国旧海关史料》（1859—1948）（第48册），京华出版社2001年版，第346页。

所"①，木材贸易逐渐成为地方支柱产业，"闽江上游地方之商人为建汀帮，其所贩卖之货物，以材木为主"。木材大量砍伐，由海关输往国内外各地的木材年值约200万元。民国时期，福建省木材生产销售发展更快，民国十二年（1923），全省输出木材1500万筒，价值2700多万元，其中经由海关输往国内外的木材达2300多万元。极盛时期，福州有杉行20余家、木庄40余号、木商贩200余家。过量采伐，造成资源严重破坏，"境内树林，日呈减少，沿海一带之林地，满目童赤，老树无存"②。植被破坏造成水土流失，洪灾和旱灾交织而至，使福建沦为"水深火热"之地。至乾隆年间，危机迭现，如建宁府"近因所在垦山，弥望皆童，泉流多为湮塞，旱则勺水不可得，雨则泥沙而壅下，农颇苦之"③，其他各地情况类似，虽在文献并无明确记载，残存至今的护林碑、禁林碑，多立于乾嘉之后，可为此时危机凸显的有力佐证。

四　陶瓷业的兴盛

瓷器是明清福建海外贸易的重要出口商品，唐宋时期，建窑成为南方著名的窑场中心，其所烧制的黑瓷大量出口，深受日本皇室及贵族喜欢，如"曜变天目"被视为日本国宝。明清时期，建窑逐渐衰落，德化窑、漳窑日渐兴起，其中以德化窑外销数量最多，远销至欧洲，影响极大。

制瓷成为德化县的重要产业，根据史料记载"德化人口有十万数千人，经营瓷业者昔时有一万余人"，全县制瓷区域计有10处。④ 龙窑、鸡笼窑、阶级窑三种，是当地的主要烧瓷方式，瓷器在烧制过程中，"泥产山中，穴而伐之，缠而出之，碓舂细滑，入水飞澄，淘净石

① （清）邹璟：《乍浦备志》，《中国地方志集成·乡镇志专辑》（第20册），上海书店出版社1992年版，第184页。
② 翁礼馨：《福建之木材》，福建省政府秘书处1940年版，第131页。
③ 《道光福建通志》卷五七，转引自林汀水《明清福建森林植被的破坏及水土流失》、《中国社会经济史研究》2002年第3期。
④ 王调馨：《德化之瓷业》，《福建文化》1936年第5期。

渣，顿于石井，以漉其水，乃抟埴为器。烈火煅炼，厚则绽裂，薄则苦窳"①。火烧是制瓷的重要环节，需要燃烧大量的木材，德化窑所用者多为"本地所产之松木"，而一窑一日"所耗之燃料约在五万斤以上"。使号称"产木之区"的德化，生态受到严重破坏，"迩来人稠用杂，旦旦斧斤，兼以铁灶、磁窑广需柴炭，几并万林而赭之，贾木者于是不入矣"②。

总之，近世以来，随着海上丝绸之路的发展，福建造船业、陶瓷业等制造的兴盛，茶叶、樟脑贸易的发展，人类活动日趋频繁，大量森林被砍伐，对生态造成不利影响。

第三节　近世福建粮食危机凸显

五代时期，福建地广人稀，以土地丰饶而著称，尤其在王审知治闽期间"污莱尽辟，鸡犬相闻。时和年丰，家给人足"③。北宋时期，福建许多地方开发成熟，成为全国的经济重镇，"有银、铜、葛越之产，茶、盐、海物之饶。民安土乐业，川源浸灌，田畴膏沃，无凶年之忧。而土地迫狭，生籍繁伙；虽硗埆之地，耕耨殆尽，亩直浸贵，故多田讼"④。福建人口增长迅速，根据吴松弟先生的研究，北宋太平兴国年间（976—984），与今省辖境相当的福建路著籍达 46.8 万户，较唐天宝元年（742）增加了 416%，人口密度达每平方千米 4.1 户，建州、泉州、兴化军等人口比较密集的州军每平方千米已分

---

① （清）鲁鼎梅主修，王必昌主纂，福建省德化县地方志编纂委员会整理：《德化县志》卷之四《山川志》，1987 年，第 114 页。

② （清）鲁鼎梅主修，王必昌主纂，福建省德化县地方志编纂委员会整理：《德化县志》卷之四《山川志》，1987 年，第 128 页。

③ （唐）于兢：《琅琊忠懿王德政碑记》，载吴钢主编《全唐文补遗》（第 3 辑），三秦出版社 1996 年版，第 15 页。

④ （元）脱脱：《宋史》卷八九《地理志五·福建路》，中华书局 1985 年版，第 1487 页。

别达到6.3、7.6和8.6户。①尤其是福州、邵武军和汀州自北宋元丰至南宋初或中期，户数有了较大的增长，平均增长率远高于同期的南宋水平。②人口快速增长，使福建许多地方土地开发殆尽，人地矛盾凸显，如建宁府"山多田狭"，"水无涓滴不为用，山到崔嵬犹力耕"③。许多地方甚至出现溺婴现象。绍熙元年（1190）大臣奏请："福建地狭人稠，岁一不登，民便艰食，贫家得子，多弃不举，法令有不能禁。"④

宋代福建粮食短缺逐渐凸显，需要依靠广东等地粮食的输入。尤其是沿海地区对广米依赖更为严重，"福、兴、漳、泉四郡，全靠广米以给粮食"⑤。除广东外，浙江亦成为福建粮食的重要来源，崇宁四年（1105）正月，宋徽宗颁诏："闻福建去年夏秋少雨，禾稻薄熟，兼见行赈济，两浙并不通放米舡过海，深虑向去民食妨阙。可指挥两路放令福建贩米海舡从便贩粜，以补不足，不得仍前阻节。"⑥两浙指浙江，当地官府限制近海粮食贸易，以致灾荒之年，朝廷顾虑福建粮食不足，未雨绸缪，要求放行。即使在丰年，福建粮食亦严重短缺。"本路地狭人稠，虽上熟之年，犹仰客舟兴贩二广及浙西米，前来出粜。"⑦可见当时粮食短缺已经成为福建严重的社会问题。

明清时期，福建粮食危机加剧。地方官员多次指出"福、泉、漳、汀四府产米不敷民食，泉、漳更甚"⑧。陈支平分析清代福建粮食供应状况："轻微的自然灾害和播种收获的季节差别都将十分敏感地影响

①　吴松第：《宋代福建人口研究》，《中国史研究》1995年第2期。
②　吴松第：《宋代福建人口研究》，《中国史研究》1995年第2期。
③　（宋）祝穆：《方舆胜览》，中华书局2003年版，第181页。
④　（清）徐松：《宋会要辑稿》食货六二之五〇，中华书局1987年版，第5973页。
⑤　（宋）真德秀：《申枢密院乞修沿海军政》，《真文忠公文集》，商务印书馆1937年版，第251页。
⑥　（清）徐松撰，刘琳、刁忠民、舒大刚等校点：《宋会要辑稿》（第12辑），上海古籍出版社2014年版，第7382页。
⑦　（宋）赵汝愚：《乞罢社仓济乡民疏》，（明）黄淮、杨士奇编：《历代名臣奏议》卷二四七《荒政》，上海古籍出版社1989年影印本，第3244页。
⑧　（宋）高其倬：《仓谷平粜疏》，《魏源全集》（第15册），岳麓书社2019年版，第252页。

到粮食供应和粮价的波动，这就意味着清代福建社会，几乎处于一种望禾待炊妇的困窘状态。"① 近代福建粮食危机严重，沿海地区时常缺粮，在报纸上时常有如是评论——"况闽省连年兵祸米荒，居民半流离失所"②。尤其是福州、厦门粮食问题更为严重，甚至民国时曾发生厦门大学教授因缺粮自杀的事件。闽西内陆山区亦频频发生粮食短缺事件。

近世福建粮食问题日趋严重，影响因素颇多。福建"八山一水一分田"的地理环境，不利于农业的发展，耕地有限，而商品经济的发展，经济作物的大量种植，更加剧了粮食危机。如宋代仙游县"田耗于蔗糖，岁运入淮浙者不知千万坛"。以致时人感叹"蔗之妨田固矣"③。清代汀州种植烟草者颇多，"民间种烟之利多于谷，故米麦不敷民食"④。近代之后，鸦片在福建大量种植，"土药因种植者见其大可获利，故田亩之专用以种罂粟而不种米谷，与别种食物者，日有所增，即鼓浪小岛，昔日种植薯菜之田，来年亦见长满罂粟，颇觉美丽，虽地亩加增，惟霪雨不时，故收成不及上年之盛"⑤。

经济开发对生态环境的破坏，亦导致水土流失严重，自然灾害频繁发生，更不利农业生产的开展。宋代粮食危机即已凸显，明清更趋严重。

第四节　近世福建民众的出海贩洋

近世福建粮食危机严重，凸显人地矛盾，反映有限的土地难以承

① 陈支平：《清代前期福建的非正常米价》，《中国社会经济史研究》1988 年第 3 期。
② 《晨报》1920 年 6 月 23 日第 2 版。
③ （宋）方大琮：《致乡守项寺丞书》，《铁庵方公文集》卷二一，《全宋文》，上海辞书出版社 2006 年版。
④ （清）卞宝第：《闽峤輶轩录》卷二，清刻本，第 16 页。
⑤ 中国第二历史档案馆、中国海关总署办公厅：《中国旧海关史料》（1859—1948）（第 24 册），京华出版社 2001 年版，第 210 页。

载较多的人口，迫使福建民众蹈海为生，以减缓人口的压力，推动了区域社会的发展。

早在五代时，福建民众即认识到海外贸易能带来巨额利润，黄滔有诗云："大舟有深利，沧海无浅波。利深波也深，君意竟如何，鲸鲵凿上路，何如少经过。"① 通过海外贸易能获得巨额利润，已成为社会共识，宋代福建民众到海外经商者颇多。据《宋会要》载："漳、泉、福、兴化，凡滨海之民所造舟船，乃自备财力，兴贩牟利。"② 福建海商活动极为活跃，活动范围极广，遍及亚洲，远抵非洲。

明代中央政府推行海禁政策，但地方官员深刻认识到海洋贸易对福建民生的重要，主张弛禁。曾在万历年间担任福建巡抚的许孚远即指出："闽之福、兴、泉、漳，襟山带海，田不足耕，非市舶无以助衣食。"③ 如漳州海澄县"岁虽再熟，获少满篝，戴笠负犁，个中良苦"，"于是饶心计与健有力者，往往就海波为阡陌，倚帆樯为耒耜。凡捕鱼纬萧之徒，咸奔走焉"④。时人张燮亦指出福建"阻山负海，商旅病于跋涉，民多负海为生。禁之太严，奸民势穷，必至为盗，自纳饷过洋之利开，豪狡之徒咸趋利而畏法。故海澄之开禁，凡以除中国之害也"⑤。开放海禁，被视为维护社会稳定的关键所在。

顾炎武在《天下郡国利病书》对民众出洋贸易方式有较为详细的记载："中国人若往贩大西洋，则以其产物相抵，若贩吕宋，则单得其银钱。是两夷者皆好中国绫缎杂缯，其土不蚕，惟藉中国之丝到彼，能织精好缎匹，服之以为华好，是以中国湖丝百斤，值银百两者，至彼得价二倍。而江西磁器，福建糖果果品诸物，皆所嗜好。佛郎机之夷，则我人百工技艺，有挟一器以往者，虽徒手无不得食，民

① （五代）黄滔：《贾客》，王启兴主编：《校编全唐诗》（下），湖北人民出版社 2001 年版，第 3730 页。

② （清）徐松：《宋会要辑稿》，中华书局 1987 年版，第 6564 页。

③ （明）许孚远：《敬和堂集》卷四《疏通海禁疏》，明万历刊本，第 27 页。

④ （明）张燮等：《崇祯海澄县志》卷十一《风土志》，《日本藏中国罕见方志丛刊》，书目文献出版社 1990 年版，第 1 页。

⑤ （明）谢杰：《虔台倭纂》上卷《倭原》，上海古籍出版社 1995 年版，第 21 页。

争趋之。"① 此外"中国人"多为福建海商，他们通过将中国丝绸、瓷器、糖果出口，换取东南亚的白银，构成中国海外贸易的主要方式。

随着人口膨胀，清代福建对海洋贸易依赖更甚。省会福州"终岁民食，常仰资于上游各郡。至于商贾负贩百货，则皆来自海洋"②。其贸易范围不断扩大，"始犹入淮浙，继乃入交广，今相率之吕宋、日本矣。春去夏返，岁以为常"③。至清代中期，出海贸易已为社会民众所羡慕，如《闽政领要》指出泉州、漳州："两府人民原有三等：上等者以贩洋为业；下等者以出海、采捕、驾船、挑脚为生计；惟中等者力农度日。故各属不患米贵，只患无米。"④

除沿海地区外，福建内陆山区民众的谋生方式亦发生较大改变，甚至连地处内陆山区的民众，亦参与海外贸易。清代，商业化进程继续加快，具体表现为内陆山区的商业化。明代，汀州府、延平府等许多山区县仍较为封闭，其经济形态以农耕为主，如宁化县，"田畴鳞次，草木绵蔚，男耕女织，人物富庶，而气刚愎"。归化县，"民质直无华，男力耕作，女勤织纺。舟楫不通，无大商巨贾，率多市贩以治生业"。永定县，"男勤业，市无赌博之风；女务织紝，乡服耘馌之劳"。武平县，"勤劳稼穑，不事商贾……力本者多，末业者少；贸迁有无，类非土著"。清流县，"民务耕种"⑤。基本处于农业状态，虽有商业，但多局限于本地，或者"贸迁有无，类非土著"。但在清代，随着农业商品化，汀州种植烟草者颇多，"民间种烟之利多于谷，故米麦不敷民食"⑥。汀州八县中，"五个县是缺粮区，仅有三个县是余粮区，

---

① （明）顾炎武：《天下郡国利病书》（三十八册），张元济编：《四部丛刊三编》，高等教育出版社 1993 年版，第 33 页。

② （清）徐景熹修，鲁曾煜等纂：《福州府志》，第 5 页。

③ （明）喻政主修：《福州府志》卷五《山川下》，海风出版社 2001 年版，第 743 页。

④ （清）德福：《闽政领要》卷中《兵眷米谷》，第 23 页。

⑤ （清）曾曰瑛修，李绂纂：《汀州府志》卷之六《风俗》，方志出版社 2004 年版，第 92 页。

⑥ （清）卞宝第：《闽峤鞧轩录》卷二，清刻本，第 16 页。

缺粮情况最为严重"①。汀州商帮开始崛起，其活动范围不限于本地，"商之远贩，吴、楚、滇、蜀，不乏寄旅。金丰、丰田、太平之民，渡海入诸番如游门庭"②。民众从务农向贩洋的转变，反映了海外贸易对民众生计方式的影响。

近代开埠之后，由于自然灾害频发，大批闽南民众通过海上丝绸之路，到东南亚等地谋生。他们以乡缘为纽带，经过艰苦拼搏，有不少人创业成功，成为著名的商业领袖。如陈嘉庚、胡文虎等。华侨身在海外，心系桑梓，时常汇钱给家人。仅在1931年，厦门侨汇就达到7200万元，③ 数量极为惊人。侨汇能否按时寄到，关系到家庭的生计。因此祈求海外亲人平安，侨汇按时寄到，成为闽南侨乡祈神的重要内容。即便中华人民共和国成立后，此传统依旧延续。如1957年，厦门鹭江公社侨属林紫恋说："我们全家都是靠海外侨汇维持生活，求神拜佛庇佑亲人生意兴旺，才能月月汇钱来。有的建筑工人家属认为亲人出海冒风险，要敬拜'好兄弟'才能保平安。"④ 泉州关帝庙看庙人说："看到来抽福签的主要问侨汇何时来外，还有很大一部分是问赴港好不好和何时去较好，问医师诊病最有效。"⑤ 侨汇、外出平安、家庭团聚是闽南侨乡民众的生活向往，他们希望通过祭拜神灵，实现心中的祝愿。

除此之外，洋米也成为福建粮食的重要补充。明代福建粮食主要依赖广东与江南等地的输入。其中广东尤为重要。但到明代后期，广东粮食亦日趋紧张，福建粮食主要依赖台米。清代中期之后，随着台湾开发的饱和，粮食外销数量的减少。福建开始通过海上丝绸之路，

① 徐晓望：《明清东南山区社会经济转型：以闽浙赣边为中心》，中国文史出版社2014年版，第74页。

② （清）方履镇等纂：《永定县志》卷一六《风俗》，道光十年（1830）木刻本。

③ 张公量：《关于闽南侨汇》，中国银行泉州分行行史编委会1993年翻印本，第14页。

④ 《关于"七月迷信活动"情况调查报告》（1963年），福建省档案馆馆藏档案：0134－001－0352－0049。

⑤ 《晋江县泉州市侨眷迷信开支等情况的一些材料》（1957年），福建省档案馆馆藏档案：0148－001－0122－0049。

输入洋米。如《闽政领要》记载："惟厦门为洋艘出入、百货聚集之所，商贾辐辏，食指更繁，向藉商贩载洋米、台米接济。如值米贩稀少，即有贵食之虞。"① 近代之后，洋米成为福建地区重要的粮食来源，尤其灾荒发生后，其作用更为凸显。如光绪年间，永春发生灾荒，"州绅林捷元于各乡殷户及五里街当商倡议捐资糴外洋米至邑平粜，侨寓南洋居民赞成之，自是讫今以为常。永春自数十年来，无仓储而不患饿馑者，平粜局之力也"②。南洋华侨在创办过程中，发挥了重要作用，使平粜局成为御荒的重要举措。

对外贸易的繁荣，市场空间的拓展，推动了福建经济的商品化。从根本上而言，福建经济区域化，是由地理环境所决定的，人口增多，土地有限，加之地形复杂，促使剩余人口从事非农产业，推动了福建区域开发的深入。

第五节　南美外来作物的传入

明清时期，随着航海贸易的开展，番薯、玉米、烟草等南美作物传到福建，其中以番薯的影响最大。

明万历年间，吕宋遭到西班牙殖民统治，大量从美洲掠夺的白银转运至此，"度海而西，为西洋，多产金银，行银如中国行钱，西洋诸国金银皆转载于此，以通商"。许多闽南商人到吕宋经商，销售中国货物，换取白银，运回国内，两地联系密切。吕宋"其国有朱薯，被野连山而是"③。万历年间，福建发生旱灾，到吕宋经商的长乐人陈振龙"目击朱薯可济民食，捐赀阴买，并得岛夷传种法则，带归闽地"④。

---

① （清）德福：《闽政领要》卷中《兵眷米谷》，清乾隆刊本，第23页。

② 郑翘松等纂：（民国）《永春县志》卷九《户口志》，成文出版社1966年版，第8页。

③ （明）何乔远：《闽书》，福建人民出版社1994年版，第4436页。

④ （清）陈世元：《金薯传习录》，农业出版社1982年版，第7页。

后其子向官府呈报，万历二十一年（1594）六月福建巡抚金学普下令推广，故番薯又称金薯。

番薯能适应恶劣的自然环境，种法简单，"其蔓虽萎，剪插种之，下地数日即荣，故可挟而来"，而且"其种也不与五谷争地，凡瘠雨、沙岗皆可以长，粪治之，则加大，天雨根益奋发，即大旱，不粪治，亦不失径寸围。泉人鬻之，勉不直一钱，二勉而可饱矣"①。可谓价廉物美，因此最先在福州普及，"闽中有番薯，似山药而肥白过之，种沙地。易生而极蕃衍，饥馑之岁，民多赖以全活"②。

此后番薯在泉州、漳州闽南沿海地区得到推广，并逐渐向福建内陆地区拓展。根据《闽书》记载"惠安地少、壤多，宜稻三之，宜麦一之，登麦之后是种番薯，可以支岁辫"③。至清代中期，番薯成为福建重要的粮食作物。如雍正年间"泉州府属多种地瓜，名曰番薯，以此为穷民糊口之计，种稻者少"④。如乾隆《宁德县志》记载"番薯，以得种蕃国，故名俗呼地瓜，明时食者尚少，今其用比于稻谷，切而为干，藏以待乏"⑤。乾隆《汀州府志》如是记载："闽地粮糗半资于此。"⑥

番薯的另一显著特点是产量高，亩产量可以达到数千斤，是稻谷的数倍，"可代谷食，民赖以不饥，磨粉食尤佳"，因此许多地方将其视为重要的粮食作物："按三里水田，不及十顷，唯地瓜则遍地皆种，比户皆食，间有不知稻谷之味者，其利溥而用宏，故附之于谷。"⑦ 尤其在一些自然条件恶劣的地方，番薯成为居民的主要食物。

① （明）何乔远撰，张家庄、陈节点校，福建省文史研究馆整理：《镜山全集》（中），福建人民出版社2015年版，第733页。

② （明）谢肇淛：《五杂俎》，中华书局1959年版，第320页。

③ （明）何乔远：《闽书》，福建人民出版社1994年版，第942页。

④ 《朱批谕旨》（第12册），吉林出版集团有限责任公司2005年版，第104页。

⑤ （清）卢建其修，张君宾、胡家琪纂：《宁德县志》，厦门大学出版社2012年版，第123页。

⑥ （清）曾日瑛等修，李绂、熊为霖纂：《汀州府志》，方志出版社2004年版，第124页。

⑦ 刘敬修：（民国）《马巷厅志》卷之十二《物产》，民国十年刊本，第4页。

如金门岛："地斥卤田不足于耕，近山无陂塘则苦旱，近海多飞沙又苦风"，因此"遍地皆种地瓜，终岁勤劳所望祇此，若年岁丰登，仅供一年之食"①。番薯成为民众的重要济荒物资。平潭的情况也类似："地尽沙碛，稻田至稀，民食皆赖，是物获后，多切为片，晒干藏之，亦有抽为丝，劚为签，碾为粉者。"②番薯用途极为广泛，"生食，可蒸食，可碾粉作糕，可酿酒。叶可为蔬，亦可肥猪，茎干可为火索，但留茎，次年种地又生。岁可两收，饥岁可充粮，味平无害，为利甚溥"③。因此至乾隆年间，福建内陆地区广泛种植，如永定"近日山乡皆广种之"④。

番薯成为民众重要的生存物资。康熙年间曾任漳浦县令的斌敏作有《穷民叹》："海壖有穷民，终身不食粟，番薯煮为粮，聊以果吾腹，沙多士性松，五谷都不熟，尔望皆斥卤，草木无寸缘，惟有番薯藤，滋蔓颇繁缛，灌溉引山泉，春种秋可劚，形味如甘瓜，多食气壅促，藏之可经年。"⑤番薯的大面积种植，有效地缓解了人地矛盾，使福建人口快速增长。

除甘薯外，玉米也随海上丝绸之路传入中国，玉米又名"玉蜀黍，一名玉高粱、一名戎菽、一名御麦，以其曾经进御，故名御麦"⑥。最早文献记载见于《本草纲目》："玉蜀黍种出西土，种者亦罕，其叶苗俱似蜀黍而肥短。"⑦西土，指美洲，在当时并未得到普及。罗尔刚先

①　（清）万友正纂修：《金门县志》卷五《物产》，清乾隆四十二年刻本，清光绪十九年补刻本，第1页。

②　（民国）黄履思纂修：《平潭县志》卷十一《物产志》，民国十二年铅印本，第2页。

③　（清）伍炜、王见川修纂，福建省地方志编纂委员会整理：《永定县志》，厦门大学出版社2012年版，第87页。

④　（清）伍炜、王见川修纂，福建省地方志编纂委员会整理：《永定县志》，厦门大学出版社2012年版，第87页。

⑤　（清）斌敏：《穷民叹》，载（清）林登虎等纂修，清康熙志、光绪再续志，李林昌、林祥瑞点校《漳浦县志》卷之一《方域志》，陈桂味主编，漳浦县政协文史资料征集研究委员会编，2004年12月，第668页。

⑥　（明）王象晋著，（清）汪灏等编修：《御定佩文斋广群芳谱》卷九，清康熙四十七年内府刊本，第12页。

⑦　（明）李时珍：《本草纲目》，山西科学技术出版社2014年版，第672页。

生指出玉蜀黍传入中国是在明隆庆（1567年—1572年）前后。首先传入之地大约为福建。[①] 韩茂莉亦根据明代万历《泉州府志》及西方传教士的相关记载，指出福建是玉米最初的传入地之一。通过福建移民，玉米也随之传到台湾、江西、浙江，并进而传入湖广、贵州、四川等地。近五百年来玉米通过东南海路为主，西南、西北陆路为辅的三条入境路径，完成了在中国国内的传播进程。[②]

明清时期，通过海上丝绸之路，番薯、玉米、南瓜等南美农作物传入福建，成为民众粮食的重要来源，在相当程度上缓解了粮食危机。尤其是番薯，更成为福建沿海地区的主粮之一，有力地促进了人口的增长，维系了社会的稳定。

小　结

本章系统考察近世以来，随着海上丝绸之路的发展，福建民众生计发生的变化。福建海上丝绸与近世福建民众生计是彼此循环的进程，海上丝绸之路的发展，推动了福建区域经济商品化，加剧福建人地矛盾，迫使更多民众贩洋为生，反过来又推动海上丝绸之路的发展。海上丝绸之路的表现形式亦由宋元时期的番商大量来华进行商品交易转变为明清时期民众冲破禁令，奔赴海外经商。近代又表现为福建人口的大规模下南洋，以侨汇的方式维系侨乡运转。在此循环过程中，福建的地理环境是关键因素，"八山一水一分田"的地形，使农业难以大规模开展，而濒海的地理位置，有助于海外贸易的开展，生态、人口、政令等因素，则起到促进作用。

---

① 罗尔纲：《玉蜀黍传入中国》，《历史研究》1956年第3期。
② 参见韩茂莉《近五百年来玉米在中国境内的传播》，《中国文化研究》2007年第1期。

第三章　海上丝绸之路与近世以来 福建民风习俗

所谓民俗（或风俗），主要指的是："文化比较发达的民族，它的大多数人民在行为上、语言上所表现出来的种种活动、心态。它不是属于个别人的，也不是一时偶然出现的。它是集体的、有一定时间经历的人们的行动或语言的表现。"① 社会风俗是自然环境与社会环境共同交织的结果，所谓"十里不同风、百里不同俗"，不同地方的风俗差异极大。海上丝绸之路对福建影响极深，铸就其独特的地域风俗。

第一节　近世福建传统民风的转变

近世福建尤其闽南地区的民风发生很大改变。南宋时期，时人刘克庄认为："闽为郡八，负山之民彪悍，濒海之民贫窭。"② 可见当时福建沿海地区民众生活贫困，民性柔弱，远不如内陆山区之民风彪悍。明清时期，福建沿海地区民风则日趋强悍。

明清时期，福建沿海地区民风发生较大改变。雍正帝"闻闽省漳泉地方，民俗强悍，好勇斗狠。而族大丁繁之家往往恃其人力强盛，欺压单寒，偶因小故，动辄纠党械斗，酿成大案，及至官司捕治，又

---

① 钟敬文著，董晓萍编：《民俗文化学：梗概与兴起》，中华书局1996年版，第48页。
② （宋）刘克庄：《后村集》卷七一《留梦炎除秘阁修撰福建提举制》，载曾枣庄、刘琳主编《全宋文》（第327册），上海辞书出版社2006年版，第10页。

复逃匿抗拒，目无国宪。两郡之劣习相同"①。此后乾隆、道光等皇帝
多次颁诏，斥责泉漳械斗，并试图通过教化改变民风，但收效甚微。
如曾任福建巡抚的吴文镕亦认为："缘漳、泉民风强悍，遇案情重大，
若不带兵往拿，竟可酿成拒捕戕官巨案，故有不得不会营之势。"② 尤
其是漳州地区"滨临海疆、民俗刁悍，最为难治"③。并且会党盛行，
"奸民结党通兵役，号天地会，蔓延他郡，肆抄掠，有司匿不闻"④。
因此朝廷任命漳泉官吏时，多较为慎重，以避免社会动乱。

由此可见，较之宋代"怯弱"之风，清代闽南民风彪悍，械斗频
频发生，之所以发生如此转变，诚如汪志伊所言："查闽省漳、泉二
府，宋时有海滨邹、鲁之称，由风俗以思教化，美可知也。自明季倭
寇内犯，练乡兵以卫村堡，募其勇豪，授以军器，尚勇尚气，习惯成
风。嗣遂逞忿械。礼义廉耻之风微。而诡诈贪横之习起。始结为天地
会匪。继流为陆洋之盗，结党成群。肆行劫掠，实为地方之害。"⑤ 倭
寇内乱，主要是由于朝廷海禁政策，导致闽南民众谋生困难，他们只
能出海为生，从事走私贸易，形成各种海商集团，铸就蹈海为生的冒
险性格。与此同时，由于倭寇之乱，福建沿海区域饱受荼毒，民众遂
形成以乡族为纽带的各种武装集团，使闽南区域民风渐趋彪悍。尤其
近代之后，海外华侨群体兴起，他们对乡族械斗提供资金支持，帮助
从海外购买火器，使械斗愈演愈烈。

除民风彪悍外，近世福建风气亦趋于奢靡，这在明代表现得最为
明显。朱元璋父子推行黄册、卫所等制度，对社会严格管控，因此明
代前期福建风气淳朴，社会尊卑有序。明代中后期，随着海上丝绸之

---

① （清）素尔讷等撰，霍有明、郭海文校注：《钦定学政全书》，武汉大学出版社 2009
年版，第 95 页。

② （清）吴文镕：《吴文节公遗集》卷五，第 12 页。

③ 《清高宗纯皇帝圣训》（一），《近代中国史料丛刊三编》（第 94 辑），台湾文海出版
社 1985 年版，第 426 页。

④ 《福建通志·台湾府》（下），《台湾文献史料丛刊》（第 2 辑第 26 册），台湾大通书
局 1984 年版，第 793 页。

⑤ （清）汪志伊：《敬陈治化漳泉风俗疏》，见贺长龄等编《皇清经世文编》（上），中
华书局 1992 年版，第 596 页。

路的发展，福建商品化程度的加快，社会流动人口的增加，福建风气亦渐趋奢靡，沿海地区表现较为明显。① 清代，此风依旧，如逐渐成为东南商业重镇的厦门，"衣服华侈，迥于他处。最靡者，役隶、优伶被服胜于士大夫，妇人服饰尤务为工巧新奇"②。近代开埠之后，得益于侨汇，福建侨乡风气奢靡，文献中对此记载颇多。

与此同时，近世福建民间信仰亦日趋兴盛。唐宋年间，福建佛教兴盛，泉州号为"泉南佛国"。根据陈支平先生统计："两宋时期，福建新建寺院有千座以上。占80.18%的是北宋时期兴造的，南宋增建的则接近20%。主要集中在以福州为中心的闽东南沿海和闽北崇阳溪、南浦溪、建溪流域的山区。"③ 明清时期，福建佛教影响力衰退，民间信仰日趋兴盛。元明时期，福州民间信仰盛行，时人指出："今日巫觋，江南为盛，而江南又以闽、广为盛，闽中富贵人家，妇人女子，其敬信崇奉，无异天神。少有疾病，即祷赛祈求无虚日，亦无遗鬼。"④ 每逢夏秋之交，民众举行迎神出海活动，"百十为群，鸣锣伐鼓。锣数十面，鼓亦如之。与执事者或摇旗，或扶舟，喊呐喧阗，震心动魄……一乡甫毕，一乡又起，甚而三四乡，六七乡同日行者。自二月至八月，市镇乡村日成鬼国"⑤，场面盛大。福建民间信仰兴盛的原因颇多，但与海上贸易发展颇有关系。海洋贸易风险极大，极有可能遭到各种难测风险，因此民众只能祈求神灵庇佑。最为典型为妈祖，绍兴二十六年（1156），宋高宗封为"灵惠夫人"，但影响范围有限，此后数百年间，其封号不断提升，清代被赐封"天后之神"，成为庇佑海上航行安全的主要神灵，不仅在国内影响不断扩大，而且通过海上丝绸之路向东南亚、日本、朝鲜等地传播，成为海内外重要的民间信仰。

① 徐泓：《明代福建社会风气的变迁》，《浙江学刊》2007年第5期。
② 厦门市地方志编纂委员会办公室整理：《厦门志》，鹭江出版社1996年版，第515页。
③ 陈支平主编：《福建宗教史》，福建教育出版社1996年版，第197页。
④ （明）谢肇淛：《五杂俎》，上海书店出版社2001年版，第122页。
⑤ （清）海外散人：《榕城纪闻》，载中国社会科学院历史研究所清史研究室编《清史资料》（第1辑），中华书局1985年版，第2页。

总之，近世以来，福建传统的社会风俗发生较大改变，沿海地带民风渐趋彪悍，奢靡之风日渐兴盛，民间信仰盛行，之所以发生如此转变，在于海上丝绸之路推动福建由农耕社会向商业社会转变，冲击传统的礼教社会，加之人地矛盾日益突出，乡族间为争夺有限的生存资源而发生激烈的争斗，远洋贸易带来巨大风险，使民众祈求神灵庇佑，推动了民间信仰发展。

第二节　近世福建新的习俗的形成

海上丝绸之路的发展，在相当程度上塑造了福建区域社会的特殊的人际社会关系，从海外引进诸多新事物，衍生一系列的新的社会习俗，凸显其海洋性文化特点。

明清时期，闽南收继子习俗颇盛。明代"海澄有番舶之饶，行者入海，居者附赍，或得婆子、弃儿，养如己出，长使通夷，其存亡无所患苦，养如所出。犀象、玳瑁、胡椒、苏木、沉檀之属，麋然而至"[①]。海澄是当时民间海外贸易的中心，民众多以血缘为纽带，结成各种商业团体，参与海外贸易。亲族人口有限，收养义子，能够增强家族力量，有助于拓展贸易。此种风俗近代仍然延续，据道光《厦门志》记载："闽人多养子，即有子者，亦必抱养数子。长则令其贩洋，赚钱者，则多置妻妾以羁縻之，与亲子无异。分析产业，虽胞侄不能争。亦不言其父母。既卖后，即不相认，或藉多子以为强房，积习相沿，恬不为怪。"[②] 由此可见，闽南地区收养义子之风盛行，与海上贸易有直接的关系。

明清时期，男风亦在福建颇为兴盛："闽省积习淫靡，漳、泉为

---

① （明）何乔远：《闽书》卷三八《风俗志》，福建人民出版社 1994 年版，第 946—947 页。

② 厦门市地方志编纂委员会办公室整理：《厦门志》，鹭江出版社 1996 年版，第 517 页。

甚，采兰赠芍之风，恬不为怪。且不论绅庶，群尚俊童，俗呼契弟。甚有良家子弟亦不免为匪人所诱，以致失身者。"① 所谓"契弟"，《万历野获编·补遗》如是记载："闽人酷重男色，无论贵贱妍媸，各以其类相结，长者为'契兄'，少者为'契弟'。其兄入弟家，弟之父母抚爱之如婿。弟后日生机，及娶妻诸费，俱取办于'契兄'。其相爱者，年过而立，尚寝处如伉俪……近乃有称'契儿'者，则壮夫好淫，辄以多资娶姿首韶秀者，与讲衾裯之好。以父自居，列诸少年于子舍，最为逆乱之尤！"② 故契兄、契弟均是男同性恋的代名词。

时人认为契哥契弟"闻其事肇于海寇云"，因为"大海中禁妇人在，师中有之，辄遭覆溺，故以男宠代之。而酋豪，则遂称'契父'"。男性之风的兴起与海外贸易有着密切的关系，"殷富之家，大都以贩洋为业，而又不肯以亲生之子令彼涉险。因择契弟子之才能者，驱之危地，利则归我，害则归人。在贫者则藉此希图致富"。在利益的诱惑下"是以贫者之父母兄弟不以契弟之称为可耻，而反以此夸荣里党。若此有关风俗人心者甚大"③。

除此之外，福建还形成吸烟的风气。明代嘉靖年间，烟草通过海上丝绸之路传入福建。据《露书》记载："吕宋国出一草，曰淡巴菰，一名曰醺，以火烧一头，以一头向口，烟气从管中入喉，能令人醉，且可避瘴气，有人携漳州种之，今反多于吕宋，载入其国售之。"④《东西洋考》亦记载："烟草出吕宋国，一名淡巴菰。"万历末年"有携至漳、泉者，马氏造之，曰'淡肉果'"⑤。烟初入内地时，并未立即被大众所接受，"初惟浪子所嗜，吸烟昏醉倒地，无人不厌"。随着的烟草种植的推广，福建逐渐形成吸烟习俗，"贵贱男女皆食。今时客

① （清）德福：《闽政领要》卷中《风俗·民风好尚》，清乾隆二十二年刻本，第29页。

② （明）沈德符：《万历野获编·补遗》卷三，北京燕山出版社1998年版，第971页。

③ 张杰编：《断袖文编　中国古代同性恋史料集成》（第2册），天津古籍出版社2013年版，第875页。

④ （明）姚旅：《露书》卷一〇，明天启刻本，第46页。

⑤ （清）方濬师：《蕉轩随笔·续录》，中华书局1997年版，第226页。

到，请其吸烟为先礼"①。甚至不惜集体违反禁令，至明代晚期，福建吸烟风气已较为兴盛。董含《三冈识略》云："明季服烟有禁，惟闽人幼而习之，他处百无一二也。"②所谓"服烟有禁"，指的是崇祯年间禁烟，"民间私种者问徒，法轻利重，民不奉诏，寻下令犯者斩"③。尽管法律苛刻，但福建唯独例外，甚至有幼童吸食烟草，风气之盛，可见一斑。随着烟草的普及，吸烟方式亦发生较大改变，烟草传入之初，"吸者将烟草置于瓦盆中，点火燃之，各携食烟竹管向烟，群聚而吸之，其管不用头"④。而直清代，吸烟方式日渐精细化，"日中巧制制成丝，暴干争向漳泉卖"⑤。由聚盆吸烟转为切丝，反映了吸烟方式的转变。

至清代，福建烟草种植极为普遍，在全国名声卓著，"今各省皆尚之，外省亦有种者，然惟漳烟称最，声价甲天下，漳又长泰最胜，人多种之，利甚多"⑥。《烟草谱》记载："今闽地于五六月间，新烟初出，远商翕集，肩摩踵错，居积者列肆以敛之，懋迁者牵车以赴之，村落趁墟之人，莫不负挈纷如。"本省烟草交易极为兴盛，在全国亦颇为畅销，"或遇东南风，楼船什百悉至江浙为市，以收成之丰歉，定价值之贵贱。《琴画楼词·注》云：烟草到处有之，而由福建海舶来者为多"。

除男风盛行、吸烟成风外，福建还形成许多与航海贸易相关的习俗。如每逢商船出海，官员与地方人士到九日山等地祈求航运顺利。近代福建民众大量下南洋，亲友在其出发前，会送上红色鸡蛋、系红

---

① （清）陈鸿：《莆变小乘》，载《清史资料》（第1辑），中华书局1980年版，第17页。

② 瞿宣颖纂辑，戴维校点：《中国社会史料丛钞》（甲编397），湖南教育出版社2009年版，第116页。

③ （清）王逋：《蚓庵琐语》，转引自谢国桢《明代社会经济史料选编》（中册），福建人民出版社1980年版，第74页。

④ （清）陈琮：《烟草谱》卷二，清嘉庆二十二年刻本，第13页。

⑤ 福建省地方志编纂委员会编：《福建省志·烟草志》，方志出版社1995年版，第376页。

⑥ （清）蔡世远等：《漳州府志》卷二七，清康熙五十四年刻本，第4页。

绳的公鸡，以祝愿旅途平安，谓之"送风"。当其安全归来时，亲友会再送上红色礼品，以庆祝其安全归来，谓之"脱草鞋"。此类民俗甚多，蕴含海洋性的特点，反映海上丝绸之路的特点，中外文化的交流碰撞，亦铸就福建文化的多元性特点。

第三节 福建中外文化的碰撞融合

通过海上丝绸之路，佛教、摩尼教、伊斯兰教、印度教等外来宗教先后传入福建，尤其是海上丝绸之路重镇——泉州，更成为多元文化的汇集地，被视为东亚文化之都。

梁大同年间（535—545），印度高僧拘那罗陀，"泛大海来中国时，途经兹寺，因取梵文，译正了义"①。兹寺指的是泉州延福寺，拘那罗陀在此翻译《金刚经》等佛教经典，对中国佛教发展作出重要贡献，延福寺因此成为全国佛教重镇，佛教迅速普及，至宋代，泉州已经有持牒僧人6000余人，寺庙百余所。朱熹谓之："此处古称佛国，满街都是圣人。"尤其是开元寺，成为泉州城的重要地理景观，对东南亚佛教产生极大的影响。

唐代，伊斯兰教就已传入泉州。1965年，泉州出土一块用古阿拉伯文撰写的墓碑，其碑文如下："这是侯赛因·本·穆罕默德·色拉退的坟墓，真主赐福他，亡于回历二十九年三月。"回历二十九年为唐永徽元年（650），反映当时已有伊斯兰信徒来泉经商。宋代，伊斯兰教在泉州颇为兴盛，许多阿拉伯商人来泉州定居，其中不乏穆斯林，留下诸多相关宗教碑刻。如1936年发现于通淮门外津头埔乡的古伊斯兰教墓碑石，其铭文为："死者异域阿拉伯人，名嚣娃拉也纳，卒于回历759年（公元1358年，元至正十八年）。他死在外国，望其主赐他的

---

① （宋）曾会：《重修延福寺碑铭》，载黄柏龄《九日山志》，福建省晋江地区文化局、文管会2006年版，第200页。

灵魂归到天城那边去。"① 此类碑刻遗存甚多，凸显穆斯林群体形成。宋绍兴元年（1131），撒那威商人纳只卜穆兹喜鲁丁者自"从商舶来泉"，在泉州建立清净寺②，"造银灯香炉以供天，买土田房屋以给众"③。至元代，泉州伊斯兰教影响更甚，一方面兴建旧寺庙，"今泉造礼拜寺增为六七"④；另一方面设立教会。元至治三年（1323）留居泉州的伊斯兰教公会集资，对西郊灵山的圣墓修葺，"尚祈上帝慨发鸿恩，使此二墓永远保存，俾此二贤骸骨不致暴露风雨也"⑤。宋元是泉州伊斯兰教兴盛的兴盛时期，这从现存墓碑也得到印证。"近几十年来在泉州出土的伊斯兰碑刻，大多数属于十三至十四世纪穆斯林的墓碑、墓盖石和墓葬的挡垛石刻等。其数量之多，内容之丰富，居国内之首。"⑥

元代末年，泉州经历亦思巴奚战乱，大批穆斯林被杀，清真寺被毁，阿拉伯商人也不敢前来，许多穆斯林被迫改姓，以避免迫害。如陈埭丁氏的先祖即是赛典赤·赡思丁，元末为避避战乱而徙居晋江。因此泉州伊斯兰教影响有所削弱。苏朗基教授认为："《闽书》所载三贤四贤武德初传教泉州的传说，只是明末才流行于泉州伊斯兰教徒间的一种附会之谈，目的或借以提高他们在全国伊斯兰教圈内日渐没落的地位。"⑦ 尽管影响下降，但明清时期，伊斯兰教依然在泉州得以延续。如惠安百崎郭氏的开基祖为郭仲远，于洪武九年（1376）迁居百崎，根据族谱记载："我祖自开基百崎以来，曾贮天经三十部，创礼拜

① 吴文良：《泉州宗教石刻》，科学出版社 1957 年版，第 9 页。

② 注：根据吴文良考证，根据圣友寺（今泉州涂门街清净寺）门楼甬道后顶上元代阿拉伯文碑刻显示，该寺创建时间为回历四百年（1009），较清净寺更早。

③ 《元至正十三年三山吴鉴重立清净寺碑记》，载中国海外交通史研究会、福建省泉州海外交通史博物馆《泉州海外交通史料汇编》，1983 年，第 46 页。

④ 《元至正十三年三山吴鉴重立清净寺碑记》，载中国海外交通史研究会、福建省泉州海外交通史博物馆《泉州海外交通史料汇编》，1983 年，第 46 页。

⑤ 《至治三年重修圣墓的阿拉伯文辉绿岩碑》，转引自张星烺《泉州访古记》，福建省泉州海外交通史博物馆、泉州市泉州历史研究会《泉州伊斯兰教研究论文选》，1983 年。

⑥ 陈达生：《泉州伊斯兰史略》，《宁夏社会科学》1986 年第 4 期。

⑦ 苏基朗：《刺桐圣墓的年代》，林徐典编：《学术论文集刊》（第 3 辑），新加坡国立大学中文系，1990 年，第 175 页。

寺，尊重经教，认主为本……名曰回回之教。"① 在日常生活中，泉州穆斯林也遵守教规教义。李贽的祖母下葬后，坚持要用清真礼仪下葬。清真寺也得到几度修葺。除泉州外，伊斯兰教在漳州等地亦有传播，根据黄仲琴先生考证："清季，又有马姓者，居城内河尾，不食猪肉；数日杀一羊为馔。漳俗人死入殓之衣服，有殓组与无殓组之别。殓组者，以白布缠裹尸身，是可见漳俗之回教化。"②

基督教聂斯脱里派亦传入福建。该教又称景教，唐代即已传入中国，宋元时期，在福建产生深远影响，有许多外来传教士通过海上丝绸之路来到泉州。1289年，奉教皇之命，方济格会修士约翰·孟高维诺（John of Wont Ecorri）通过海上丝绸之路先来到泉州，再抵达大都，后被任命为中国教区总主教。此时漳州、泉州一带，信奉基督教人士颇多，"其地濒临东海，屡有外洋商船到其地贸易，而热心教士搭商船而至者亦复不少"。有一位亚美尼亚的女教友"昔年随夫来泉州贸易，夫死未归，出重资建大堂一座"③，孟高维诺闻知其事，即设立刺桐教区，派哲拉德（Gerard）为教区主教，管理中国东南地区的教务，裴莱格林（Peregrinl of Castello）继任，他经常到清真寺去讲道，希望能改变他们的宗教信仰，并且通过两位译员，"向居住在他们的各大城市中的偶像教徒们讲道。许多人聚拢来，感到非常惊奇，并且孜孜不倦地询问这些事情"④。

1322年，裴莱格林过世后，安德鲁·佩鲁贾（Andrew of Perugia）接任了刺桐教区的主教。在他的信中如是记载："在这个广大的帝国中，确实居住着世界上的各种民族和信仰各种教派的人，所有的人都

① 顽石：《复尊回回教序》，百崎郭氏回族宗谱重修委员会：《百崎郭氏回族族谱》2000年翻印。

② 黄仲琴：《闽南之回教》，《黄仲琴全集》（第二辑），漳州图书馆，2001年，第94页。

③ 萧若瑟：《天主教传行中国考》，载《民国丛书》（第1编第11册），上海书店1989年版，第85页。

④ ［英］道森：《刺桐主教、教友佩里格林的信》，中国社会科学出版社1983年版，第271页。

被允许按照他们自己的信仰自由生活。因为这是他们的意见（而我应该说这是他们的错误）：每一个人在他自己的教派中都可以得到拯救。我们可以自由地和安全地讲道，但是犹太人和萨拉森人中没有一个人改信基督教。偶像教徒中，接受洗礼的极多，但是他们在接受洗礼以后，并不严格遵守基督教的习惯。"① 可见当时泉州奉行宗教自由政策，基督教能够自由传教，并成功使许多泉州当地民众皈依。安德鲁·佩鲁贾病逝后，安葬在泉州，其墓碑于1946年在泉州通淮门附近被发现。②

明清时期，许多天主教徒通过海上丝绸之路来到福建。其中以省会福州最为频繁。天启四年（1624），意大利天主教耶稣会传教士艾儒略应首辅叶向高之邀，在福州建立三山堂，发展信徒百余人，他还深入兴化、延平、邵武、汀州等地，传播教义，产生较大的影响。尼斯米列斯库在中国调查过程中发现："本省第三大城市名漳州府（Hanheu），建于九龙江江岸，江上有一座大石桥，桥下有三十六个高大的桥孔，桥身十分宽大，所以桥两侧还建有宫殿式的房屋和货摊，出售来自世界各地和中国各地的商品。府城下辖十个小城镇。城里发现好些带有基督教标记的石块，如十字架、神像、救世主像、圣母玛丽亚像等。还发现有汉白玉十字架。此外，耶稣会士还在这里发现了一本用古拉丁文书写的圣经。"③ 反映天主教在漳州已逐渐传播。

清代建立后，由于礼仪之争，康熙帝下令禁教，但通过海上丝绸之路，天主教依然传入中国。雍正十一年（1733）九月，福宁居民蔡祖，"偕吕宋二番人来闽，并携番钱四甲箱约五千金，于大担门外雇小船夜投漳州福河厂蔡家村，将招人入天主教"④。后被官府查缉。番人圣哥和蔡祖被捕，并搜出《天主教图像》等书，蔡祖被处以绞决。可

① 《佩鲁贾人安德鲁的信》，载［英］道森《刺桐主教、教友佩里格林的信》，中国社会科学出版社1983年版，第275页。

② 吴文良：《泉州宗教石刻》，科学出版社1957年版，第29页。

③ ［罗马尼亚］尼·斯·米列斯库著，蒋本良、柳凤运译：《中国漫记》，中华书局1989年版，第150页。该书大概作于1677年。

④ （清）王之春：《清朝柔远记》，中华书局1989年版，第86页。

见当时福建本地教徒与东南亚教会仍有秘密联系。

近代开埠后，福州、厦门作为开埠口岸，许多外国传教士通过海路来到福建，建立教堂、设立医院、学校、孤儿院、盲人院等诸多机构，深入闽北、闽西等内陆地区传教，并对缠足、溺婴、蓄婢等社会不良风俗进行改良。在传教士的帮助下，一些福建学子得以留洋，成为中国早期近代化的重要人才。如福州籍许金訇早年就读于教会学校毓英女中，后在教会医院工作，在外国教会的帮助下，她得以到美国留学，成为福建第一位留学女博士。但基督教在传入过程中，与福建本土文化存在诸多不同，也诱发一系列教案。如川石岛教案、乌石山寺教案，随着东西交流的增多，民众或皈依天主、加入教会、或者充当买办，视野拓宽，对西方事物有更为全面的认识，如对英国人称呼由"夷人"到"洋人"，因此在1901年义和团运动期间，福建各地教案频频，省城却极为宁静。随着列强侵略的加剧和西方民族思潮的传入，"以民族国家观念和主权意识为基调的民族主义逐渐流行"①。

南宋时期，泉州与印度商业贸易联系渐趋频繁。据《诸蕃志》南毗国条记载："其国最远，番舶罕到。时罗巴、智力干父子，其种类也。今居泉之城南。"②《宋史》亦有相关记载："其国最远，番舶罕到。时罗巴、智力干父子，其种类也，居泉之城南。自是，舶舟多至其国矣。"③比较两段史料，《宋史》记载主要引用《诸蕃志》，因此文字多相同，但细微差别颇能反映宋元之际中印贸易的演化。《诸蕃志》成书于宋理宗宝庆元年（1225），时罗巴、智力干父子当在宋理宗执政期间来泉州经商，而在之前，由于路途遥远，南毗国与泉州海上贸易较少。而时罗巴、智力干父子在泉州经商颇为成功，产生较大影响，不仅被《诸蕃志》收录，而且极大推动泉南两地的海上贸易，故著于元代的史书有"自是，舶舟多至其国矣"的相关记载。

随着两地海上贸易频繁，有相当数量信奉印度教的商人到泉州经

① 王立新：《中国近代民族主义的兴起与抵制美货运动》，《历史研究》2000年第1期。
② 韩振华：《诸蕃志注补》，香港大学亚洲出版中心2000年版，第113页。
③ （元）脱脱：《宋史》卷四八九《外国传五·阇婆》，中华书局1977年版，第14093页。

商，于元代时设立印度教寺庙——番佛寺，后虽在元末动乱中被毁，但遗存甚多。目前已出现各种印度教石构件将近三百方。不仅有毗湿奴雕像、泰米尔文石碑和其他雕刻，而且有大量"石祖"、石雕像、石门框等。邱永辉通过对现有遗存考察，认为"从泉州城区发现的石构件，可以说明印度教的主要派别毗湿奴和湿婆派，均在泉州存在过"。元明两代，泉州的印度教不仅有不同的派别，印度教寺庙、祭坛也有多处，有大量印度教教徒曾在泉州长期寓居。印度教与泉州民间信仰产生了某种程度的融合，并影响了其他宗教的发展。①

对于印度教如何传入泉州，学界看法不一，或认为是从东南亚传入，婆罗门教（印度教）很有可能自占城入广州，而传来泉州。② 杨钦章、王丽明等人则认为印度教可能是经爪哇，再向泉州发展。③ 这主要是由于泉州与印度的贸易航路有两条，其一是占城航线，由南毗先到占城，再到广州的航线。其二是东南亚的航线，从南毗舟行，顺风五日可到故临国。"泉舶四十余日到蓝里住冬；至次年再发，一月始达。"④ 尽管说法不一，但印度教从海上丝绸之路传入泉州则成为学界共识。元代泉州海外贸易兴盛，印度教得以在旅泉商人中传播。明代，虽有锡兰王子来华朝贡，但由于海禁政策，南毗国民众较少到泉州经商，使印度教的影响衰微，被毁寺庙未能重建，相关文字记载寥寥。

较之伊斯兰教、基督教，印度教在泉州影响较小，文字记载极为有限，以致争论颇多。这主要与海上贸易规模有关。伊斯兰教的传入，得益于阿拉伯商人大量来华经商。而基督教亦得益于欧洲基督教国家的大力推动，而此时印度半岛邦国林立，与泉州海外贸易较晚开展，其兴盛期也只元一朝，难以在泉州当地民众中产生较大影响。因此明代后期，印度教逐渐与本地宗教融合，成为泉州民众中的"番佛"。

---

① 邱永辉：《印度教概论》，社会科学文献出版社 2012 年版，第 359 页。

② 庄为玑：《泉州印度教史迹及其宗教艺术》，载庄为玑《海上集》，厦门大学出版社 1996 年版，第 331 页。

③ 王丽明：《泉州印度教石刻研究回顾与思考》，《海交史研究》 2016 年第 1 期。

④ （宋）赵汝适原著，杨博文校释：《诸蕃志校释　职方外纪校释》，中华书局 2000 年版，第 68 页。

总之，宋元时期，随着海外贸易的兴盛，福建对外交流的频繁，使伊斯兰教、基督教、印度教、摩尼教等外来宗教传入，宽松的宗教政策，也有利于各种宗教交流碰撞，彼此融合。明代之后，随着海禁政策的推行，外来商人数量减少，导致外来宗教影响力有所衰落，但仍然以不同形式延续，如伊斯兰教在回族社群中传承、而印度教则与本土民间信仰相融合。基督教则得到赴闽传教士的大力传播。多元宗教的交流碰撞，不仅成为福建民众精神信仰的重要组成部分，更铸就福建文化海纳百川多元一体的特点。

第四节　宋元时期泉州多元文化形成机制探析

宋元时期，泉州是中国主要对外贸易港口，设市舶司，被马可·波罗誉为"东方第一大港"，云集来自波斯、日本、朝鲜、天竺等国的商人，"缠头赤脚半蕃商，大舶高樯多海宝"①。由于外来商人众多，泉州成为多元文化的汇集之地，伊斯兰教、印度教等外来宗教交流碰撞，加之诸多因素的影响，铸就了泉州文化的多元性。

一　宋元时期宽松的政治环境

南宋偏安江南，其领土缩小，先后面临金、蒙古的军事威胁。不仅要支付岁币，更要应对频繁战事，财政开支浩大，海外贸易成为重要的财政来源。绍兴七年（1137），宋高宗颁旨"市舶之利最厚，若措置合宜，所得动以百万计，岂不胜取之于民！朕所以留意于此，庶几可以少宽民力尔"②。尤其是泉州，其财政收入更主要依赖海外贸易："惟泉为

---

① （明）宗泐：《全室外集》卷四《清源洞图为洁上人作》，文渊阁《四库全书》本，第1234册，第820d页。

② （清）徐松撰，刘琳、刁忠民、舒大刚等校点：《宋会要辑稿》（第12辑），上海古籍出版社2014年版，第3373页。

州，所恃以足公私之用者，蕃舶也。"① 因此宋朝统治者对海外贸易颇为重视，给予番商各种礼遇，对外来宗教也采取较为宽容的态度。

为招徕海商前来，南宋政府出台各种举措，给予优待。建炎二年（1128）宋高宗诏令两浙市舶司："每遇海商住舶，依旧例支送酒食。"② 官府后又拨出规定经费，招徕前来的番商。如广南市舶司"每年发舶月分，支破官钱，管设津遣。其番汉纲首、作头、梢工人等，各令与坐，无不得其欢心。非特营办课利，盖欲招徕外夷，以致柔远之意"③。后在泉州得到推行，由市舶司提举会同泉州太守宴请番商，以示优抚之意。

南宋政府有力的保障番商的利益，严格甄选担任市舶司提举的人选。宋绍兴二十一年（1151），宋高宗审核泉州市舶司李庄，认为"提举市舶官委寄非轻寄，若用非其人，则措置失当，海商不至矣"。要求李庄来"赴阙禀议，然后之任"④。建炎元年（1127），高宗下诏："有亏蕃商者，皆重置其罪。"⑤ 后又规定泉州、广南市舶司"照条抽解和买入官外，其余货物不得毫发拘留，巧作名色，违法抑买"。如果违反，"许蕃商越诉，犯者计赃坐罪。仍令比近监司专一觉察"⑥。通过允许番商越级上诉，保障其合法权益。

对于招徕番商前来的纲首，宋廷也给予奖励，授予官职。对功绩突出的番商，宋廷亦授予官职。如大食商人蒲罗辛"造船一只，般载乳香投泉州市舶，市舶计抽解价钱三十万贯，委是勤劳，理当优异"。

---

① （宋）真德秀：《祈风文》，《西山先生真文忠公文集》卷五十，万有文库本，上海商务印书馆 1937 年版，第 965 页。

② （清）徐松撰，刘琳、刁忠民、舒大刚等校点：《宋会要辑稿》（第 12 辑），上海古籍出版社 2014 年版，第 4209 页。

③ （清）徐松撰，刘琳、刁忠民、舒大刚等校点：《宋会要辑稿》（第 12 辑），上海古籍出版社 2014 年版，第 4210 页。

④ （清）徐松撰，刘琳、刁忠民、舒大刚等校点：《宋会要辑稿》（第 12 辑），上海古籍出版社 2014 年版，第 4216 页。

⑤ （清）徐松撰，刘琳、刁忠民、舒大刚等校点：《宋会要辑稿》（第 12 辑），上海古籍出版社 2014 年版，第 4216 页。

⑥ （清）徐松撰，刘琳、刁忠民、舒大刚等校点：《宋会要辑稿》（第 12 辑），上海古籍出版社 2014 年版，第 3380 页。

被宋廷"特补承信郎"。总之，南宋政权依赖海外贸易，宋高宗、宋理宗等统治者招徕各路番商，给予各种优待，保障其合法权益，在此环境下，番商的宗教信仰未受到干涉。

元代，蒙古贵族重视商业发展，经商风气很盛，上自皇室贵族，下自细民百姓，都普遍从事商业活动。[①] 海外贸易政策较为宽松，"听海商贸易，归征其税"[②]。福建海外贸易得以继续发展，元代统治者不仅支持番商自由开展贸易，对外来宗教亦采取包容的政策。如元世宗忽必烈皈依喇嘛教，曾封喇嘛教法王八思巴为国师和大宝法王，但他对各种宗教一视同仁。阿合马、倒剌沙等色目人深受其信任，在元廷担任要职。忽必烈亦欢迎基督教，委派尼斯商人尼柯罗、马菲奥兄弟出使罗马教廷，请求教皇选派传教士来中国，并带回基督教圣陵的灯油。1289 年，奉教皇之命，方济格会修士约翰·孟高维诺（John of Wont Ecorri）前往中国，抵达大都后受到元朝统治者的款待，设立教堂，传教事业颇有成效，后被任命为中国教区总主教。1322 年，安德鲁·佩鲁贾（Andrew of Perugia）接任了刺桐教区的主教。在前往泉州的路上，"（元）皇帝准许我用八匹马驮运行李，沿途极受尊敬"，他依靠"皇帝的补助金为生，按照热那亚商人们的估计，这笔补助金大约相当于一百个金佛林（florin）的价值"[③]。他将相当部分的补助金用于兴建豪华的大教堂。

总之，宋元时期，统治者对海外贸易颇为重视，大力招徕外国商人，对宗教采取宽容的态度，能够兼容并蓄，为外来宗教的传播创造良好的环境。泉州是当时中国海外贸易的主要港口，设立市舶司，云集来自世界各地的商人，成为外来文化的重要汇集地，得益于宽松的政治环境，外来商人在泉州享受较高的社会地位，尤其是蒲寿庚家族，在泉州有极大的影响力，故外国商人宗教信仰得到相当程度的保障。

---

① 李金明、廖大珂：《中国古代海外贸易史》，广西人民出版社 1995 年版，第 202 页。
② （明）宋濂：《元史》卷九四《食货志二·市舶》，第 2403 页。
③ 《佩鲁贾人安德鲁的信》，［英］道森：《刺桐主教、教友佩里格林的信》，中国社会科学出版社 1983 年版，第 275 页。

二　世界海洋商贸中心的形成

唐代，福建仍然是有待开发的地方，恰如独孤及所言："闽中者，左冥海，右百越，岭外峭峻，风俗剽悍，岁比饥馑，民方札瘥，非威非怀，莫可绥也。"① 王审知建立闽国后，采取轻徭薄赋的政策，组织流民到闽南等地开垦荒地，"劝课农桑"，大力发展农业，兴建六里陂等大型水利工程，围海造田，推动泉州的开发。王审知政权为广辟财源，大力发展海外贸易。时人有诗云："大舟有深利，沧海无浅波。利深波也深，君意竟如何，鲸鲵凿上路，何如少经过。"② 闽国王氏政权通过海外贸易，出口福建物资，换回海外的奇珍异宝，达到相当规模。据载："福建贡玳瑁、琉璃、犀象器，并珍玩、香药、奇器、海味、色类良多，价累千万。"③ 可见当时海外贸易的品种丰富，数额巨大。

泉州与福州是当时福建的主要海外贸易港口，王延彬担任泉州刺史期间"多发蛮舶，以资公用，惊涛狂飙，无有失坏。郡人藉之为利，号招宝侍郎"④。通过发展海外贸易，将福建的物资贩卖到海外，以充实国库，巩固地方政权。其继任者留从效继续发展海外贸易，"陶瓷铜铁，远泛蕃国，取金贝而返，民甚称便"⑤。陶瓷、铜器、铁器成为出口大宗，以获得海外奇珍异宝，使泉州"云屋万家，楼雉数里"，成为商业重镇。通过海外贸易，福建出口大量物资，推动了地方经济的发展，促进了福建内陆地区的开发。

宋代，作为南海门户重镇的广州，由于官员对海商过度勒索，导

①　（唐）独孤及：《送王判官赴福州序》，周绍良主编：《全唐文新编》（第 2 部 第 3 册），吉林文史出版社 1999 年版，第 4446 页。

②　（五代）黄滔：《贾客》，载（清）彭定求编《全唐诗》，中华书局 1960 年版，第 8094 页。

③　（宋）薛居正：《旧五代史》卷三《宋书三·太祖纪》，中华书局 1976 年版，第 55 页。

④　（清）怀荫布主修，黄任、郭赓武纂：《泉州府志》卷四十《封爵》，清乾隆二十八年刻本，第 3 页。

⑤　《泉州留氏族谱》，"宋太师鄂国公传"，清乾隆二十八年刻本，福建省图书馆藏手抄本，第 48 页。

致南海番商纷纷来泉州贸易。① 泉州云集来自世界各地的商人，至南宋时，泉州已能和广州并驾齐驱，成为主要的对外贸易港口："东南有海道，所以扞隔诸蕃，如三佛齐、大食、占城、阇婆等数国，每听其往来，相为互市。遂于岭南之广州、福建之泉州，各置市舶一司。诸蕃通货，举积于此。荆、淮、湖外及四川之远，商贾络绎，非泉即广，百货所出，有无易此，亦生人大利也。"② 泉州与广州并列，成为中国对外贸易的主要经济港口。凭借"有蕃舶之饶、杂货山积"③ 的优势，泉州逐渐超越福州。

元代，泉州超过广州，被马可·波罗被称为"世界东方第一大港"。由于地位重要，元朝政府于至正十六年（1279），增置泉州行省，后虽合并，仍将泉州作为福建行省省会，故时人称："泉，七闽之都会也。番货远物、异宝珍玩之所渊薮，殊方别域富商巨贾之所窟宅，号为天下最。"④

外国商人冒着巨大风险，蹈海赴泉的主要目的是为了互通有无，获取商业利润。恰如《史记·货殖列传》所言："天下熙熙，皆为利来；天下攘攘，皆为利往。"中国政府招徕蕃商，亦主要为了获得海利，如《宋会要辑稿》记载："国家置市舶司于泉、广，招徕岛夷，阜通货贿，彼之所阙者，丝、瓷、茗、醴之属，皆所愿得。"⑤ 故在求利的共同目标下，较少爆发文化冲突。

总之，宋元时期，得益于海外贸易的发展，泉州成为国际性大都市，云集来自世界各地的商人。通过海上丝绸之路，以商人为载体，伊斯兰教、印度教、基督教等异域宗教得以传入，使泉州成为多元文化的汇集地。异域商人赴华主要是为了获取商业利益，在商业理性的

---

① 杜瑜：《海上丝绸之路史话》，社会科学文献出版社2011年版，第136页。
② （明）杨士奇等编：《历代名臣奏议》卷三四九《四裔·林光朝》，文渊阁《四库全书》，第442册，第695b页。
③ （元）脱脱：《宋史》卷三三〇《杜纯传》，第10632页。
④ （元）吴澄：《送姜曼卿赴泉州路录事序》，载（元）吴澄《吴文正公文集》卷十六，文渊阁《四库全书》，第1197册，第299d页。
⑤ （清）徐松辑：《宋会要辑稿》刑法二之一四四。

支配下，他们彼此能够和谐共处，较少为宗教理念差异而发生冲突。

三　番坊的管理制度

番坊是海外侨民在我国领土上建立的特殊居留区域，主要为照顾侨民的生活风俗习惯和商业上的便利而设。① 番坊自唐中叶产生后，逐渐摆脱了不完善的原始状态，初步建立了番坊的基本框架结构，为宋元时期番坊的全盛打下了基础。② 唐代番坊制度主要在广州实行，文献中颇多记载："广州番坊，海外诸国人所居住。置番长一人，管勾番坊公事，专切招邀番商。……番人衣装与华异，饮食与华同。"③ 福建当时亦设有番坊，据《唐会要》记载："天祐元年（904）六月，授福建道佛齐国入朝进奉使都番长蒲诃栗宁远将军。"④ "都番长"是当时管理番坊事务的人，由当地番商推选，再经中国政府确任。佛齐国位于东南亚，是阿拉伯商人来华的重要基地。蒲诃栗有"都番长"头衔，可见当时福建已设有番坊，管理来华商人。由于蒲诃栗为番商领袖，王审知为发展海外贸易，招徕海商，特向朝廷申请，授予其宁远将军称号。

宋代，随着海外贸易的发展，来泉的番商数量增多，番坊得到普及。泉州"土产番货，诸番有黑白二种，皆居泉州，号番人巷，每岁以大舶浮海往来，致象、犀、玳瑁、珠玑、玻璃、玛瑙、异香、胡椒之属"⑤。番人巷主要分布在泉州城南一代。据《泉州府志》记载："胡贾航海踵至，其富者资巨万，列居城南。"⑥ 考古发现亦证实此点。20 世纪 80 年代，泉州海外交通史调查组经过实地调查，认为泉州"南

---

①　范邦瑾：《唐代蕃坊考略》，《历史研究》1990 年第 4 期。

②　范邦瑾：《唐代蕃坊考略》，《历史研究》1990 年第 4 期。

③　（宋）朱彧：《萍州可谈》，金沛霖主编：《四库全书子部精要》（下册），天津古籍出版社、中国世界语出版社 1998 年版，第 764 页。

④　（宋）王溥：《唐会要》卷一〇〇《杂录》，文渊阁《四库全书》，第 607 册，第 438 页。

⑤　（宋）祝穆著，施和金校：《方舆胜览》卷一二《福建路·泉州》，中华书局 2003 年版，第 208 页。

⑥　（清）怀荫布：《泉州府志》卷七五《拾遗上》，民国十三年补刻本，第 39 页。

门城附近的地区，东起青龙聚宝、经车桥市，西至富美与风炉埕，北从横巷起，南抵聚宝街以南的宝海庵止，这一个地区就是宋元时代的'番坊'所在地的范围"①。

番坊设在泉州城南部，城南是市舶司的所在地，且临近晋江，便于出海，有利于番商开展贸易。番坊与外界隔绝。据《拔都他游历中国记》载："（刺桐城）回教徒另居城之一隅，与他人隔绝。"② 反映番坊具有相对的封闭性，与外界交流较小。番坊内设有庙宇、教堂等宗教场所。如清真寺主要分布在泉州城南地区，数量达四所之多。除此之外，番坊内还设有番学，对番商子女集中教育。政和年间（1107—1117）"天下大治，四夷向风。广州泉南，请建番学……及其课养有成，于是天子召而廷试"③。以此保障番商子弟受教育的权利。除此之外，番商在泉州设有专门的墓地。比较典型的是三佛齐商人试郝围，他"轻财急义，有以庇服其畴者，其以十数族，蕃商墓其一也"。该墓"其地占泉之城东东坂，俾凡绝海之蕃商有死于吾地者，举于是葬焉"④。

番坊按照外来的习俗管理。如汪大猷任职泉州之前，番商与郡人发生争斗，"非至折伤，皆用其国俗。以牛赎罪，寝亦难制"，后来汪大猷下令"安有中国而用夷俗者？苟至吾前，当依法治之始有所惮，无敢斗者"⑤。可见当时泉州番坊在相当长时间内使用外国法律，尊重番商的习俗，却侵害了中国的主权。番坊制度的设立，使番商得以自我管理。

---

① 泉州海外交通史调查组：《泉州宋元时代番坊遗址调查》，见中国海外交通史研究会、福建省泉州海外交通史博物馆编《泉州海外交通史料汇编》（第三辑），1983 年版，第 92 页。

② 张星烺编：《中西交通史料汇篇》（第三册），上海书店 1989 年版，第 182 页。

③ （宋）蔡絛、曾敏行撰，李梦生、朱杰人校点：《铁围山丛谈　独醒杂志》，上海古籍出版社 2007 年版，第 22 页。

④ （宋）林之奇：《泉州东坂葬蕃商记》，《拙斋文集》卷一五，文渊阁《四库全书》，第 1140 册，第 490d 页。

⑤ （宋）楼钥：《汪公（大猷）行状》，载楼钥《攻媿集》卷八八，文渊阁《四库全书》，第 1153 册，第 17 页。

四　泉州当地民众重商的传统

宋代，福建人口增长迅速。吴松弟先生指出："北宋初的太平兴国年间（公元976—984年），与今省辖境相当的福建路著籍户数达46.8万户，较唐天宝元年增加了416%，人口密度达每平方千米4.1户，建州、泉州、兴化军等人口比较密集的州军每平方千米已达到6.3、7.6和8.6户。"① 人口快速增长，使福建许多地方土地开发殆尽，人地矛盾凸显，出现溺婴现象。绍熙元年（1190）大臣奏请："福建地狭人稠，岁一不登，民便艰食，贫家得子，多弃不举，法令有不能禁。"②

粮食短缺成为困扰福建的严重问题，需要依靠外来输入，广东成为粮食的主要输出地。"闽地狭田少，岁藉广米，每患客舟不时至。"③ 尤其是沿海地区对广米依赖更为严重，"福、兴、漳、泉四郡，全靠广米以给粮食"④。即使在丰年，福建亦粮食不足，"本路地狭人稠，虽上熟之年，犹仰客舟兴贩二广及浙西米，前来出粜"⑤。可见当时福建粮食短缺已经成为严重的社会问题，有限的土地无法容纳较多的人口，迫使福建大量民众从事手工业与商业，推动沿海区域商业发展。

通过海外经商，不少泉州人得以致富。此类泉州人在海外经商，对异域文化有较多接触，甚至入乡随俗，加入当地的教派，娶外族女子为妻，成为异文化的接受者。泉州当地有影响力的家族信奉伊斯兰教现象较为普遍："泉郡中巨族，如金、丁、马、迭、夏五大族，皆以

① 吴松第：《宋代福建人口研究》，《中国史研究》1995年第2期。

② 刘琳、刁忠民、舒大刚校点：《宋会要辑稿》（第十三册），上海古籍出版社2014年版，第7576页。

③ （宋）周必大：《敷文阁学士宣奉大夫赠特进汪公大猷神道碑》，载《周必大集校证》卷六七，上海古籍出版社2020年版，第987页。

④ （宋）真德秀：《申枢密院乞修沿海军政》，载《西山文集》卷一五，商务印书馆1935年版，第251页。

⑤ 《帅福建赵汝愚奏》，载（明）黄淮、杨士奇等编著《历代名臣奏议》卷二四七《荒政》，第1页。

妈氏异教，沿至十余世，犹不革者。"①

宋元时期，泉州由于人地矛盾凸显，迫使当地民众蹈海为生，到海外经商。通过与番商的频繁接触，泉州民众拓宽视野，能以海纳百川的胸怀对待异域文化，从而推动了多元文化的形成。

五　番商在泉州当地社会的影响力

宋元时期，番商在泉州影响力不断增长。南宋时期，番商在泉州除经商外，还积极参与当地事务，与官员建立密切关系，林涅担任泉州晋江县知县期间，奉命修造战船。他认为"负郭岂有羡钱耶？"不忍心向民众收敛钱财，计划辞官而去。诸番商得知此消息后，"义公之为，助其役，舟先就而民不知"②。由于积极参与地方事务，番商与官员关系颇佳，影响力不断扩大。朱熹《晦庵集》曾经记载"贾胡建层楼于郡庠之前"，当地"士子以为病，言之郡"，"贾赀钜万，上下俱受赂，莫肯谁何"。于是士子"乃群诉于部使者，请以属公"③。可见当时泉州番商颇具势力，与地方官员关系密切，当地士子难以与其抗衡，只能求助于外来的部使者。在如此氛围下，外来番商俨然成为地方上颇有权力的群体，

此时福建海外贸易主要为色目人控制。宋元交际之时，色目人蒲寿庚叛宋投元，"提举泉州舶司，擅蕃舶利者三十年"④。其子蒲斯文，承袭父职，掌管泉州市舶司，其女婿佛莲"凡发舶八十艘"⑤，可见当时蒲氏家族商业规模之大。在蒲氏家族的推动下，泉州成为中国主要的海外贸易港口，"番货、远物、异宝、奇玩之所渊薮，殊方别域富商

①　《凤池林李宗谱摘抄》（清嘉庆十二年手抄本），吴文良原著，吴幼雄增订：《泉州宗教石刻》（增订本），科学出版社2005年版，第271页。

②　（宋）叶适：《中奉大夫直龙图阁司农卿林公墓志铭》，《叶适集》，中华书局1961年版，第373页。

③　（宋）朱熹：《朝奉大夫直秘阁主管建宁府武夷山冲佑观傅公（自得）行状》，载朱熹《晦庵集》卷九八，文渊阁《四库全书》本，第1145册，第4页。

④　（元）脱脱：《宋史》卷四七《瀛国公奉纪》，第942页。

⑤　（宋）周密著，吴启明点校：《癸辛杂识续集》卷下《佛莲家资》，中华书局1988年版，第193页。

巨贾之所窟宅，号为天下最"①。

元朝灭亡后，泉州仍有大量异族人。"元氏失驭，而色目人据闽者，惟我泉州为最炽。部落蔓延，大肆凌暴，以涂炭我生灵。"② 尽管明廷试图将其编户，但他们已融入当地社群中，"然其间有真色目人者，有伪色目人者，有从妻为色目人者，有从母为色目人者"，彼此混合居住，使其习俗对泉州文化影响甚深。

总之，宋元时期，中央政府积极发展海外贸易，为招徕番商，官府不仅保护藩商的合法权益，还设立番坊，对基督教、伊斯兰教等外来宗教采取较为宽容的措施。泉州海外贸易规模不断扩大，成为东方第一大港，番商云集，他们与地方官府交游密切，影响力不断扩大，成为重要的社会群体，推动域外文化的传播。而泉州民众素有经商传统，形成重商习俗，对域外文化较为包容，在商业利益的共同驱动下，各类人群能和谐共处，铸就泉州文化的多元性格。

---

① （元）吴澄：《送姜曼卿赴泉州路录事序》，载（元）吴澄《吴文正公集》卷一六，乾隆五十一年万氏刻本。

② （明）李广斋：《垂戒论》，吴文良原著，吴幼雄增订：《泉州宗教石刻》（增订本），科学出版社 2005 年版，第 270 页。

第四章 海上丝绸之路与近世
以来福建精英

海上丝绸之路的发展，使福建成为多元文化的交汇地，得以开风气之先，孕育一批在全国有影响的精英人物，他们活跃于慈善、政治、军事、科技、慈善等领域，对社会贡献巨大，泽及后人。本章以明代思想家李贽、近代福州名人这两个颇具代表性的案例，探讨海上丝绸之路与近世福建精英形成的内在关系。

第一节 明代思想家李贽的地域考察
——兼论明代中后期泉州社会转型

李贽是明代重要的思想家、文学家，"他提出的很多命题具有开拓精神、进取精神和前瞻精神，所以受到明清以来众多思想家、文学家的尊崇与赞颂。其思想价值，并远播海外，特别是对东亚诸国有着深远的影响"[①]。近代百年来，中日韩等国学者对李贽相关研究层出不穷，专著多达数十部之多。[②] 多从思想史或文学史角度分析，或关注其家族

---

① 张建业：《关于李贽的思想和研究——纪念李贽诞辰 490 周年忌辰 415 周年》，《北京科技大学学报》（社会科学版）2017 年第 1 期。

② 代表性的研究成果有：吴虞《李卓吾评传》、叶国庆《李贽先世考》（1958 年）、侯外庐、邱汉生《李贽的进步思想》（1959 年）、傅衣凌《从明末社会论李贽思想的时代特点》（1975 年）、张建业《李贽评传》（1981 年）、左东岭《李贽与晚明文学思想》（1997 年）。日本方面：陆羯男《李卓吾评传》（1893 年）、铃木虎雄《李卓吾年谱》（1934 年）、沟口雄三《李卓吾——矢志前行的异端》（1983 年）。韩国方面：申龙澈《孔子，撼动中国的自由人——李卓吾》（2006 年）。

谱系，试图从其民族成分、宗教信仰等纵向角度探讨其独特性思想的渊源；或注意到李贽生活在明代后期，运用阶级斗争理论分析李贽思想是资本主义萌芽出现的结果，强调其与封建官僚、地主的斗争。① 总体而言，现有研究成果较少结合地域情况加以论述。一个人思想的形成，除了受其家世的影响，还与其所生活的地域社会密切相关。本书拟在前人研究的基础上，结合晚明时代变迁，对李贽故乡——泉州加以考察，试图将思想史与社会史结合，探讨其思想形成的地域背景。

一 李贽的人生经历与家世背景

李贽字宏甫，号卓吾，福建泉州人，生于明嘉靖六年（1527），其六七岁时，母亲徐氏逝世，"幼而孤，莫知所长"②。随父亲李白斋读书。嘉靖三十一年（1552），他参加福建乡试，考取举人后，"以乏困不再上公车"③。嘉靖三十四年（1555），他任河南辉县教谕。嘉靖三十九年（1560）任南京国子监博士，因父丧，回乡守制、参加泉州城保卫战，抵抗倭寇入侵。嘉靖四十一年（1562），"三年服阕，尽室入京，盖庶几欲以免难云"④。候差期间，以授馆为生，"馆复十余月，乃得缺"，于嘉靖四十三年（1564）出任国子监博士，但不久，其祖父逝世，回泉州守制。二年后，守制期满，又到京城，补礼部司务。隆庆五年（1571），李贽"厌京师浮繁，乞就留都"⑤。从北京调到南京，改任南京刑部员外郎，与焦竑、李士龙、王畿、王襞、耿定理兄弟等人结识，研究王阳明心学、佛学。万历五年（1577），他调任云南

① 此类研究成果多集中于 20 世纪 70 年代，如闽佐《对李贽所处时代资本主义萌芽问题的探讨》，《福建师范大学学报》（哲学社会科学版）1975 年第 1 期等。
② （明）李贽：《卓吾论略》，（明）李贽著，张建业、张岱点校：《焚书注》（上），社会科学文献出版社 2013 年版，第 233 页。
③ 《凤池林李宗谱》，张建业编：《李贽研究资料汇编》，社会科学文献出版社 2013 年版，第 325 页。
④ （明）李贽：《卓吾论略》，（明）李贽著，张建业、张岱点校：《焚书注》（上），社会科学文献出版社 2013 年版，第 234 页。
⑤ 沈铁：《李卓吾传》，厦门大学历史系编：《李贽研究参考资料》（第一辑），福建人民出版社 1975 年版，第 20 页。

姚安知府，四年后，他辞官寓居黄安，后又迁麻城，著书、讲学，长达十余年，名声卓著。据时人记载，李贽学说"最能惑人，为人所推，举国趋之若狂"，"今日士风猖狂，实开于此。全不读四书本经，而李氏《藏书》《焚书》，人夹一册，以为奇货"①。万历三十年（1602），李贽被张问达诬告，以"惑世诬民"的罪名被捕，于狱中自杀，享年75岁。

李贽人生经历如其所言："某生于闽，长于海，丐食于卫，就学于燕，访友质正于四方。自是两都人物之渊，东南才富之产，阳明先生之徒若孙及临济的派、丹阳正脉，但有一言之几乎道者，皆某所参礼也，不扣尽底蕴，固不止矣。五十而至滇，非谋道矣，直糊口万里之外耳。三年而出滇，复寓楚，今又移寓于楚之麻城矣。"② 此处"海"指的是泉州，泉州濒海，故李贽以泉海称呼。"卫"指辉县，辉县春秋时为卫国国都，李贽为谋此缺，殊为不易，以丐食自嘲。"两都"指北京与南京，是其游宦、访学的重要场所。李贽涉足地域颇广，泉州、辉县、北京、南京、姚安、黄安、麻城、通州均是其人生重要的活动场所。

李贽29岁时始离开家乡，赴异地任职，其间曾两度回家守制，长达五年，他在泉州生活逾三十年，度过幼年、少年、青年时光，此段时期恰是人的思想形成关键期。李贽的特立独行在青少年时已显现端倪，"余自幼倔强难化，不信学，不信道，不信仙、释，故见道人则恶，见僧则恶，见道学先生则尤恶"③。他12岁时作《老农老圃论》，批驳孔子言行，被乡里称奇。中年之后，李贽虽寓居两京、云南等地，与名士交游、吸纳阳明心学等学派思想，著书论说，名震四方。但在其著述中，家乡的情境仍不时被提起，构成其思想的重要元素。如他

① （明）朱国桢：《涌幢小品》，上海古籍出版社2012年版。
② （明）李贽《答何克斋尚书》，（明）李贽著，张建业、张岱点校：《焚书注》（上），社会科学文献出版社2013年版，第204页。
③ （明）李贽：《阳明先生年谱后语》，（明）王守仁撰，徐枫点校：《王阳明全集》（第四册），天津社会科学院出版社2015年版，第217页。

在《与焦弱侯》：“余家泉海，海边人谓余曰：有大鱼入港，潮去不得去，呼集数十百人，持刀斧，直上鱼背，恣意砍割连数十百石，是鱼犹恬然如故也。俄而潮至，复乘之而去矣。然此犹其小者也。乘潮入港，港可容身，则兹鱼亦苦不大也。”① 进而引申“豪杰之士决非乡人之所好，而乡人之中亦决不生豪杰。古今贤圣皆豪杰为之，非豪杰而能为圣贤者，自古无之矣”②。点明豪侠之士非世俗所能产生。

李贽寓居异乡，对家乡颇为思念，从其字号可见一斑。任职辉县期间，他住在苏门山百泉之上，鉴于泉州别称温陵，遂号“温陵居士。”当他在百泉游玩时，有感“吾泉而生，又泉而官：泉于吾有夙缘哉”③，于是自称“百泉人”，又号“百泉居士”。李贽又字卓吾，在闽南方言中，“卓”与“笃”发音相近，因此他常被人误称李笃吾。仕籍上亦如是写，对此，李贽未作更正，并用之。除此之外，李贽的亲属主要为泉籍，如其妻子、姻亲均为晋江籍。其友人中泉籍士人亦占相当比重，如庄用晦、庄国祯等。故李贽虽寓居外地，仍与家乡联系密切。

由于外来商人众多，泉州成为多元文化的汇集之地，摩尼教、伊斯兰教、印度教等外来宗教的交流碰撞融合，铸就泉州文化的开放性与包容性。宋元时代侨居泉州的海外番客，主要是来自波斯的商人，他们的生活习惯对泉州的风俗产生很大影响。时至今日，泉州的回族逢年过节吃“油香”的习俗、回族妇女盖头巾的习惯，以及婚丧等某些仪式都是源自波斯。④

元朝灭亡后，泉州仍有大量色目人。尽管明朝政府试图将其编户，但他们已融入当地社群中，彼此混合居住，使其习俗对泉州地域

① （明）《与焦弱侯》，（明）李贽著，张建业、张岱点校：《焚书注》（上），社会科学文献出版社 2013 年版，第 6 页。
② （明）《与焦弱侯》，（明）李贽著，张建业、张岱点校：《焚书注》（上），社会科学文献出版社 2013 年版，第 6 页。
③ （明）《卓吾论略》，（明）李贽著，张建业、张岱点校：《焚书注》（上），社会科学文献出版社 2013 年版，第 234 页。
④ 廖大珂：《宋元时期泉州的阿拉伯人》，《回族研究》2011 年第 6 期。

文化影响甚深。1426 年，李贽叔祖李广斋愤然作《垂戒论》："习其异俗，以娈乱我族类，蔑视我常宪，敦拂我彝伦，何也?"① 指出汉人与色目人在治丧、服饰、饮食等方面的区别，认为"色目之道，夷狄之俗也"。唯恐李氏子孙"仍袭其弊者"，特作该文"以特严戒之云尔"②。

李广斋是李贽的三世叔祖，他对异族文化感触如此之深，缘于"今伯父为衣冠缙绅之裔，迷于色目之俗而不能悟"。伯父指的是林驽，他早年"航吴泛越，为泉臣商"。洪武年间"奉命发航西洋。忽鲁谟斯等教不一，为事不谐，行年三十，遂从其教，受戒于清净寺教门，号顺天之民。就娶色目婢人归于家"③，"遂习其俗，终身不革"，其子孙"犹不去其异教，因此李广斋乃不悉书之"④。林驽的父亲林闾，亦是颇具实力的海商。他"承藉先人蓄积之资，尝以客航泛海外诸国"。元末，泉州发生亦思巴奚战乱，"干戈扰攘，狱讼繁兴，岁又荐饥"，社会陷入动乱之中。林闾"屡散积以济之，活人者多"，尽管"戎丑虽暴，敬公之德，不敢有犯焉"，反映林家在泉州颇有影响。

李广斋由林姓改为李姓，据说其父亲景顺公李端"不能革其兄之异习"，遂分居改姓。衣冠缙绅中信奉伊斯兰教现象较为普遍，故族谱编者质疑"叔祖何独恶其先"，认为他"大率本垂戒之意而引申之耶?"⑤ 尽管李广斋用心良苦，但李氏子孙"习异俗者"仍然颇多。李贽祖母贞勤迭氏即是穆斯林，她年老时，每天嘱咐后人："吾父宽方伯，迭铉之孙也，家袭清净之教。而迨其将终也，授其祖教，而嘱人

①　（明）李广斋：《垂戒论》，吴文良原著，吴幼雄增订：《泉州宗教石刻》（增订本），科学出版社 2005 年版，第 270 页。

②　（明）李广斋：《垂戒论》，吴文良原著，吴幼雄增订：《泉州宗教石刻》（增订本），科学出版社 2005 年版，第 270 页。

③　《凤池林李宗谱摘抄》（清嘉庆十二年手抄本），吴文良原著，吴幼雄增订：《泉州宗教石刻》（增订本），科学出版社 2005 年版，第 271 页。

④　《李贽家族谱牒和墓圹志摘抄》，吴文良原著，吴幼雄增订：《泉州宗教石刻》（增订本），科学出版社 2005 年版，第 269 页。

⑤　《凤池林李宗谱摘抄》（清嘉庆十二年手抄本），吴文良原著，吴幼雄增订：《泉州宗教石刻》（增订本），科学出版社 2005 年版，第 271 页。

以三日葬之。吾于今已老矣，朝夕不幸，葬吾礼亦当如之"①，坚持要用清真葬礼。

总之，李贽的家族与海外贸易有密切的联系，其先人通过海外贸易致富，信奉伊斯兰教，娶色目女子为妻，深受波斯文化的影响。尽管李氏先祖中，对域外文化有所排斥，但影响有限。明代泉州世家巨族信奉伊斯兰教较为普遍，世代沿袭。李贽祖母即虔诚信奉伊斯兰教。由于海禁政策，李贽父亲李白斋未遵循家族经商传统，而以授馆为业。

二　明代海禁政策的调整

明代建立后，太祖朱元璋"禁濒海民不得私出海"②。派遣江夏侯周德兴到福建沿海等地设置卫所，驻兵屯守，严格禁止海外贸易，"敢有私下诸番互市者，必寘重法"。并禁止国内民间使用番货、番香，"凡番香、番货，皆不许贩鬻"③。洪武年间，此类海禁的诏令时有颁发。

明成祖继位后，沿袭旧制，当他得知福建濒海居民私载海船，交通外国，下令"禁民间海船，原有海船者悉改为平头船"，要求"所在有司防其出入"④，尽管法令甚严，"然滨海之民以海为生，采捕鱼虾、有不得禁者"⑤。加之"闽地狭窄，又无河道可通舟楫，以贸浙、两京间，惟有贩海一路是其生业"⑥。明朝初期"是时乱离新辑，人民鲜少，皆窳易活"。禁令尚能维持。随着社会秩序恢复，人口的数量增

---

① 《明登瀛里林大母贞勤迭氏墓圹志》，吴文良原著，吴幼雄增订：《泉州宗教石刻》（增订本），科学出版社 2005 年版，第 272 页。迭铉为铁铉，明初著名大臣，元代色目人后裔，在靖难之役，多次击败朱棣，后被处死。

② 《明太祖实录》卷七〇，洪武四年十二月丙戌，台北"中央研究院"历史语言研究所1962 年版，第 1300 页。

③ 《明太祖实录》卷二三一，洪武二十七年正月甲寅，台北"中央研究院"历史语言研究所 1962 年版，第 2 页。

④ 《明太宗实录》卷二七，永乐二年正月辛酉，台北"中央研究院"历史语言研究所1962 年版，第 498 页。

⑤ 《广福人通番当禁论》，（明）胡宗宪：《胡少保海防论》，《皇明经世文编》卷二六七，中华书局 1985 年版，第 2823 页。

⑥ 《开洋海议》，（明）何乔远撰，张家庄、陈节点校，福建省文史研究馆整理：《镜山全集》（中），福建人民出版社 2015 年版，第 688 页。

多，人地矛盾凸显，私人海外贸易渐兴。沿海民众，以出海捕鱼为名，造双桅尖底船与外国人开展贸易，"虽败露之后坐以大辟，然走死地如鹜者，不能绝也"①。

　　明代中后期，福建沿海民众通番已较为普遍。"闽广奸商，惯习通番。每一舶，推豪富者为主，中载重货，余各以己资市物，往牟利恒百余倍。"②每年"三四月，东南风汛，番船多自粤趋闽，而入于海"③。地方精英也参与走私贸易，据《东西洋考》记载"成弘之际，豪门巨室，间有乘巨舰贸易海外者"④。至嘉靖年间"弊极矣"。面对此种状况，嘉靖帝屡颁禁海律例，"沿海军民私与贼市，其邻舍不举者连坐"⑤。民众制造双桅海船也须报官拆毁，违者重罪，并派重臣到福建督查。巡海道副使柯乔"杀入贩夷人"，都御史朱纨"大严海禁，申明大辟"⑥，斩杀通贩李光头九十余人，使"海禁渐肃"。

　　海外贸易关系福建民生，"富家征货，固得稛载归来，贫者为佣，亦博升米自给"⑦，一旦严禁，"骤失重利，虽士大夫家亦不便也"⑧，普通民众更是"不得下水，断其生活"，迫于生计"于是所在连结为乱，溃裂以出其久潜踪于外者，既触网不敢归，又连结远夷、乡导"⑨。加之朱纨被闽籍官员林希元等人控告"擅杀"，被迫自杀，使福建沿海倭寇之乱愈演愈乱。

　　①《开洋海议》，（明）何乔远撰，张家庄、陈节点校，福建省文史研究馆整理：《镜山全集》（中），福建人民出版社2015年版，第687页。

　　②（明）周玄暐：《泾林续记》，《丛书集成初编》（第2954册），中华书局1985年版，第27页。

　　③《福洋要害论》，（明）胡宗宪：《胡少保海防论》，《皇明经世文编》卷二六七，中华书局1985年版，第2823页。

　　④（明）张燮：《东西洋考》卷七《饷税考》，中华书局2000年版，第131页。

　　⑤《明世宗实录》卷一五四，嘉靖十二年九月辛亥，台北"中央研究院"历史语言研究所1962年版，第5页。

　　⑥《开洋海议》，（明）何乔远撰，张家庄、陈节点校，福建省文史研究馆整理：《镜山全集》（中），福建人民出版社2015年版，第687页。

　　⑦（明）张燮：《东西洋考》卷七《饷税考》，中华书局2000年版，第131页。

　　⑧（清）张廷玉：《明史》卷二〇五《朱纨传》，第5404册，第1563页。

　　⑨（明）张燮：《东西洋考》卷七《饷税考》，中华书局2000年版，第131页。

明穆宗继位后，福建巡抚涂泽民上奏"用鉴前辙，为因势利导之举，请开市舶，易私贩为公贩"①，其建议被采纳。隆庆元年（1567），漳州月港设洋市，允许商人到东西洋开展民间贸易，月港成为东南沿海唯一正式开放的港口，"于是五方之贾，熙熙水国，刳艅艎，分市东西路，其捆载珍奇，故异物不足述，而所贸金钱，岁无虑数十万。公私并赖，其殆天子之南库也"②。倭寇之乱亦得以暂时平息，"幸大盗不作。而海宇宴如"③。尽管裨益甚多，但明廷海禁政策未发生根本性改变，明廷同意月港开海，真实用意是"于通之之中，寓禁之之法"④。对月港民间贸易限制颇多，"止通东西二洋。不得往日本倭国。亦禁不得以硝黄铜铁违禁之物"。而且主要面向漳泉商人。

明神宗登基后，海禁政策又趋于严厉："凡有贩番诸商，告给文引者，尽行禁绝，敢有违规者，即照例处以极刑。"⑤ 万历二十二年（1594）许孚远任福建巡抚，沿海商民"纷纷告通海禁"。许氏会同巡按福建监察御史陈子贞调查后，上《疏通海禁疏》："看得东南滨海之地，以贩海为生，其来已久，而闽为甚。闽之福、兴、泉、漳，襟山带海。田不足耕，作，市舶无以助衣食。其民恬波涛而轻生死，亦其习使然。"⑥ 并引月港之例，陈述开海诸多益处，请求疏通海禁。围绕着海禁松弛，朝野斗争激烈。

崇祯皇帝登基后，厉行海禁，后福建巡抚熊文灿上奏"请开漳、

① 《疏通海禁疏》，（明）许孚远：《敬和堂集》，《皇明经世文编》卷之四百，中华书局1962年版，第4232—4234页。

② （明）周起元"序"，载（明）张燮《东西洋考》，中华书局2000年版，第17页。

③ 《疏通海禁疏》，（明）许孚远：《敬和堂集》，《皇明经世文编》卷之四百，中华书局1962年版，第4233页。

④ 《疏通海禁疏》，（明）许孚远：《敬和堂集》，《皇明经世文编》卷之四百，中华书局1962年版，第4233页。

⑤ 《大明律附例》卷十五《兵律·关津·私出外境及违禁下海》，郑振铎辑：《玄览堂丛书》12，广陵书社2010年版，第8386页。

⑥ 《疏通海禁疏》，（明）许孚远：《敬和堂集》，《皇明经世文编》卷之四百，中华书局1962年版，第4233页。

泉二府洋禁，以苏民困而足国用"①。海禁有所松弛，但刘香老海乱发生后，海禁又严。后又应给事中傅元中请求下，松开海禁。崇祯时海禁时松时紧，无疑不利于海外贸易的正常发展。②

明代，朝廷海洋贸易政策几经调整，但限制海外贸易的根本立场并未改变，只是鉴于海外贸易关系福建等沿海地区民众生计甚大，若控制过严，势必导致社会动乱，使倭寇、海盗之乱愈演愈烈，因此明廷对海禁政策适度调适，或紧或弛，对福建沿海区域社会冲击颇深。

三 明代中期泉州社会的变迁

明代，泉州逐渐失去国际贸易港口的重要地位，其标志性事件即市舶司的转移。明朝建立后，朱元璋构建朝贡贸易体系，设立市舶司，"置提举官以领之，所以通夷情，抑奸商，俾法禁有所施，因以消其衅隙也"③。洪武二年（1370），他下令在宁波、泉州、广州三处设立市舶司，其中"宁波通日本，泉州通琉球，广州通占城、暹罗、西洋诸国"④。洪武七年（1374），泉州市舶司被撤除。永乐元年（1403）恢复设立，并设立来远驿，招待琉球贡使。由于琉球距离福州更近，且联系更为紧密，成化十年（1474），泉州市舶司移到福州，泉州失去官方朝贡贸易港的作用，逐渐衰落。⑤

明代中后期，民间海上走私兴起，参与者多为泉漳商人，但长期处于非法状态。由于泉州港地处府城，是明代海防重心所在，不利于走私贸易的开展，因此当时走私贸易多选在地形复杂、较为偏僻的港口进行。隆庆开海后，漳州月港成为唯一合法的民间对外贸易港口，迅速成为闽南地区的经济中心，泉州、漳州等地的物资通过月港集聚，进而出口海外，泉州国际贸易港口的地位逐渐被月港、

---

① （清）汪楫：《崇祯长编》卷四八，台北"中央研究院"历史语言研究所影印版，1967年，第2859页。

② 晁中辰著，商传主编：《明朝对外交流》，南京出版社2015年版，第300页。

③ （清）张廷玉：《明史》卷八一《食货志五》，中华书局1974年版，第1268页。

④ （清）张廷玉：《明史》卷八一《食货志五》，中华书局1974年版，第1268页。

⑤ 李金明：《明初泉州港衰落原因新论》，《海交史研究》1996年第1期。

厦门所取代。

倭寇之乱爆发后，泉州作为传统的重要商埠，屡遭兵灾。嘉靖十年（1532），"倭自漳州掠同安历劫晋江屿头、沙塘、陈坑、石菌等处，分巡佥事万民英募永春蓬壶吕尚四等兵，至石菌与贼战，败死者五百余人"①。泉州安溪、惠安等县均曾被倭寇攻下，官民被杀、库房遭劫，损失惨重。尤其嘉靖四十一年（1562）十一月二十九日，与泉州毗连的兴化府城沦陷，惨遭倭寇屠城，殉难者达到万余人，泉州民众深受震动。该年，泉州除遭受倭寇入侵外，还发生瘟疫，"郡城瘟疫，人死十之七，市肆寺观，尸相枕藉，有合户无一人存者，薰蒿凄怆，不可忍闻，市门俱闭，至无敢出"②。泉州人口大量减少："倭夷入寇，兵火疠疫之余，户口十损六七。"③

战乱平息后，泉州民众仍深受影响，"嘉靖末寇乱兵兴，赋役日繁，户口日耗，而生民之苦，倍于往昔矣。其籍之存者，颇多虚数而已"④。人口大量减少，赋役却日益繁重，泉州民众负担沉重，甚至连粮食难以自给，只能依赖海外贸易。

万历三十四年（1606）泉州旱灾，米价腾贵，私钱盛行。当地官员"减价平粜，并禁私钱"，导致"百姓嗷嗷，至于罢市"。时任泉州府经历陈懋仁建言："泉地米少，不比米多处，可以定价。今所藉以裕地方者，全在海商。若一减价，商必走他郡趣厚利。泉虽多财，如米之不至何？故宜一听市值，俾海商闻之俱来，米既集而价未有不平者。若私钱新铸也，火色未纯，与官钱异，第缉治以私铸之皋，则官钱自复。"知府接受其建言，不久"海米来集，其价遂平，钱亦复故"⑤。可见海洋贸易对泉州民众的影响。

由于泉州"错山阻海，田不益而生聚日繁，即丰岁亦给哺于外

---

① （明）阳思谦、黄凤翔编纂：《泉州府志》卷二十四《杂志》，万历四十年刻本。
② （明）阳思谦、黄凤翔编纂：《泉州府志》卷二十四《杂志》，万历四十年刻本。
③ （清）周学曾等纂修，福建地方志编纂委员会主编：《晋江县志》，第113页。
④ （清）周学曾等纂修，福建地方志编纂委员会主编：《晋江县志》，第113页。
⑤ （明）陈懋仁：《泉南杂志》卷下，商务印书馆1936年版，第26页。

省"①，经济高度依赖海洋贸易，明代中期泉州土地集中并不严重，根据《泉南杂志》记载："泉南富家，田不过五顷至十顷，极矣，为山多而巨姓繁耳。"② 当地民众"其人以业文为不赀，以舶海为恒产"③。将相当比重的财富投资航海贸易，与他处占地百千顷的土地高度集中现象形成鲜明对照。倭寇之乱后，民间走私贸易更为兴盛，根据万历《泉州府志》记载："泉四十余年来，海禁稍疏，奸民阑出。观去岁闽县董考功之疏，则闽中通倭，沿海一带皆然也。海道日熟，勾引易萌，殷鉴不远，可不虑诸。"④

泉州官员对海外贸易持有疑虑，对海商以"奸民"相称，很大程度上是由于海外贸易使社会风气发生较大的变化。明代前期，泉州是个"俗安朴素的社会"⑤，明代中后期，随着海外贸易的发展，以及倭乱的发生，泉州风气发生较大变化，在各县均有表现。惠安县明代前期："民俗爱惜廉耻，畏法度，无敢习斗鸡、走马、蹴鞠、酣饮歌呼，及为推剽嚚讼，以扞文罔。性善弱忍事，少争讼，或不得已至讼，亦重为身家计，少得理即止，不至破产。"乡间遇到纠纷"多就其乡之公正者平之，一言得其情，辍悔而改。有不悛者，众共非责之，久之亦悔"。社会秩序良好，地方官员编纂方志时颇为自豪："以故泉七邑，唯吾邑之讼易理。衣服俭素，无丝纻文绮，至大家子弟，亦不敢服美服以见人。非有宾祭大事，不特杀鸡鹅。村落少金钱，吉凶庆吊，以布帛、牲畜、五谷相馈遗。婚娶颇计资送，唯一二大家为甚，至小民则绝不以有无多寡为厚薄疏数，盖本俗也。"⑥ 但嘉靖之后，"迩来风俗好讼，盖闻乱后，生理未遂，人性渐浇，或撼无证之词，或举已结之牍，或窥上意，或复私仇，铢两必争，睚眦必报，一旦被逮，其丧

---

① （明）阳思谦、黄凤翔编纂：《泉州府志》，"重修泉州府志序"，万历四十年刻本。

② （明）陈懋仁：《泉南杂志》卷下，商务印书馆1936年版，第9页。

③ （明）王世懋：《闽部疏》，中华书局1985年版，第13页。

④ （明）阳思谦、黄凤翔编纂：《泉州府志》卷二四《杂志》。

⑤ 徐泓：《明代福建社会风气的变迁》，《浙江学刊》2007年第5期。

⑥ （明）张岳纂，刘晓平点校：《嘉靖惠安县志（外二种）》，福建人民出版社2016年版，第31—32页。

倍寻"①。较之原先淳朴风气，已大为改变。

崇安城从明初战乱恢复后，"承平日久，文教渐被，自是人始知学，师傅见重于世，博徒游侠不容于时，长幼尊卑有序，亲疏贵贱有伦，即啬于财者，或以贾而趋利。艰于食者，或以农而逢年。本业耕作，而山无盗贼，家给人足，而民鲜怨咨，敦仁让，绝去嚣争，事恫愊不为文饰，丝纻鲜于官家，牲杀仅行于宾席，婚配必求相称，虑非其偶，装送不敢相高，羞其不衷，生事葬祭，动遵礼法，有太古遗风，熙朝雅意焉"。然而此种风气，在明代中后期亦发生改变，据著于嘉靖二十一年（1542）《崇武所城志》记载："近数十年来，士习民心渐失其初，虽家诗书而户礼乐，然趋富贵而厌贫贱。喜告讦，则借势以逞，曲直至于不分。奢繁华，则曳缟而游，良贱几于莫辨，礼逾于僭，皆无芒刺，服恣不衷，身忘灾逮。反唇反目，不忘夫姑之亲，同胞同乳，敢割兄弟之好，富无子，则育他人子，族无闲言。多女则溺所生女，母无难色。富室丧服，召宾务快生者之醉饱。贫儿藉贷，依样宁薄死者之棺衾。病不服药而一听于神，谓神道胜于医道，葬不以期而停枢卜地，谓天理不如地理。甚有猖狂自恣，明言礼不为我辈设，卑污向人，借口执鞭亦可为。波流萎靡，恬不为怪。"较之明初伦理有序的社会，诉讼增加、崇尚奢华、纲常混乱，颇有礼崩乐坏的景象，甚至巫术风水信仰盛行。著者感叹"夫民有待而兴礼乐，以俟君子"②。寄希望通过君子、士人的教化而扭转奢靡之风。

安溪地处泉州内陆山区，农业相对发达，"商贾百工艺业，咸远人擅之，以有其利；至于书计，亦且仰于外人"。虽然有种植经济作物，"渔盐橘果之利，转贩自外而至，利射一倍，兹并狃于慵逸矣"。尽管较之泉州沿海地区，安溪相对闭塞，但"冠婚之仪，多循泉俗，衣履习尚，亦随而变"。明代中后期其民风亦变，明代"初时颛尚质啬，故民殷而耻逋负"。嘉靖年间"迨则侈美相高，用度糜费，民间稍益匮

---

① （明）叶春及：《惠安政书》，福建人民出版社1987年版，第338页。
② （明）朱彤：《崇武所城志》，福建人民出版社1987年版，第40页。

乏。坊市中尤事花鸟，击筑、弹筝之声，达于宵夜，寝失朴笃之风，识者病之"①。风气变化较大。

明代中后期社会风气变化，在江浙、直隶等多地均有呈现。②徐泓教授亦指出："福建的社会风气，自明代中期以后，无论沿海或内地，均开始随商品经济、海外贸易的发展，日渐僭侈，风气之变，由衣食住行的物质文化开始，竞相华侈僭越，然后及于人伦道德关系之精神文化。"③较之其他地方，泉州作为沿海地区的重要商业城市，受海外贸易影响更深，其社会变迁更为剧烈，涉及领域更多。值得注意的是，社会风气变化与社会财富多寡不存在必然的因果关系，如万历《泉州府志》记载："近年以来，生齿日繁，山穷于樵采，泽竭于罟网，仰哺海艘，犹呼庚癸，非家给人足之时。"其经济已主要依赖外界输入，民众生活水平已不如昔，然而"顾物力甚诎，而用度益奢，饮食张具，恣所好美，储无甔石，衣必绮纨，非然者以为僇辱。下至牛医马佣之卑贱，唐巾、晋巾、纱帽巾，浅红深紫之服，炫然摇曳于都市"④。社会资源枯竭，奢靡之风如旧，未因经济消长而有所改变。随着民间海外贸易的兴起，人口流动的增加，里甲等传统的社会控制体系日渐崩溃，植耕农业文明的儒家伦理体系影响力亦随之削弱。海外贸易的兴盛，还造成社会风气的变化。

四　泉州地域社会对李贽思想的影响

明代中后期泉州社会急剧变迁，海禁政策的实施，使泉州丧失国际贸易港口的地位，地方民生大受影响，水灾、瘟疫频繁发生，导致

①　（明）林友年主纂，福建省安溪县志工作委员会整理：《嘉靖安溪县志》，国际华文出版社2002年版，第26页。

②　此方面研究成果颇多，森正夫、徐泓、林丽月、王卫平等学者均有关注，钞晓鸿《明代社会风习研究的开拓者傅衣凌先生——再论近二十年来关于明清"奢靡风习"的研究》，载陈支平主编《第九届明史国际学术讨论会暨傅衣凌教授诞辰九十周年纪念论文集》，厦门大学出版社2003年版，第9页）对相关研究加以回顾。

③　徐泓：《明代福建社会风气的变迁》，载韩昇主编《古代中国：社会转型与多元文化》，上海人民出版社2007年版，第324页。

④　（明）阳思谦、黄凤翔编纂：《泉州府志》卷三《舆地志下》。

大量人口死亡。随着私人海外贸易的开展，泉州经济日益商品化，人口流动频繁，世道浇漓。李贽深受地域环境的影响，塑造其独特的思想，故能超越时代的局限，这在他的《藏书》《续藏书》《焚书》《续焚书》等书中均有体现。

（一）李贽思想的重商性

朱元璋建立明朝后，重农抑商，商人受到种种压制。洪武十四年（1381），朱元璋颁令"令农民之家，许穿纳纱绢布；商贾之家，只许穿布。农民之家但有一人为商贾者，亦不许穿紬纱"①。商人还需承担各种徭役赋税，政治地位低下。对此，李贽为商人鸣不平："商贾亦何可鄙之有？挟数万之资，经风涛之险，受辱于关吏，忍诟于市易，辛勤万状，所挟者重，所得者末。然必交结于卿大夫之门，然后可以收其利而远其害；安能傲然坐于公卿大夫之上哉。"②寥寥数语，勾勒商人为商不易，他们为社会所做贡献远高于其获利，不应受到歧视。李贽家族世居泉州，且家族有多人经商，故熟谙商情，了解其对地方民生的重要，尤其在海禁期间，泉州海商为通番谋生，免遭官府缉捕，只有结交"卿大夫"。李贽此语，可谓是当时泉州官商关系的真实写照。

李贽的义利观亦体现其重商理念，他肯定私欲存在的必然性："种种日用，皆为自己身家计虑，无一厘为人谋者"，"势利之心，亦吾人秉赋之自然"。认为"天下尽市道之交也"。人际交往应遵循市场法则，利益是人际交往的根本所在，"夫既为市矣，而曷可以交目之，曷可以易离病之，则其交也不过交易之交耳，交通之交耳。是故以利交易者，利尽则疏；以势交通者，势去则反，朝摩肩而暮掉臂，固矣"③。泉州是近世以来较为典型的商业型城市，重商氛围

① （明）徐光启：《农政全书》卷三《国朝重农考》，文渊阁《四库全书》，第731册，第40页。

② （明）李贽：《复焦弱侯》，（明）李贽著，张建业、张岱点校：《焚书注》（上），社会科学文献出版社2013年版，第110页。

③ （明）李贽：《论交难》，（明）李贽著，张建业、张岱点校：《焚书注》（上），社会科学文献出版社2013年版，第227页。

浓厚，商业伦理渗透到地方民风，深刻地影响人们的言行。李贽生于斯、长于斯，深受家乡商业文化的熏陶，故能够为商人利益大声疾呼。

（二）李贽思想的多元性

李贽从小即不受传统思想束缚："余自幼倔犟难化，不信学，不信道，不信仙释，故见道人则恶，见僧则恶，见道学先生尤恶。"[①] 对孔子等人物加以批判，将士大夫奉为圭臬的《论语》斥为"其迂阔门徒，懵懂弟子，记忆师说，有头无尾，得后遗前，随其所见，笔之于书，后学不察，便以为出自圣人之口也"[②]。否定儒家经典的正统性。嘉靖帝对朱熹颇为推崇，曾颁旨："朕历览近代诸儒，唯朱熹之学醇正可师，祖宗设科取士，经书义一以朱子传注为主。"[③] 然而李贽自幼对程朱理学不以为然："稍长，复愦愦，读传注不省，不能契朱夫子深心。"[④] 并质疑朱熹学说是否有助于家国："吾意先生必有奇谋秘策，能使宋室再造，免于屈辱，呼吸俄顷，危而安，弱而强，幼学壮行，正其时矣。乃曾不闻嘉谋嘉猷人告尔后，而直以内侍为言。是为当务之急与？或者圣人正心诚意之学，直为内侍一身而设，顾不在乎夷狄、中国之强弱也？则又何贵于正心诚意为也？"[⑤] 批判其虚伪无用，难以真正对国家有所帮助。

李贽不受传统思想束缚，得益于泉州地域文化的特殊性。宋元时期，泉州成为世界文化交流、接触中心，其文化具有海洋经验与海洋性格，能够兼容并蓄，是文化多元一体的基本范式。[⑥] 如此包容的文化

①　（明）李贽：《阳明先生年谱后语》，（明）王守仁撰，徐枫点校：《王阳明全集》（第4册），天津社会科学院出版社2015年版。

②　《童心说》，（明）李贽著，张建业、张岱点校：《焚书注》（上），社会科学文献出版社2013年版，第277页。

③　（明）余继登：《典故纪闻》卷一七，中华书局1984年版，第311页。

④　《卓吾论略》，（明）李贽著，张建业、张岱点校：《焚书注》（上），社会科学文献出版社2013年版，第233页。

⑤　（明）李贽：《藏书》卷二四，中华书局1959年版，第22页。

⑥　李亦园：《从"海滨邹鲁"到"海滨中原"——闽南文化的再出发》，载李亦园、林少川主编《李亦园与泉州学》，九州出版社2012年版，第22页。

氛围，有助于李贽摆脱传统理念束缚，探索新知，使他有较为良好的成长环境，不为世俗所泯灭。

（三）李贽思想的抗争性

李贽认为只有冲破世俗束缚，敢于破旧立新者，才是真正有用之才，如其所言："盖论好人极好相处，则乡愿为第一；论载道而承千圣绝学，则舍狂狷将何之乎？"① 他以"狂狷"自命，提出"天子庶人壹是无别"②，不愿屈服于世俗，以中庸之道处世，故不见容于保守僵化的官场，"为县博士，即与县令、提学触；为太学博士，即与祭酒、司业触；司礼曹务，即与高尚书、殷尚书、王侍郎、万侍郎尽触也"③。担任员外郎期间，李贽"不得尚书谢、理卿董、并汪意。谢无足言矣！汪与董皆正人，不宜与余触，然彼二人者皆急功名，清白未能过人，而自贤则十倍矣，予安得免触耶？"④ 在历任长官中，李贽"最苦而遇尚书赵，赵于道学有名，孰知道学有名而我之触益甚也"⑤。"尚书赵"指的是赵锦，为当时有名的道学家，李贽素以反道统著称，不愿屈服，故两人颇有分歧。为逃避庸俗的官场，李贽辞官归隐，客居异乡，落发为僧，被官员攻讦入狱后，不愿屈服而自杀。由于地理环境恶劣，泉州民众敢于冒险犯禁，蹈海为生，富有斗争拼搏精神，能够以百折不挠的精神，在海外谋生创业，开辟新领地。李贽的抗争精神，颇能体现其故乡人文的特点。

（四）李贽思想的自由性

他反对各类礼教束缚，主张能童心最珍贵，"夫以率性之真，推而

---

① 《与耿司寇告别》，（明）李贽著，张建业、张岱点校：《焚书注》（上），社会科学文献出版社 2013 年版，第 67 页。

② （明）李贽著，张建业主编：《李贽全集注》（第 14 册），社会科学文献出版社 2010 年版，第 241 页。

③ 《豫约·感慨平生》，（明）李贽：《焚书　续焚书》，中华书局 2011 年版，第 326 页。

④ 《豫约·感慨平生》，（明）李贽：《焚书　续焚书》，中华书局 2011 年版，第 326 页。

⑤ 《豫约·感慨平生》，（明）李贽：《焚书　续焚书》，中华书局 2011 年版，第 326 页。

扩之，与天下为公，乃谓之道"①。与"去人欲、存天理"的程朱道统形成鲜明对比。他希望官府能够减少对社会经济干预，"吾闻至道无为，至治无声，至教无言"②。主张无为而治，顺其自然。"是故圣人在上，万物得所，有由然也。"③ 李贽的自由主义思想与其家乡泉州的社会变迁颇为契合。宋元时期，泉州成为国际贸易港口，得益于宽松的政策，海外贸易兴起。尤其在宋代，"海外贸易以民间海商作为主要力量"④。然而到明代，朝廷厉行海禁政策，不仅对泉州经济影响颇深，更衍生倭寇之乱。废弛海禁，自由开展贸易，成为明代中期泉州社会各阶层的强烈请求。李贽对此有强烈感受，更亲自参加抗倭战斗。嘉靖四十年（1561）倭寇进攻泉州，李贽恰逢丁忧，回乡守制，"抵家，又不暇试孝子事，墨衰率其弟若侄，昼夜登陴击柝，为城守备。城下矢石交，米斗斛十千，无籴处。居士家口零三十，几无以自活"⑤。他希望官府减少对经济的干涉，在相当程度是对家乡社会的深刻观察，长期磨砺的结果。

作为传统的国际性商港，泉州商业氛围浓厚，在明廷实行海禁的背景下，泉州民众仍蹈海谋生，铸就冒险、务实、多元的海洋人文特性。李贽在如此环境下成长，受地域文化的熏陶，及民间生活的历练，使得他自幼就敢于质疑权威，崇尚自由，反对等级制度，为商人阶层发声，认为商业伦理有其正当性，主张国家减少对社会经济的干预。

①　《答耿中丞》，（明）李贽著，张建业、张岱点校：《焚书注》（上），社会科学文献出版社2013年版，第40页。

②　《送郑大姚序》，（明）李贽著，张建业、张岱点校：《焚书注》（上），社会科学文献出版社2013年版，第313页。

③　《答耿中丞》，（明）李贽著，张建业、张岱点校：《焚书注》（上），社会科学文献出版社2013年版，第41页。

④　葛金芳、汤文博：《南宋海商群体的构成、规模及其民营性质考述》，《中华文史论丛》2013年第4期。

⑤　（明）李贽著，张建业、张岱点校：《焚书注》（上），社会科学文献出版社2013年版，第233页。

五　结语

宋元时期，泉州是国际性商港，是多元文化的交汇地，色目人数量众多，颇有社会地位。明代建立后，朱元璋"以其传统的小农文化思维，力图恢复构建一整套完善而又可以严密控制的小农经济为核心的社会经济格局。黄册户籍制度、里甲管理体制、赋役征收方式以及基层社会教化体系等等，都力图使农民安顿在土地之上，四民各安其业，形成自上而下的封建社会超稳定的统治"①。由于海禁政策的推行，泉州在朝贡贸易体系的地位下降。明代中后期，泉州成为民间海外贸易的重要中心，社会变迁尤为剧烈。海外贸易兴起，人口流动频繁，推动地方商品经济发展，冲击士农工商传统社会结构，导致各种"乱序"现象发生，社会风气日渐奢靡，人际交往功利化。植根于传统小农经济传统的社会管理体系与教化体系亦随之失效，加之倭寇之乱蔓延，瘟疫、天灾接踵而至，更加重了社会无序化。

明代中后期，泉州深受官府的海禁政策束缚，解除海禁，成为地方各阶层的共同心声，对李贽自由思想孕育不无影响。明代中后期，泉州城市经济商业化，商人阶层的崛起，商业文化的盛行，使李贽能够重视商业的价值，崇尚功利性的社会伦理，批判程朱理学的虚伪无用，追求实用与人性率真。就某种程度而言，李贽能够超越时代局限性，成为思想先驱，得益于泉州在海外贸易的地位，使他能够在中外经济文化交流的重要枢纽，体验时代变迁之剧烈，对人性等方面做出深刻的思索。

李贽思想在晚明引起强烈反响，在于其反映时代变化。"晚明是中国传统封建社会向近代社会转型的起点。"② 在海外贸易等因素的影响下，明代中后期中国社会变迁剧烈。大批美州白银从闽南流入中国，加速中国赋役制度变革，"一条鞭法"的实施"反映了朱元璋所建立的

---

① 陈支平：《明代后期社会经济变迁的历史思考》，《河北学刊》2008 年第 1 期。
② 张显清：《晚明社会的时代特点》，《河南师范大学学报》（哲学社会科学版）2005 年第 6 期。

'划地为牢'、与百姓亲身应役的安排密切关联的户籍管理制度，发生了带有根本性的改变"①。李贽思想代表此种新兴的社会潮流，具有鲜明的自由、率真、民主、实用等特征。但由于中国经济形态仍未发生根本性转变，植根于农业经济的儒家伦理思想仍占据主导地位，帝制王朝仍对社会有很强的控制力，注定李贽思想在很长时期被视为异端邪说，其著作被禁毁。李贽的悲剧，在某种程度上反映了海洋商业文化与内陆农耕文化的碰撞，以及社会思潮的交锋。

地域社会环境对人物的思想形成有巨大影响，考察历史人物，应将其言行放在其所生活的地域背景下加以考察，分析其人生经历，探讨其思想形成脉络，尤其是人物的家乡社会更是对其影响深刻。就李贽而言，其成长于泉州，孕育思想的独特性；游宦于两京、云南，与泰州学派学人的交游，促进其思想的成熟；著书立说于麻城，使思想影响扩大。研究者将社会史与思想史结合，注重时空演化，能更好地解读历史人物的独特性。

第二节　近代开埠与地域精英群体兴起
——以福州为分析中心

从 20 世纪 20 年代开始，学者探讨近代人才地理，研究范围不断扩大，质量不断提高，取得丰硕成果。② 但较少从开埠角度论述，分析其与地域精英群体兴起的内在关系。因此本节拟从人才地理学的视

---

　　① 陈春声、刘志伟：《贡赋、市场与物质生活——试论十八世纪美洲白银输入与中国社会变迁之关系》，《清华大学学报》（哲学社会科学版）2010 年第 5 期。

　　② 此方面的研究的成果有：梁启超《近代学风之地理的分布》，《清华学报》1924 年第 1 卷第 2 期；潘光旦《近代苏州的人才》，《社会科学》（清华大学）1935 年第 1 卷第 1 期；孙谦《试论中国近代人才的地理分布》，《晋阳学刊》1982 年第 12 期；朱翔《近现代湖南人才地理研究》，《地理学报》1998 年第 3 期；陶用舒《近代湖南人才群体研究》，岳麓书社 2000 年版；任泉香、朱竑、周秋光《近代湖南的人才群体现象及其原因》，《湖南师范大学社会科学学报》2003 年第 1 期；李鹏《近现代中国女性人才的地理分布和区域分异》，《地理学报》2007 年第 2 期等。

角，以福州为研究对象，分析开埠以来地域精英群体如何崛起，参与时代风云。

一　近代福州精英群体的地域特征

福州为福建省会，地处戴云山脉东翼，闽江横贯市区，汇入东海，上流物资顺江而下，汇集闽都，再通过海运，或扬帆北上，贩于京津，或远涉重洋，行商诸邦，藉此地利，明清时期，福州即已成为东亚海上贸易体系的中心，号称"东南首邑"。因此，英国对其觊觎已久，通过签订《南京条约》，胁迫通商。开埠之后，福州被纳入世界经济体系，社会经济文化等领域发生较大变化，其显著表现即为地域精英群体兴起，根据《中国近现代人名大辞典》一书统计，收入该书福州籍名人达132位，占名人总数的1.35%，位居全国前列。除人数众多外，近代福州名人涉足诸多领域，呈现以下特征。

（一）政坛的活跃力量

近代政坛，福州籍官员较为活跃。道光年间，福州人林则徐奉命前往广东禁烟，成为民族英雄。其婿沈葆桢出任两江总督兼南洋大臣，成为洋务运动的重要代表人物。陈宝琛、郑孝胥等福州籍人士对溥仪影响甚深。南京临时政府成立后，还有少数福州籍人士出任要职，分别为参议院院长林森与海军总长黄钟英，与广东、江浙等地有较大差距，这主要是由于福州籍同盟会会员多在革命起义中牺牲，只有少数人幸存，因此孙中山卸任临时大总统后，即前往福州，看望烈士遗属，可见福州籍会员对辛亥革命的贡献。

民国时期，福州籍精英凭借资历、威望，在派系斗争激烈的政坛，常出任名义领袖，成为官员表率，其代表者为林森。他出任国民政府主席长达十二年，直至逝世。期间，他严格自律，生活俭朴，即便同乡江屏藩因争风水被乡人刺死，他亦维护司法公正，故为蒋介石等实权人物敬重。除国民政府外，福州籍人士在其他政治权力体系中，亦往往如此，如1919年，直、皖、奉等军阀矛盾尖锐，萨镇冰出任北洋政府总理，虽然任期较短，却以廉洁乐善著称。

（二）海军的主要力量

由于马尾船政学堂设于福州，近代中国海军将领绝大多数是福州籍。这个群体特征早在北洋水师既已凸显，以致李鸿章委派淮系将领丁汝昌出任海军提督，以起牵制之效。甲午海战后，北洋水师几近崩溃，在叶祖珪、萨镇冰等福州籍将领的苦心经营下，渐复规模，得以赴南海群岛调查、抚慰新加坡侨胞。民国政府成立后，历任海军司令多为福州人，如黄钟瑛、刘冠雄、杜锡珪、陈绍宽等等。以1936年9月制定的"海军部职员录"为例：部机关13名将级军官中的12名，88名校级军官中的54名，为福州籍；全部军官225人，福州籍的166人，占73.8%。民国共有16位海军上将，其中12位是福州人①。直至抗战结束后，陈绍宽受到排挤，解甲归田，闽系海军始告衰落。

（三）学界的重要力量

福州人在近代学术界占有重要地位，其最为杰出者为严复，翻译《天演论》，素有"精通西学第一人"之称。在文学、史学等传统学科内，福州籍精英推陈出新，颇有贡献。如陈衍、郑孝胥开创"同光体"，林徽因、冰心、庐隐为近代女性文学代表，傅衣凌创设"社会经济史"学派等等。在社会科学领域，多个学科的奠定者为福州籍精英，尤其在新闻学、法学、翻译学等领域更为明显。如林白水被视为报界先驱，邓拓任《人民日报》的首任主编。在自然科学领域，截至1980年，中国科学院学部委员共有473人，其中福州籍24人，占总数5.07%，位居全国城市第二，仅次于苏州。②为能了然，兹将各学科福州籍名人制成下表。

表4-1　　　　　　　　　　近代福州学界名人表

法学	刘崇佑、王铁崖、陈体强、何孝元、陈篆、林榮、林长民、郑烈、程树德

①　杨志本主编：《中华民国海军史料》，海洋出版社1987年版，第820页。
②　因本节讨论时段为近代，故学部委员统计只截取1980年评选数据。1955年中国科学院学部委员名单（共172人）、1957年中国科学院学部委员名单（共18人）、1955年中国科学院学部委员名单（共283人）。

续表

史学	李俨、洪煨莲、郑天挺、邵循正、傅衣凌、翁独健、梁敬錞、王世襄
文学	高梦旦、郑振铎、谢婉莹、庐隐、林徽因、胡也频、林庚、王昌寿、陈衍、陈北鸥
天文地理气象学	高鲁、张钰哲、陈遵妫、王绶绾、陈彪、傅承义、高由禧
教育学	高凤谦、邓萃英、陈可忠
化学	侯德榜、虞宏正、萨本铁、傅鹰、高士其、田昭武、陈茹玉、林一、林东
物理学	萨本栋、傅承义、曾融生、邓昌黎、陈彪
冶金学	郭可信、陈篯
空气动力学	沈元、林同骥
生物学	吴宪、邓叔群、陈驹声、王岳、郑作新、刘崇乐、赵修复、唐仲璋、林孔湘
数学	陈景润、林家翘
医学	王世真、石美鑫、许金、伍哲英
工程学	严恺、林同炎、陈体诚、严铁生、陈端柄、萨福均
航天技术学	梁守磐、萨本茂
航海学	陈嘉震
心理学	唐钺、林传鼎
经济学	刘攻芸、陈岱孙
翻译学	林纾、陈承泽、罗丰禄、陈季同、郑贞文
哲学	林同济
新闻学	林白水、邓拓、陈慎言、林仲易

（四）历史事件的关键力量

在近代重大历史事件中，福州籍人士常扮演关键角色。黄花岗72烈士中，福州人有19位，约占总数三成。[①] 20世纪初，王寿眉、林宗素创立女子学校、诉求女子参政，昭示女权运动的来临。1919年，林

---

① 19位烈士分别为：林文、方声洞、林觉民、林尹民、陈更新、陈与燊、陈可钧、刘元栋、冯超骧、刘六符、黄忠炳、王灿登、卓秋元、胡应升、魏金龙、陈清畴、陈发炎、罗乃琳、林西惠。

长民发表《外交警报敬告国民》，透露巴黎和会内幕，五四运动由此爆发。1920 年，刘崇佑资助周恩来等人赴法留学，培养共产党领袖人物。1937 年 7 月宛平县长王冷斋拒绝日军搜查要求，拉开了八年全面抗战的序幕，1945 年，石美瑜将军主持对日本战犯审判，李世甲、林遵率领舰队，光复台湾、西沙群岛和南沙群岛，维护国家主权完整。上述人物均为福州籍。

（五）人才集聚明显

近代福州人才辈出，然而在区域空间内，又呈现家族人才聚集现象。最典型为螺江陈氏，该家族在明清时期，共出进士 27 人，尤其同光年间，达 10 人之多，其代表者为陈宝琛。科举制度废除后，陈氏家族未因此而衰落，各行各业精英层出不穷，其中中将 4 人、院士 3 人，陈岱孙等人为学界名流。[①] 萨氏家族亦是如此，开埠之前，仅乾隆朝中进士一人，然而近代以来，共有 5 人中进士，此后出现 6 位将军、两位院士[②]、数十位学者，萨镇冰、萨本栋、萨孟武均具有较高的社会声誉。值得注意的是，民国福州萨姓人家，仅有五六十户，可谓是人才高度密集。

近代福州人才辈出，但在各个领域分布不同。1. 近代福州将领多来自海军，陆军较少。据《中国近现代人名大辞典》共记载 26 名福州籍将领，其中海军将领 20 人，占总数 76.92%，而陆军将军有 6 人，仅占总数的 23.08%。而且较多在国民革命军服役，与两湖、闽西解放军将星云集明显不同。即便在黄埔军校中，福州籍学员也是少数。2. 福州籍人才在知识领域最为密集，而且呈全面开花之势。132 名近代福州籍精英，属于学者专家型 60 人，占总数的 45.46%，他们不仅在文学等传统学科取得显著成就，而且在法学、翻译、新闻等新兴学科颇有成就，并成为诸多自然科学的奠定者。但福州籍精英经营实业数量较少，仅有刘攻芸等较为著名，福州"电光刘"虽为近代福建最大的

---

① 螺洲陈氏四名中将分别为：陈兆锵、陈长捷、陈庆甲、陈恩焘。三名院士分别为：陈篯、陈体诚、陈彪。

② 两位院士分别为第一届中央研究院院士萨本栋、中国科学院外籍院士萨支唐。

民企，但影响力仅限于省内，未能出现如"南张北周"之类的工商巨子，亦未有荣宗敬之类的家族财团，这是榕沪人才构成的显著区别之一。3. 多有留学经历，旅居京沪。福州籍名人多有留学经历，如黄花岗 19 烈士中，有 7 人留学日本。20 员海军将领中，有 12 人留学英国。22 名科技精英，有 19 人有留洋经历，多次前往美国。如侯德榜获哥伦比亚大学博士学位。福州籍精英学成归国后，多数在上海、北京等地工作定居，极少有在本地功成名就。4. 创新气息浓厚。近代福州精英多与变革相联系。他们积极吸取国外新思潮，创立新学、倡导变革。如维新变法中，林旭为戊戌六君子之一。辛亥革命中，福州籍精英牺牲惨重。大革命运动中，王荷波、林祥谦为中共早期重要领袖，即便在传统文化领域，福州人亦推陈出新，如陈衍、郑孝胥创设"同光体"，傅衣凌使用民间文献，研究社会经济史，使学术研究面目一新。而在考据、金石、书法、戏剧等古老学问上，福州籍精英数量较少，影响有限。

近代福州人才兴盛，得益于文脉传承。早在南宋，福州即是文风昌盛的地区，素有"海滨邹鲁"之称，城内读书蔚然，出现"路逢十客九青衿，巷南巷北读书声"的盛况。从元代起，福州开始成为全国文化重镇，据何炳棣研究，在明代科举排行榜，福州府以 654 名进士总数，位居全国第六。及至清代，则以 750 名进士总数，跃居第三，仅次于杭州府与苏州府①。

良好的社会环境，有利于孕育优秀人才，然而不能将地域精英崛起完全归结于此，必须考虑近代之变。首先，开埠之前福州虽科举鼎盛，但具有全国性影响力人物不多，在时人眼中，福建还属于文化边缘区，以致官员不愿赴任，据《申报》记载："咸丰以前，闽省地瘠民蛮，筮仕者视此，拜为畏途，文武候补官员，寥寥无几。"② 其次，开埠之后，福州人才增长趋势明显，如上述陈、萨两大世家，即是较好

① ［美］何炳棣：《科举和社会流动的地域差异》，王振忠译，陈绛校，《历史地理》第十一辑，上海人民出版社 1993 年版，第 299—316 页。

② 《闽垣杂闻》，《申报》1882 年 8 月 15 日，第 2 页。

反映。此外，还可以与其他地区对比。如明清时期杭州府科举人才数量高于福州，近代之后杭州毗连宁沪，地缘优势更为明显，且为浙江省省会，蒋氏政治集团根基所在，享有更好资源，人才更易脱颖而出。但中科院学部委员数量少于福州。再次，开埠之前福州人较少引领潮流，多为科举之才，近代之后，福州人常为天下先，涉足诸多领域，因此福州人才之变，始于近代，[①]为何会此时骤然爆发，有必要探讨开埠对福州产生哪些影响，再讨论与人才成长的内在关联。

二　近代开埠后福州社会经济的变化

1842 年，中英签订《南京条约》，福州成为"五口通商"的城市之一，各国商人、传教士接踵而来，对外交流频繁、中西文化碰撞，使社会经济形态呈显著变化，这主要体现在以下几个方面：

（一）都市日趋繁华

19 世纪，随着世界茶叶需求量上升，崇安成为重要茶业产地，由于政策性原因，茶叶无法通过福州港转运世界，却要以"内河过岭行走"形式，先输送到广州、江南，再转包外销，费时费力，运价高昂。直至 19 世纪 60 年代，受太平天国运动的影响，传统茶路被切断，在地方官员支持下，新茶路成功开设，大宗红茶循闽江顺流直下，出口欧美，福州一跃成为国际茶叶贸易的中心之一。[②]仅在 1880 年，福州输出的茶叶即达 80 万担，年增长率为 2.5%。[③] 19 世纪 80 年代，茶市虽有所衰落，但木材贸易随之兴起。每年木材输出总值约 350 万—400万海关两。[④]木材为地方财政支柱，"内地各处多资利用，则福防厅之

---

① 科举与近代人才有关联，并不完全等同，除福州外，湖南亦是典型例子，明清科举并不兴盛，但近代之后，湘人却在政军学商诸界叱咤风云，勇烈异常，以致谭其骧先生说"清季以来，湖南人才辈出，功业之盛，举世无出其右"。

② 程镇芳：《五口通商前后福建茶叶贸易商路论》，《福建师范大学学报》（哲学社会科学版）1991 年第 2 期。

③ 姜修宪：《制度变迁与中国近代茶叶对外贸易——基于福州港的个案考察》，《中国社会经济史研究》2008 年第 2 期。

④ 参见戴一峰《论近代福建木材业——近代福建林业史研究之二》，《中国社会经济史研究》1991 年第 2 期。

商税又全藉木料以充数也"①。

对外贸易兴盛，推动福州都市化，尤其南台更是"福州精华之区，阛阓宏通，商贾辐辏，花天酒地，富丽繁华"②，云集美孚、太古、三井等 70 余家洋行、24 所各类会馆、200 个各式商帮，店铺数量以万计。城市人口亦快速增长，至光绪中叶，人口已达 65 万。③

（二）与上海等地联系紧密

贸易兴盛，使福州成为区域经济中心，与外地经济来往密切。英国人施美夫对此记载颇详："福州人从相邻的江西省进口瓷器，也从遥远的陕西省进口皮毛。帆船从山东、天津及其他沿海地方运来蔬菜和药品。从宁波进口棉布，琉球群岛来的进贡船只也运来鱼干、燕窝、酒、海参，以及日本铸造的金锭，年价值在 1 万大洋左右。本省西北部乡村提供日常家用物品，如茶叶、茶油、大米、竹笋、香木和牛皮。本省南部各地，尤其是厦门和晋江附近，从陆路运来藤条、辣椒、布匹、毛料、海参、燕窝、檀香以及其他香木、食糖和水银。水银等是南部富有冒险精神的人从其他国家进口到南部港口，然后从陆路运到省城，牟取暴力。作为交换，福州出口毛竹、茶叶、原木材、柑橘以及烧香拜佛用的锡箔纸。"④

与此同时，上海亦迅速崛起，取代广州成为全国外贸中心，榕沪两地埠际贸易往来日益频繁。以木业为例，输送航线"原本运销浙东一带，道光末年，始达乍浦，洪杨革命之后，乃达沪江"⑤。一些财力雄厚的沪商，开始在福州设立"庄号"，采购木材。而由闽江上游商人组成的建汀帮，"沿黄埔江岸，自城东亘于城南，设木厂及木行，经营

---

① （清）德福：《闽政领要·各属物产》，清乾隆二十二年刻本，第 47 页。

② 《福州近景》，《申报》1881 年 5 月 11 日，第 2 页。

③ 海关总税务司署：《通商各关华洋贸易总册》，光绪二十年，中国第二历史档案馆、海关总署办公厅：《中国旧海关史料（1859—1948）》第 29 册，京华出版社 2001 年版，第 162 页。

④ ［英］施美夫：《五口通商城市游记》，温时幸译，北京图书馆出版社 2007 年版，第 289 页。

⑤ 吴尚文：《福州庄客制度》，《木业界》1940 年第 3 期。

贸易，林木商之大者，其数凡三十家"①。除木材外，闽商亦涉足其他行业，实力雄厚，时人谓之"上海福州帮商业亚于广帮，广福杂货，各省各县通用之"②。旅沪闽人数量日增，成为近代上海重要的社会力量。

（三）外国势力的不断深入

明末清初，福州即成为教会重要活动基地。1624 年，传教士艾儒略在首辅叶向高支持下，创办三山堂，吸引教徒数百人，并迅速向闽东等地传播。后由于礼仪之争，禁教长达数百年③。《南京条约》签订后，福州教会势力迅速复苏，传教士接踵而来，创立教堂、招揽信徒，影响不断扩大。至宣统年间，市区共有信徒数千人，教堂数十座，成为东南亚海域布道中心。

除传教外，教会对其他社会事业涉足颇多，他们关心时弊、出版报纸、创办学校、建立医院、拯救溺婴、收治麻风、革新风俗、传播新知，推动近代福建社会变革。由于具有政治特权，传教人员成为普通民众倚靠力量。时人即谓"中国官吏畏外如虎狼，待民如犬马，凡遇关涉外人之案，辄扬外人而抑平民加之，衙役藉端而鱼肉，罗汉乘隙而扰害，甚至倾家倒产，无所聊生"。因此许多无告之人民，"始则求援于教会，继则归化于外人"④。甚至连富商亦不惜"万金购英国籍"，以求获得庇护。随着传教事业的深入，教民交流增多，关系日见融洽，故教案较少发生。

除传教士外，其他行业外国人亦来到福州，从 1844 年起，先后有英、法、美等 17 个国家在此设立领事馆，集中分布于烟台山，在此周围，海关、洋行、学校、医院等各类机构云集，建筑风格各异，使近

　　①　东亚同文会编，两江总督署译：《中国经济全书》第 2 辑，一编商贾，第五章，第54—55 页。转引自戴一峰《论近代福建木材业——近代福建林业史研究之二》，《中国社会经济史研究》1991 年第 2 期。

　　②　林传甲纂：《大中华福建地理志》，中国地学会 1919 年版，第 316 页。

　　③　此时闽东一带，仍有一定数量的信徒，但只能秘密活动。参见张先清《官府、宗族与天主教：17—19 世纪福安乡村教会的历史叙事》，中华书局 2009 年版。

　　④　林森：《闽警》，上海复初书社 1904 年版，第 6 页，福建省图书馆特藏部藏书。

代仓山有"万国建筑博物馆"之称，洋人众多，他们时常举行聚会，策划各种娱乐活动，常成为地方盛事。如每年春季，洋人均在南校场开炮赛马，"观者如堵，其彩虽不及上海洋人之巨，而千其数百，其数者均有五六人，亦足见场作戏之中，均有拨帜夺标之志也"①。

（四）市民力量的日见兴起

开埠之前，"福州省会，素称人文，惟绅士把持政务"②，士绅力量之大，甚至可以驱赶督抚大员，如神光寺事件，闽浙总督刘韵珂、布政使徐继畬"有违数绅之意"，遂遭弹劾，仕途折戟。地方公共事业均由士绅把持，商人鲜少参与。

开埠之后，随着商业发展，商人成为举足轻重的社会力量，他们划群归类，组成商帮，不仅与官府交涉，争取合法权益，甚至敢与洋商竞争，维护民族尊严。1869 年，在福州茶叶公会策动下，华籍茶商联合抵制洋商，提高收购价格。1905 年，福州总商会在南台上杭街设立，更堪称标志性事件。随着地位提高，商人积极参与社会活动中，与士绅往来密切，成为公益事业的主角。如瓷器商人王锦铨"其于里社善举，如赒嫠恤孤、施医给槥、放生惜字之类，为之数十年，未尝少懈"③。后欠债自杀，陈宝琛亲自为其作传，可见交情之深。

商人阶层崛起，随之带来"商民群体意识的增长和社会主体意识的提高"④，导致罢市事件不断。康乾时期，福州罢市记载仅见一起，雍正四年（1726）五月，南台饥民为阻止米商运粮出境，奋起抗争，引发城内外小商店铺罢市，遭到督抚镇压。近代之后，福州罢市事件明显增多，民众动辄罢市，其原因颇复杂，或为保障经济利益、或免遭旗人欺负、或维护信仰自由等等，而地方官只能抚谕了事。1874 年，

① 《福州近事》，《申报》1882 年 5 月 7 日，第 2 版。
② （清）张集馨：《道咸宦海见闻录》，"庚申六十一岁（咸丰十年）"，中华书局 1981 年版，第 274 页。
③ （清）陈宝琛：《王君锦铨家传》，《沧趣楼诗文集》（下），上海古籍出版社 2006 年版，第 448 页。
④ 桑兵：《论清末城镇社会结构的变化与商民时常罢市》，《近代史研究》1990 年第 5 期。

福州"城内其民居向有佛会，近来官宪禁止，而民甚不服，誓欲罢市作难，官以兵戎临之，而民有纠众抵抗，观其势似将欲叛乱，官恐激成大变，赶紧收兵，事始得寝"①。

总之，近代开埠，对福州社会造成强烈冲击，导致传统社会结构松动、社会风俗日趋西化，伴随着商品经济发展，郊区人口的职业构成，由传统的男耕女织而日益转向多样化和工商化，民族工业的兴起，使福州郊区出现了近代第一代产业工人，市场网络的形成，使省城与省外关系日益紧密②，因此开埠是福州历史上的重大事件，是划分传统与近代的标志。

三 开埠与人才培养的内在关系

晚清开埠，使福州社会经济产生显著变革，此种变革如何促进地域精英崛起？为剖析此问题，须从时代背景下，着眼于人物成长经历。总体而言，近代变革对人才成长体现在四个方面：

（一）教育机会增多

教育是社会流动的主要途径。开埠之后，商业繁荣与外来势力渗入，使福州民众受教育机会更多。首先，读书人口比例上升。科考竞争激烈，须有相当经济实力支撑，是一项投入多、收益慢的长线投资，因此，家族常做分工，只有少数资质良好的子弟才能读书。近代福州开埠后，经济繁荣，职业构成工商化，使乡村日益富庶，少数人经营商业，即可获得可观利润，让更多人接受教育。其次，教会学校开设。为能传经布道，教会在福州开设学校，如英华书院、协和大学。此类学校不仅传播天文、地理等新式知识，更面向寒门子弟。如福州北门外西图乡，"泰西教中人见其地山明水秀，风景宜人，遂设塾其间，延闽中文士某君，主讲席，春风桃李，弦诵彬彬，凡著录门墙者，虽牧

---

① 《福建消息》，《申报》1874年12月5日，第4页。
② 傅衣凌：《清末福州郊区人口的职业变化》，载叶显恩主编《清代区域社会经济研究》，中华书局1992年版，第330—344页。

竖村童，渐洗其乔野粗旷之气"①。尤其是英华书院，更是培养出侯德榜、洪业、翁独健、唐钺等著名人物，其教育功效可见一斑。再次，设立船政学堂。晚清推行洋务运动，亟需航海人才，而福州作为重要商埠，因此船政学堂遂设立于此，传授航海、机械、电工的科技知识，学生除待遇优厚外，其佼佼者选派出国留学，如严复、萨镇冰、叶祖珪，他们原本都是清寒子弟，通过良好教育，成为时代精英。总之，近代福州教育机会增多，使民众有更多上升渠道，成为专业型人才。反观其他地方，民众受教育机会却有所减少，由于科举制度废除、加之士绅移居大城市，传统私塾渐趋衰落，民众缺乏晋升渠道，其佼佼者或游走经商，成为殷商巨富；或者投身行伍，以兵戎起家。此亦福州经济家、陆将较少缘故也。

（二）人口流动性增大

开埠之后，福州人口流动性频繁，客观上促进人才成长，使其有更多的机遇与施展空间，这主要表现在三个维度：1. 城乡间人口流动。开埠之后，市场网络的形成，城与乡不再是传统的松散关系，许多郊区的精英向省会迁移，客观上提升了福州人口素质，而且省城优质资源，能让更多精英享受，加速其成长历程。如伍哲英，原籍长乐，后就读于南台保福山女子书院，成为其成功的关键。2. 埠际间的人口流动。开埠之前，只有少数福州人因当官、经商而迁移他省。步入近代，随着城市关系紧密，许多福州人迁往京沪等多个城市，由于具有较高的文化素质与专业技能，他们在城市崛起过程中，贡献颇巨，成为领域精英。即使是普通产业工人，迁徙到开埠较晚的内陆城市，也能以宽阔的视野、先进的意识，为群众所信，成为工运领袖。如林祥谦，原来是船政学堂的普通工人，后来到汉阳铁路，组织罢工，震动全国。3. 国与国之间的人口流动。早在明清时期，就有少数福州人赴日经商，对当地社会风俗产生影响。近代之后，对外贸易兴盛，更多人到世界各地，同时亦有大量洋人旅榕，此种双向交流，强化了福州与各国的

① 《西塾被毁》，《申报》1895年11月18日，第2页。

联系，为人员出国留学提供契机，如中国最早的女留学生许金訇，就是教会资助下前往美国学习。有的福州籍人士出国虽非游学，却能发动民众，推动区域近代化，资助海外的反清活动，因此名声大震，如黄乃裳。

（三）社会观念先进

开埠之后，福州社会风气良好，观念开放，客观上有利于人才成长。这体现在以下方面：1. 对外来文化的包容。近代西风东渐，由于伴随着武力侵略，加之民众对外来文化的隔阂，常造成激烈的文化冲突，彼此调和需经历相当过程，福州亦不例外。开埠之初，为反对英国人入城，林则徐发动士绅抗议，震动朝野，以致督抚去职。据统计，近代福州共发生教案八起，分别为19世纪50年代一起、60年代六起、70年代一起，此后三十年，再无教案①。教案数量的下降，反映历经数十年调和，西方文化逐渐被福州民众包容吸纳。而北方及内陆地区，因开埠较晚，风气较为保守，因此在义和团运动期间，京榕两地民众反应截然不同，直隶民众拆铁路，毁教堂，轰轰烈烈，福州虽有旅榕山东人策动反教，却平静如常。故在近代社会转型过程中福州籍精英能为天下先。2. 民主自由的氛围。开埠之后，随着社会主体性提高，福州罢市不断，民众不再惟官命是从，意识民主的价值所在，故有诸多义士能冲破封建思想束缚，走上革命之路，并被民众认可。如林觉民祖居三坊七巷，出生官宦之家，从事反清活动，其家人却未阻止，足见对其支持。而在其他地区，罢市事件未有如此频繁的，官府仍对民众有较强支配力。3. 对先进器物兴趣强烈。由于开埠，福州民众深刻认识到欧美等国的器物精妙，这使他们强烈反思中国落后所在、乐于学习西方先进知识，并倾慕西方衣饰礼仪。20世纪初，西装革履、手持洋杖，已成福州士绅标准形象，世风西化，在老照片显示无遗。而在闽北等内陆山区，由于对外国人接触有限，民众对西方文明仍未

---

① 根据统计，从同治十年（1860）到光绪二十五年（1899）40年间，中国共发生教案811件。陈银琨：《清季民教冲突的量化分析（1869—1899年）,台湾商务印书馆1991年版，第13页。

能完全接受，如顺昌"自新学说输入风气稍转，但无识男女烧香、问卜、信堪舆而停棺不葬，信五行而构怨偶者尚多"①。风气闭塞保守，难以产生出类拔萃人才。

（四）地缘关系的强化

受传统文化影响，人们对"缘"颇为看重，或为地缘，或学缘，或为血缘，常因缘而聚，互助互信，形成帮派，故"缘"是个人成材的关键因素。尤其在资源争夺激烈的地方。开埠之前，旅外福州人虽时有联系，并参与会馆营建，但人数较少，且官、商各成群体，互动较少。步入近代，随着人口流动增多，四民身份界限打破，地缘关系有强化趋势，同乡会成为重要的社会组织，这客观上有助于人才成长：1. 福州藉精英为桑梓谋福利。船政局之所以设立在福州，除其地理环境优越外，沈葆桢极力申请是重要原因。陈宝琛、萨镇冰等福州籍精英均热心家乡公益事业。如《申报》记载："螺洲陈弢庵阁学退居林下，热心教育，现在山兜尾设幼稚园，专课幼童，延绅士家妇女为女师，如保母之意，每一师领三童训课之外，兼事抚育。徇学界中能言培本者矣。"② 许多才俊在其资助下脱颖而出。2. 福州藉官吏积极推荐同乡。此方面最典型例子为陈璧，任邮传部尚书期间，他大力提携船政学子，仅1907年就有魏瀚、陈寿彭等人被选调到邮传部，后来分别负责"广九铁路""京汉铁路"筹办，成为中国铁路先驱。詹天佑虽非闽籍，却在船政学堂接受教育，以其表现获得陈璧赏识，得以出任京汉铁路总工程师，铁路竣工后，陈璧亲自上奏章，为其请求封赏，使詹功成名就，被誉为"中国铁路之父"。3. 福州藉精英互相扶持，控制行业。由于马尾船政学堂设在福州缘故，近代海军将领基本为福州藉，外籍人士难以涉足其中。而在同乡之间，也因血缘差异，形成职位垄断。如萨镇冰出任海军提督后，萨家子弟任舰长颇多，旁系亲属亦多有作为，海军少将谢葆璋系其表弟，海军上将陈绍宽为其外甥，

① 高登艇、潘先龙修：《顺昌县志》卷一三《礼俗》，民国二十五年（1936）排印本，第2页。

② 《热心蒙养福州》，《申报》1905年4月7日，第10页。

而一些家族由于无杰出人物牵引，虽人数众多，只能居于末流。福州有个任姓渔村，在海军中任职中颇多，有无任不成军之说，但官至将校者只有一二人。地缘关系的强化，使福州藉才俊更易获得青睐，拓展成才空间。

四　结语

近代化过程亦是传统延续，福州藉精英辈出，除了开埠带来诸多便利外，与传统理念密不可分。明清时期，福建南北地域人群民性差异较大，福州人"好读书、重节气"，闽南人"重经商，好浮海"，因此在近代化过程中，福、厦虽同时开埠，但产生的人才类型颇不相同，厦门侨商巨子颇多，而福州多为革命党人、海军将领、专业技术人才。而且近代福州人才多具有强烈的使命感和责任感，反面人物较少，这或许是"重节气"使之然也。

人才的数量，与经济实力雄厚有关，却不完全等同，如徽州、湖州素以富庶闻名，其财力胜过福州，但近代有全国影响力的人才不多。湖南、闽西经济相对落后，近代却将星云集，英杰辈出。因此，人才地域分布受多种因素影响，社会包容性、开放性，流动性是人才成长的重要基础；多渠道的上升渠道，是人才成长的关键所在；时代呼唤则是人才成长的决定因素。

近代福州之所以人才辈出，与其地理位置有很大关系，地处蓝色文明与黄色文明交界带，特殊的地理位置，使其在特殊时刻，成为东西文化交流碰撞之处，人们敢为天下先、能为天下先，所以在风起云涌的年代，留下许多光辉名字。最近数十年来，福州人才有落后之势，许多巨家大族辉煌不再，除内在原因外，社会结构稳定亦是重要因素。

第五章　海上丝绸之路与近世以来福建地域人群

本章将文献史料与田野调查相结合，系统考察海上丝绸之路与近世以来福建地域人群的关系。梳理清代旅粤闽南行商群体的概况，探讨其与闽南原乡的互动关系，认为他们虽然在粤经商，仍有较强的原籍观念，与家乡互动频繁，是特殊形式的侨居商人。旅粤闽南商人主导十三行贸易，从某种程度而言，体现了宋元以来闽南海商贩洋的传统，对推动海上丝绸之路的发展，促进中西文化交流贡献颇大。

第一节　清代旅粤闽南行商与海上丝绸之路

明清时期，闽南海商主导海外华商网络，推动海上丝绸之路的发展，对此研究者论述颇多，但多关注于闽南本地商人，如郑氏海商集团等等，对旅外闽南商人相关活动论述较少。广州行商群体虽受到学界关注，[①] 但研究者主要以广东区域为视角，聚焦于数个著名行商，较少将旅粤闽南商人作为群体加以探讨，进而诠释其与祖籍地互动，探

---

① 目前主要研究成果有：章文钦《从封建官商到买办商人——清代广东行商伍怡和家族剖析》，《近代史研究》1984 年第 3 期；潘刚儿、潘世孟《广州十三行首领潘振承家族的故乡情》，《漳州"海上丝绸之路"论文选》，福建人民出版社 2015 年版；覃波、李雪艳《清宫所藏十三行潘氏商人档案》，《漳州"海上丝绸之路"论文选》，福建人民出版社 2015 年版；潘剑芬《广州十三行行商潘振承家族研究》，社会科学文献出版社 2018 年版。

讨其对海上丝绸之路的影响，因此本节拟在前人研究的基础上，对清代旅粤闽商群体加以综合分析，探讨上述问题。

一　清代旅粤闽南行商群体概况

闽南地处滨海，唐宋时期地域开发趋于成熟，官府鼓励海外贸易，泉州等地番商云集，海外贸易兴盛，成为多元文化汇集地。元代，泉州逐渐超越广州，被誉为"东方第一大港"。闽南海商不仅活跃于泉州，在广州亦颇具声势。在泉州设立市舶司之前，宋廷规定"泉人贾海外者，往复必使东诣广，否则没其货"[1]。广州成为闽南海商的重要聚居区，此种盛况延续到南宋。城南作为广州重要的商业街区，福建商人数量众多，故比屋而居。明代建立后，朱元璋为杜绝海患，在沿海地区设立卫所，规定"片板不准下海"，延续达百年之久。随着新航路的开辟，商品经济的发展，闽南海商突破禁令，奔赴日本、朝鲜、东南亚等地开展贸易，形成郑氏等海商集团，垄断中国对外贸易，与清政府抗衡。长期海外贸易的传统、人多地狭的生态环境，使闽南民众"以海为田，蹈海为生"，视出洋为第一等生计，形成独特的海洋性文化。

清代建立后，为扼杀台湾郑氏政权，厉行海禁，下迁界令，要求闽粤浙鲁苏等省沿海居民分别内迁三十至五十里，设界防守，严禁逾界。清康熙二十三年（1684），台湾收复，清廷遂"议开放闽、广海上贸易"，在福州、广州设立常海关。次年，又在南京、宁波设立常海关，闽广江浙四海关成为清代前期对外贸易的主要窗口。[2] 乾隆二十二年（1757），闽浙总督晓谕，勒令西洋番船（即欧洲各国商船）不得前往浙江等沿海地区，从此以后只能在广州贸易。广州成为中国与西洋贸易唯一港口，十三行得以垄断中西贸易。[3]

---

① （元）马端临：《文献通考》（第一册），浙江古籍出版社 1988 年版，第 563 页。
② 康熙二十四年（1685）开南洋禁，广州遂有十三行之设立。
③ 王宏斌：《乾隆皇帝从未下令关闭江、浙、闽三海关》，《史学月刊》2011 年第 6 期。

清廷外贸政策的调整，迫使闽南商人赴广东十三行经商。美国人亨特在《广州番鬼录》如是记载："潘瑞兰、潘启官和浩官的家族，曾经长期在武夷山种茶，大约是 1750 年，在限定广州为对外贸易的唯一口岸之后不久，他们才首次到广州来（这是他自己经常和我谈起的）。"① 凭借丰富的海外贸易知识与经商传统，闽南商人掌控十三行贸易，有"洋行领袖闽商占"之谚。首位担任行商总商的闽南商人为黎光华，他在 1728 年前即设立资元行，此后"在粤开张年久，夷商信服，向与英吉利各商交易往来，彼此交好"，资元行业务蒸蒸日上。黎光华病逝后，其子黎兆魁经营不善，无力偿还欠款，只好将"在粤房屋俱已变卖完官"，回到晋江原籍居住。时任两广总督富察·新柱、"咨福建督抚转饬地方官，查明黎兆魁家产确数，偿还各夷商银数，按股匀还"，导致资元行于 1759 年宣告倒闭。

早期十三行共有四大总商，除黎家外，陈汀官（隆兴行）、陈寿官②亦为闽籍。在陈汀官的主持下，隆兴行商业网络逐渐扩展至南亚，并与其他闽南商人联手，互相帮扶，业务蒸蒸日上。广州官员向朝廷密报："洋行共有壹拾柒家，惟闽人陈汀官、陈寿官、黎关官叁行，任其垄断、霸占生理。内有六行系陈汀官等亲族所开，现在共有九行，其余卖货行店，尚有数十余家，倘非钻营汀官等门下，丝毫不能销售。凡卖货物与洋商，必先尽九家卖完，方准别家交易。"③ 可见此时闽南籍行商已能掌控十三行贸易，令官员颇为忌惮，试图压制。

乾隆时期，十三行闽南商人势力兴盛，代表者为潘振承（1714—1788），其家族世居"福建省泉州府同安县白礁栖栅社"④。他年轻曾"往吕宋国贸易，往返三次"，掌握丰富的商业知识，而且"夷语精

① ［美］马士：《东印度公司对华贸易编年史（1635—1834 年）》（第一、二卷），中国海关史研究中心组译，中山大学出版社 1991 年版，第 95 页。
② 陈寿官又名廷凤，其主要行号为主要是丰裕行，1750 年代初，则有茂兴行、仁和行和广顺行。
③ 《雍正朝汉文朱批奏折汇编》（第 22 册），江苏古籍出版社 1986 年版，第 934 页。
④ 今属漳州角美台商投资区白礁村潘厝社。

通"，善于与外人交涉。乾隆年间（1735）①潘振承"由闽入粤"，寄居广东省陈姓洋商行中，"经理事务"，陈商"喜公诚实，委任全权"，数年后，陈商"获利荣归"，潘振承"乃请旨开张同文商行"②。此位陈商，有不少学者认为就是陈寿官。同文商行与东印度公司贸易频繁，茶叶等重要物资藉此出口到欧洲等地。潘振承还投资瑞典东印度公司，建立商业船队，资助 Chantongchow、Quimcontay、Samkonghing 三艘帆船从广州前往东南亚巴达维亚、巨港、马尼拉等地开展贸易，③构建海上商业网络。潘振承及其子潘有度、孙潘正炜（Pwantingqua）相继经营的同文行及同孚行，是十三行历史上唯一经营长达百年的的商号。④乾隆四十年（1779）至嘉庆二十年（1815），为潘氏家族商业鼎盛时期，时人谓之"夷事皆潘商父子经理"⑤。通过海外贸易，潘氏家族积累巨额财富，享誉中外。

嘉道年间，闽南籍商人继续主导十三行贸易。潘有度、伍秉鉴、叶上林、卢观恒、潘长耀号称五大行商，除卢观恒外，其余四位皆为闽南籍，以伍秉鉴（浩官，1769—1843）实力最强。伍氏家族祖籍晋江安海。据其后人回忆："早在明末清初，伍典备从安海来到武夷山，以种茶为业，于清康熙年间移居广州，落籍南海县"，"被认为是入粤一世"⑥。至乾隆年间，其玄孙伍国莹（五世，号秀亭）⑦仍然以"安海伍氏"自居。伍国莹初在潘振承同文行任职，1784 年创建怡和行，与东印度公司开展茶叶贸易。1801 年，其子伍秉鉴接管怡和行，业务

---

①　潘剑芬：《广州十三行行商潘振承家族研究》，社会科学文献出版社 2018 年版，第 15 页。

②　《河阳世纪潘氏族谱》，第 56 页，漳州角美潘世孟先生收藏。

③　［美］范岱克：《从荷兰和瑞典的档案看十八世纪 50 年代至 70 年代的广州帆船贸易》，《广东社会科学》2002 年第 4 期。

④　潘刚儿：《清代与世界经济接轨的杰出海商代表——广州十三行行首潘振承及其同文孚行》，《闽台文化研究》2010 年第 1 期。

⑤　张维屏：《艺谈录》卷下，第 16 页。转引自潘刚儿、黄启臣、陈国栋《潘同文（孚）行：广州十三行之一》，华南理工大学出版社 2006 年版，第 120 页。

⑥　胡建志：《伍秉鉴：安海历史上的世界首富》，《晋江经济报》2011 年 1 月 9 日，第 3 版。

⑦　《安平伍氏宗谱》铅印本，泉州晋江安海伍鸿顺先生收藏，第 131 页。

蒸蒸日上。1809 年，伍秉鉴被任命为十三行总商，"总中外贸迁事，手握货利枢机者数十年"①。私人资产顶峰时达到 2600 万之多。1843 年，伍秉鉴逝世，其子伍崇曜主持怡和行业务，以急公好义、好古重文著称，所创办的粤雅堂，成为官员文人交游胜地。

叶上林（1753—1809，仁官，Yanqua），又名叶廷勋，祖籍亦为福建，但有两种不同说法，根据《皇清晋封资政大夫盐运使司衔叶先生墓表》记载："籍本福清，明宰相叶文忠公之裔。由同安再迁南海。"②叶先生即叶上林，他通过捐纳获得盐运使司头衔，其籍贯为厦门同安，后到南海定居。但据叶氏后人所述："叶上林行名义成，商名仁官，堂名叶大观堂，原籍福建漳州府诏安县。"③其籍贯应是诏安人。但不论何种说法，叶上林原籍皆为闽南，由闽到粤，与洋商开展贸易。1793 年，叶上林创立义成行，逐渐成为著名商行，由于不堪忍受清廷盘剥，1804 年，主动结束义成行业务，退出行商，晚年取名叶廷勋，与文人交流密切，以精通书画著称。

潘长耀（昆水官，Consequa）④ "籍隶福建同安县，寄居广东南海"⑤。他创办丽泉行后，与英国东印度公司、美国旗昌洋行开展茶叶贸易。19 世纪初，丽泉行业务达到鼎盛局面，成为仅次于同文行、广利行、怡和行和义和行之后的第五大商行。由于丽泉行主要采用赊买方式，潘长耀在 19 世纪头十年无法收回借给美国商人的大部分债款，直接导致了丽泉行在 1813 年、1821 年和 1823 年的不断削弱和最终破产。⑥

① （清）郑梦玉等修，梁绍献等纂：（乾隆）《南海县志》卷十四《列传》，第 48—49 页。

② 《皇清晋封资政大夫盐运使司衔叶先生墓表》，该碑现立于广州白云山上锦绣南天郑仙岩畔。

③ 梁嘉彬：《广东十三行考》，广东人民出版社 2009 年版，第 268 页。

④ 注：潘长耀为潘有度堂兄弟。

⑤ 《阮元等奏查办洋商托欠夷账褶》，故宫博物院编：《史料旬刊》第四期，《道光朝外洋通商案》，第 124 页。

⑥ ［美］小弗雷德里克·D.格兰特：《丽泉行的败落——诉讼对 19 世纪外贸的危害》，周湘译，《史林》2004 年第 4 期。

鸦片战争爆发前，在十三位行商中，闽南籍商人占10位，粤籍仅占3位（见表5-1）。得益于闽南长期海外贸易的传统，民间积累丰富的航海知识，因此当王朝政策调整时，闽南商人被迫前往广州，但仍然主导中西贸易，在十三行中颇有影响力。

表5-1 1837年广东十三行行商

行名	商名	人名	籍贯
怡和（Ewo）	伍浩官（Howqua）	伍绍荣（Woo Shaouyung）	福建
广利（Kwonglei）	卢茂官（Mowqua）	卢继光（Loo Kekwang）	广东
同孚（Tungfoo）	潘正炜（Puankequa）	潘绍光（Pwan Shaoukwang）	福建
东兴（Tunghing）	谢鳌官（Goqua）	谢友仁（Seay Yewin）	福建
天宝（Tienpow）	梁经官（Kinqua）	梁丞禧（Leang Chingche）	广东
中和（Chungwo）	潘明官（Mingqua）	潘文涛（Pwan Wantaou）	福建
顺泰（Shuntai）	马秀官（Saoqua）	马佐良（Ma Taoleang）	福建
仁和（Yangwo）	潘海官（Panhoyqua）	潘文海（Pwan Wanhae）	福建
同顺（Tungshun）	吴爽官（Samqua）	吴天垣（Wu Tienyuen）	福建
孚泰（Futai）	易昆官（Kwangshing）	易元昌（Yih Yuenchang）	广东
东昌（Tungchang）	罗隆官（Lamuqua）	罗福泰（Lo Futae）	福建
安昌（Anchang）	容达官（Takqua）	容友官（Yung Yewang）	福建
兴泰（Hingtae）	Sunshing	严启昌（Yan Qichang）	福建

资料来源：李庆新《海上丝绸之路》，五洲传播出版社2006年版，第201—202页。

鸦片战争结束后，五口通商，广州受到巨大冲击，十三行行商丧失独揽中西贸易的优势，渐趋衰落，[①] 但旅粤闽籍行商仍然涌现出诸多优秀人物，代表者为潘仕成（1804—1874）。尽管学界对于潘仕成是盐商抑或行商仍有争议，但其为潘振联曾孙，祖籍为龙溪白礁已为公论，其祖居至今保存完好。潘仕成"在道光、咸丰两朝可说是名满天

---

① 咸丰六年（1856），第二次鸦片战争爆发，英军进攻广州，广州居民愤慨其连年侵略，放火烧夷馆，十三行亦被殃及，沦为废墟。

下"①。他捐资赈灾、襄助军款，获得道光皇帝嘉奖，一举成名。此后，潘仕成又修建"海山仙馆"、刻印丛书，与权贵交游，协助清廷修造战船，仿造美国鱼雷，帮办洋务，被视为当时少数能睁眼看世界的人物。

值得注意的是，旅粤商人群体并非孤立的个体，而是以乡缘为纽带，互动频繁，颇具抱团精神。丽泉行潘长耀与同文行潘振承是族侄关系。叶上林曾在同文房做账房，后与潘家联姻，建立商业联盟。怡和行伍秉鉴与潘振承家族、叶上林家族有着千丝万缕的联系，与潘仕成家族关系亦非同一般。当潘仕成盐务亏空，遭到官府抄家时，其儿媳将三十几箱珍宝寄放在伍家而免被查抄。② 从清乾隆到光绪年间，十三行的颜③、潘、伍、叶四家闽籍行商保持着历代联姻的传统，他们在广府地区繁衍生息，开枝散叶，形成了一个纵横交错的姻亲关系网。④ 联姻、交游、雇佣是旅粤闽南商人构建同乡网络的重要方式，以此增强团体凝聚力、应对外界风险，控制十三行贸易。

除财力雄厚的行商外，闽籍旅粤人群中，亦有相当数量的水手。清代广州中国帆船数量颇多，"航行于中国南北各口岸、西里伯斯岛、婆罗洲、爪哇、新加坡，以及马尼拉等"⑤。水手中有相当部分为闽南人，故广州有福建街（今海珠桥附近）"寓闽人老于航海者"⑥。可见人数之多。时人对闽南水手颇有赞誉："流寓闽人老更亲，海风吹鬓白

---

① 邱捷：《潘仕成的身份及末路》，《近代史研究》2018 年第 6 期。

② 邱捷：《潘仕成的身份及末路》，《近代史研究》2018 年第 6 期。

③ 颜氏指泰和行的颜氏家族。该家族原籍福建安海，该行创始人为颜亮洲（1697—1751），又名德，字淇瞻，号绰亭，西人称之为颜德舍（Yan Deshe）。颜氏家族原籍晋江安海，乾隆四十五年（1780）泰和行商颜时瑛因借英商银两，无力偿还，被革去职衔，资产和房屋变卖缴纳欠款，尽管如此，但颜氏家族并未彻底衰败，读书入仕者不乏其人。颜悖恪中乾隆五十五年（1790）进士，任刑部主事；颜斯绅中乾隆五十四年（1789）举人，任开平县学训导；颜氏家族与潘氏家族、叶氏家族、伍氏家族通婚频繁。

④ 参见颜志端、颜祖侠《十三行闽籍行商家族联姻初探》，《岭南文史》2019 年第 3 期。

⑤ ［美］亨特：《广州番鬼录·旧中国杂记》，冯树铁、沈正邦译，广东人民出版社 2009 年版，第 13 页。

⑥ 潘有为：《南雪巢诗钞注》，转引自黄佛颐《广州城坊志》，广东人民出版社 1994 年版，第 699 页。

于银，灵胥出没浑闲事，勇过田横五百人。"① 他们虽然年迈，却依然闯荡波涛，意志坚强，无所畏惧，深受世人称赞。

总之，清代十三行设立后，闽南商人成为行商的主要代表。康熙时期，黎光华、陈松官、陈寿官②等闽南籍行商垄断十三行贸易。雍乾时期，潘振承、伍秉鉴等闽南籍行商以财力殷实著称。鸦片战争爆发前夕，行商仍以闽南籍商人为主。百余年内，闽南行商延续蹈海经商的传统优势，通过旅粤经商，与英法美等新兴国家开展贸易，出口产品以茶叶为大宗，拓展业务范围，创新交易方式，主导中西贸易。

二　清代闽南籍行商与原乡的联系

籍贯观念对国人影响弥深，诚如何炳棣先生所言："这种观念（籍贯）是由于两千年来礼教、文化、方言和特殊行政法规与制度长期交互影响之下，逐渐培养而成的……似乎时代愈晚，籍贯观念愈深，至清代登峰造极，民国以来才趋削弱。"③ 清代闽南籍行商虽在广州经商，或入籍、或寄籍，仍具有较强的籍贯观念，与原乡亲族来往密切，表现在多个方面。

（一）原乡情景的营建

闽南籍行商旅居广州，常在行号、地名寄寓思乡之情。潘振承之所以将商行命名为同文行，概因"同者取本县同安之义，文者取本山文圃之意，示不忘本也"④。他发迹之后，在广州珠江以南、运河以西的河南乌龙冈购置二十公顷土地，更名为龙溪，以示不忘其祖。由于

---

① 潘超、丘良任、孙忠铨等编：《中华竹枝词全编》（第六册），北京出版社 2007 年版，第 249 页。

② 十三行闽商名号多有官，周凯：《厦门志》卷十五"俗尚"条有载："闽俗呼人曰郎，呼公子公孙曰'舍'，呼有体面者曰'官'。讹官为观，遂多以'观'为名者。"又施鸿保《闽杂记》卷六"观字"条有载：兴泉漳永等处，凡绅富皆称为"观"，盖官字之讹也。

③ 何炳棣：《中国会馆史论》，中华书局 2017 年版，第 1 页。

④ 《河阳世纪潘氏族谱》，第 65 页，漳州角美台商开发区潘世孟收藏。

潘氏出自闽之同安栖栅，① "迁居河南，其里巷犹沿栖栅旧名"②。伍秉鉴发迹之后，亦将所居住地更名为安海。此种现象在其余闽南移民聚居区时常可见，如台南与闽南两地颇多同名村。

除地名外，闽南籍行商效仿原乡风格，在广州兴修大厝、祠堂。乾隆四十一年（1776）潘振承在广州府城外 "对海地名河南乌龙岗下运粮河之西置余地，一段界至海边，背山面水，建祠开基，坐卯向西兼辛巳，书匾额曰能敬堂"③。能敬堂（图5-1）建筑宏伟，被誉为 "保留了部分闽南建筑特征，是广府与闽南地域文化融合在建筑艺术史上的典型代表"④。由于诸多原因，能敬堂已被拆毁，但据伍秉鉴后人回忆，堂内曾有 "永世不忘闽籍" 对联，以此窥测，旅粤闽南商人试图营造故乡情景，消解思乡之苦。

图5-1 二十世纪初广州潘家祠堂旧影

---

① 今福建漳州龙溪县明盛乡白云堡栖栅社。

② 广州市海珠区志编辑室编，黄任恒编，罗国雄、郭彦汪点注：《海上明珠集·广州市海珠区述略·番禺河南小志》，1990年，第19页。

③ 《河阳世纪潘氏族谱》，第65页，漳州角美台商开发区潘世孟收藏。

④ 华南理工大学建筑设计研究院：《广州十三行潘氏建筑群保护规划》，转引自潘刚儿、潘世孟《广州十三行首领潘振承家族的故乡情》，载漳州市政协文教卫体委员会编《漳州"海上丝绸之路"论文选》，福建人民出版社2015年版，第260页。

（二）与原乡互动频繁

闽南商人虽在广州经商，只将其作为寓居地，仍与原乡互动频繁。潘振承在广州经商后，"一岁一度航归墟，乃获操赢而置余"。每年均返回家乡，利用经商所得置办家产，其所修建的大厝，至今仍有所遗存。潘振承逝世后，其子潘有为扶"灵柩归同安"，其原配黄氏"灵槟戊子年归闽"，以示落叶归根。潘振承墓地在"文圃山下覆顶山前"[①]，与父母墓地相邻（图5-2），惜"文化大革命"期间被毁。

图5-2　漳州角美潘振承父母墓地

潘有度接掌同文行，仍时常返回家乡。1807年，受欧洲战事影响、加之不堪忍受官员压榨，潘有度向清政府称病退商，关闭同文行，返

① 《河阳世纪潘氏族谱》，第63页，漳州角美台商开发区潘世孟收藏。

回故乡居住，直至1814年，方被征召回广州充当行商，旅居龙溪长达八年。潘仕成虽然在广州成长，仍以闽人自居。林则徐致其信中，落款为"乡愚弟林则徐顿首"①。可见潘振承与闽籍官员交往时，仍以同乡相称。时至今日，广东潘氏后人仍时常返回角美寻根问祖，参加祭祀活动。

（三）原乡公共设施的营建

旅粤闽南籍行商在原乡颇为活跃，对公共设施捐资颇多。龙溪潘氏家族曾设置族产，至嘉庆年间，人丁兴旺，开支浩大，祖上所遗产业，"今存什之一耳"，以致春秋祭费，入不敷出。潘正威"在粤回乡，念（祖）情切，追远意深"，捐赠白银一千六百大员，"以祭祖蒸尝，使每年祭期费用无缺，使得阖族称羡"。龙溪潘氏家族制定规约（图5-3）："此银既系正威乐充，非同别项公产，只能应用于春冬祭费及拜扫坟茔等事而已"，若是"他事及与外人，不得妄用一文"②。但乡间发生灾荒后，潘正威"出粟赈乡人，量口授食，全活甚众"③。遇到"岁终不能举火者"，他"赒给之"，使受惠者颇为感激。

除捐资修建祠产外，旅粤闽南行商对捐赠原乡庙宇、书院亦颇为热心。龙池寺为"文圃第一胜地"，原来"庙宇庄严，花木蔚茂，俨然一大丛林也"。康熙四十八年（1709），"寺僧罹非祸星散，寺荒落"。乾隆年间，当地士绅集资修复龙池寺，使龙山胜地面貌一新。其中"栖栅潘振承捐五十员"，名列捐款者第二位，仅次于首倡者"潘起元字君雅捐二百二十员"④。华圃书院毗连龙池古寺，"为唐谢翛兄弟读书处，后唐洪文用、宋石蕡隐居之"，朱熹"尝游焉"，故被同安士人视为圣人过化之地。清初时，华圃书院受到战乱、迁界等因素的影响，所剩无几，潘振承为此"修华圃书院及紫阳祠，增餐钱，供远来学

① （清）林则徐：《致潘仕成》，林则徐全集编辑委员会编：《林则徐全集》（第七册信札卷），海峡文艺出版社2002年版，第275页。
② 《春冬祭祀规则碑》，该碑现立于漳州龙海角美镇白礁村潘厝社潘厝祖祠大堂。
③ 黄任恒：《番禺河南小志》，广东人民出版社2012年版，第340页。
④ 《重兴龙池碑记》（乾隆二十七年），碑今立于漳州角美文圃山龙池古禅寺内。

图 5-3　漳州角美潘厝社潘氏家庙《春冬祭祀规则碑》

者"①，使华圃书院重现昔日盛景。白礁慈济祖宫内，立有《白礁祖宫重修捐题姓氏缘银碑记》，文中亦有"栖栅潘能敬堂各捐银一百员"的铭文，落款时间为"嘉庆二十一年"，此时潘振承已经逝世，应为其子女所捐。龙池寺、花圃书院、慈济宫为白礁主要的公共场所，均见潘振承及其后人的捐款，可见其积极参与原乡公共事务。值得注意的是，尽管潘振承家族富可敌国，但其捐款与首捐者捐款差距较大，折射其在地方社会影响力并非最大。

（四）原乡文化的传承

旅粤闽籍行商不仅在家乡兴建庙宇，而且在广州传承原乡文化。闽南海商在海上航行，均祈求妈祖的庇佑，故有闽商聚居的地方，通常会有妈祖庙的设置。潘振承、伍秉鉴等闽籍行商亦不例外，他们捐赠巨资在广州、澳门等地营建妈祖庙。据《重修澳门妈祖阁碑记》（道光二十九年）记载："凡闽省潮州及外地经商作客，航海而来者，靡不

① （清）梁恭辰：《北东园笔录初编》卷五。

迎邀慈幼，而鲸波无惊，风风利涉，测水而至，荤赐而归"，其捐款者主要为十三行行商，其中"谢东裕行410元，伍治光堂（即怡和行）、卢慎余堂（即广利行）、潘同孚行各210元，刘东生行150元，万源行110元，梁天宝行105元，顺泰行100元"①。在广州的妈祖庙中，其捐赠者也以十三行商为主。

日常生活中，旅粤闽南行商保留诸多原乡习俗，笃信风水。潘家修建大院时"不但选址讲究，在构建相关建筑上同样也是煞费苦心，使所居之地更得风水、宝气、财气相助"②。他将墓地选择在文圃山下，"前进二世祖墓，左右背山面水，坐子向午，此穴乃梦仙人指示，故名仙墓"③，以希望能庇佑子孙。伍秉鉴亦相信风水，据外人记载："浩官本人深信赔财消灾，感谢'风水'保佑，消除一生灾难，使其平安无事，事业顺利发展。"④除风水外，闽籍行商亦笃信巫傩，潘正炜的大儿子生病后，请苏格兰医师考克斯（R. H. Cox）来诊断，拿到药方后，潘家"在神坛前斟茶焚香，敬请神祇降临。然后，由那位年轻病人在神前把三块小木头往空中一掷。可是那次木头落地所得的预兆不吉利"⑤。为此，潘正炜放弃使用药方，他如此相信掷筊的结果，与家乡为医神保生大帝发源地有关。在《白礁祖宫重修捐题姓氏缘银碑记》（图5-4）即有"栖栅潘能敬堂捐银一百元"记载。⑥由于闽南行商影响巨大，使闽南话在十三行颇为盛行，如英文资料记载粤海关监督为"hoppo"，即闽南方言"户部"的发音。⑦直至今日，居住在粤港及海

①梁嘉彬：《广东十三行考》，广东人民出版社1999年版，第394—395页。
②谭元亨：《十三行：习俗与商业禁忌研究》，华南理工大学出版社2013年版，第61页。
③《河阳世纪潘氏族谱》，第63页，漳州角美潘世孟收藏。
④［美］亨特：《广州番鬼录·旧中国杂记》，冯树铁、沈正邦译，广东人民出版社2009年版，第54页。
⑤［美］亨特：《广州番鬼录·旧中国杂记》，冯树铁、沈正邦译，广东人民出版社2009年版，第224页。
⑥《白礁祖宫重修捐题姓氏缘银碑记》（1816），该碑现存漳州角美白礁慈济宫内。
⑦陈国栋：《清代前期的粤海关与十三行》，广东人民出版社2014年版，第4页。

外的潘振承后裔，不少人对亲人的称谓仍沿用闽南习俗。① 每年安海伍氏家族举行祭祖仪式，广州伍秉鉴后人均有参加。

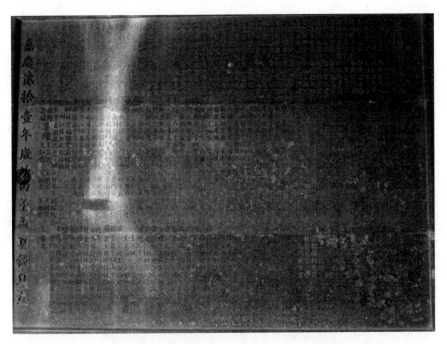

图 5－4 漳州角美白礁慈济宫内《白礁祖宫重修捐题姓氏缘银碑记》

（五）与原乡经济联系密切

由于 18 世纪重农饮茶的习惯在英国一般家庭（包括劳工阶层）逐渐普及的缘故，英国东印度公司的中国茶输入量与年俱增，1718 年已超过生丝与绢，居中国输出品的首位。② 鸦片战争前的 1817 年至 1833 年 17 年里，中国的茶叶出口货值占出口总值的比例，除个别年份外，一般都在 50% 以上，最高曾达 71.7%，最低也达 31.1%，平均为 60.8%。③

① 潘刚儿、潘世孟：《广州十三行首领潘振承家族的故乡情》，漳州市政协文教卫体委员会编：《漳州"海上丝绸之路"论文选》，福建人民出版社 2015 年版，第 265 页。

② 陈慈玉：《生津解渴：中国茶叶的全球化》，商务印书馆 2017 年版，第 27 页。

③ 林齐模：《近代中国茶叶国际贸易的衰减——以对英国出口为中心》，《历史研究》2003 年第 6 期。

出水沉船亦印证此点。1745 年哥德堡号从广州满载货物返回，在即将抵达目的地时，不幸触礁沉没。20 世纪，该船货物被打捞，茶叶达到 400 吨。

中国出口茶叶主要有武夷茶与徽州茶，其中武夷茶占相当比重。如表 5 - 2 所示，1778 年，十三行七位商人出口武夷茶叶多在数千担，大幅超过徽州茶叶（屯溪茶和松萝茶）。武夷茶主要先北运到江西水口，再通过水运、肩挑等方式，顺流而下，运抵广州，全程约 1400 千米。为采购优质茶叶，许多十三行闽籍商人到武夷山，购买茶园，设置茶厂，向茶农预付钱款，收购茶叶。如伍秉鉴"在武夷山区拥有大片茶园，每年将从该处出产的名茶工夫茶运往伦敦，它在英国市场上很受欢迎"①。通过武夷茶叶的运销，使旅粤闽籍行商与福建联系密切，增强信息沟通，并与当地社会互动频繁。

表 5 - 2　　　　　　　　　　1778 年十三行行商出口货物表②

行商	出口物资表
潘启官	武夷茶 3000 担、屯溪茶和松萝茶 2000 担、贡熙茶 200 箱、生丝 600 担
瑛秀	武夷茶 3000 担、屯溪茶和松萝茶 2000 担、贡熙茶 200 箱
文官	武夷茶 3000 担、屯溪茶和松萝茶 2000 担
周官	武夷茶 1500 担、屯溪茶和松萝茶 1000 担、生丝 600 包（约 420 担）
球秀	武夷茶 1500 担、屯溪茶和松萝茶 1000 担、生丝 300 包
浩官	贡熙茶 100 箱、生丝 112 包
石琼官	贡熙茶 100 箱

总之，旅粤闽南行商与家乡保持着密切联系，他们虽在广州经商，却眷念家乡，此在行号、地名颇有体现，并定期返回故乡探望

---

① ［美］亨特：《广州番鬼录·旧中国杂记》，冯树铁、沈正邦译，广东人民出版社 2009 年版，第 56 页。

② ［美］马士：《东印度公司对华贸易编年史（1635—1834 年）》（第一、二卷），中国海关史研究中心组译，中山大学出版社 1991 年版，第 350—361 页。

亲人、修建大厝、捐置祖产，参与公益设施营建，颇为活跃。旅粤行商深受闽南地域文化影响，故籍贯认同如此强烈。他们一方面以乡缘为纽带，构建身份认同，互相帮扶，主导十三行业务；另一方面则希望落土归根，以回归乡梓为荣，广州对其而言只是寄居地。闽南民众到东南亚谋生亦是如此，他们在异国发迹后，仍希望返回故土，造福桑梓，是安土重迁儒家精神的特殊表现，故旅粤闽南行商属于候鸟型商人。

三　旅粤闽南行商与海上丝绸之路

闽南籍行商凭借自身优势，成为广州十三行的主导者，他们延续以往的贸易传统，推动清代海上丝绸之路的发展，促进中外文化交流，贡献颇巨。

（一）拓展海上丝绸之路的空间

宋元时期，海上丝绸之路主要涵盖东南亚、中东、日本等地。明代中后期，随着地理大发现，新航路开辟，形成以马尼拉为中心的大帆船贸易。漳州月港商船将中国货物运到马尼拉，换回西班牙殖民者从墨西哥等地运来的白银、铜、可可等物产，推动早期的经济全球化。18 世纪，工业革命的开展，蒸汽船的应用，信息技术的革新，世界各地的联系日益密切。广州十三行洋商云集，旅粤闽南行商延续以往传统大帆船航线，与东南亚西班牙商人开展贸易。1757 年 6 月"有一艘西班牙商船从马尼拉到此，运来西班牙银元约 200000 元，由潘启官经手购入大批南京布、丝织品和生丝等"①。潘启官即潘振承，他通过传统的商业航线，用江南的棉布、丝绸换取西方白银。

与此同时，闽南籍行商与英国东印度公司、瑞典东印度公司、美国旗昌洋行等欧美商业团体开展贸易，美国学者穆素洁（Sucheta Mazumdar）根据新发现的档案资料，揭示了伍秉鉴的商业网络越过传统

---

① ［美］马士：《东印度公司对华贸易编年史》（第四、五卷），中国海关史研究中心组译，区宗华译，林树惠校，中山大学出版社 1991 年版，第 479 页。

的活动海域而伸展到欧美各地，并与国际贸易网络相交织，直接投资于美国等地产业的情况。① 通过闽南籍行商的经营，使清代海上丝绸之路逐渐拓展至西欧、北欧、北美等新兴商业区域。

（二）丰富海上丝绸之路的内涵

传统的海上丝绸之路主要以商品交易为主，通过货物互通有无，促进人文交流。随着工业化进程的加快，欧美商业模式发生较大改变。闽南籍行商紧随时代潮流，与英美等国商人开展贸易的同时，注重创新经营方式。1786 年，潘振承与东印度公司开展茶叶贸易，"同意接受孟加拉货物的汇票作为广州茶叶款的支付"②。可谓是倡领国际潮流。伍秉鉴与旗昌洋行开展贸易，不仅允许对方使用期票支付货款，还"投资于美国的保险业"③，入股旗昌公司、东印度公司，收取分红，体现开拓创新的精神，促进中国商业近代化转型。

闽南籍行商还参与跨国加工贸易。明代中后期中国瓷器在欧洲颇受欢迎，欧洲商人为满足本国消费者的审美需求，将模具送到中国定制瓷器。十三行建立后，此种加工贸易形式依然延续。荷兰东印度公司即聘请画师 Cornelis Pronk（1691—1759）设计纹饰，通过广州行商向景德镇定制瓷器，再通过十三行外销。与此同时，闽南籍行商也将中国绘画底图送到国外加工制作，再将成品运回国内。1764 年，潘振承等人奉乾隆皇帝之命，与法国东印度公司签订合同，支付 5000 两定金，将 16 幅底画《平定西域战图》送交巴黎皇家艺术院制作。1776 年，该画制好运回广州，成为东西方艺术合作的经典巨作。④

---

① ［美］穆素洁：《全球扩张时代中国海上贸易的新网络（1750—1850）》，《广东社会科学》2001 年第 6 期。

② Paul A. Van Dyke, *Americans and Macao: Trade, Smuggling, and Diplomacy on the South China Coast*, p. 183，转引自潘剑芬《广州十三行行商潘振承家族研究（1714—1911 年）》，社会科学文献出版社 2018 年版，第 74 页。

③ William C. Hunter, *The Fankueae'at Canton*, pp. 45–46，转引自章文钦《广东十三行与早期中西关系》，广东经济出版社 2009 年版，第 51 页。

④ 覃波：《清宫所藏十三行潘氏商人档案》，《闽台文化交流》2009 年第 4 期。

（三）促进中西文化交流

十三行是清代中期中国唯一中西贸易机构，闽南籍行商将茶叶、瓷器、丝绸输送到西方，推动欧美消费时尚变革。譬如英语单词 tea（茶）起源于中文，本来是福建 toy 的讹音。① 17 世纪早期，中国茶叶首次由荷兰人引入欧洲。18 世纪初至 19 世纪 40 年代的一百多年时间里甚至左右了该贸易，成为其生命线。② 在闽南籍行商推动下，茶叶成为中西文化交流的媒介。大量武夷茶叶通过广州十三行出口到荷兰等欧洲国家，推动了饮茶习俗的普及，并刺激欧洲社会形成"中国热"（China craze），推崇中国艺术文化。③ 闽南籍行商还从欧美国家进口毛绒、棉花等产品，向官员馈赠钟表、八音盒等西洋物品，成为清朝中上层的消费时尚。清廷采购的西洋物品，主要由闽南籍行商采购。乾隆二十三年（1758），清廷颁布上谕，要求用上缴养心殿余银置办洋物，"洋毡、哔叽、金线、银线及广做器具俱不用，惟办钟表及西洋金珠奇异陈设，并金线缎、银线缎或新样器物皆可不必惜费"④。

除器物文明外，闽南籍行商还促进西方艺术、科技、医疗在中国传播。乾隆三十七年（1772），潘振承向清廷推荐西洋钟表师李俊贤（Mericourt）、意大利绘画师潘廷章（Joseph Pangi）、天文师罗机洲、医师麦宁德，后多受到清廷重用。闽南行商还资助种植牛痘。嘉庆十五年（1810），洋商剌佛复"由小吕宋载十小儿传其种至"，伍敦元、潘有度等人随"捐数千金于洋行会馆"，设立种痘善局，"属邱、谭二人传种之。寒暑之交，有不愿种者，反给以资，活婴无算"⑤。西方种痘技术遂在中国日渐传播。鸦片战争爆发前夕，伍秉鉴资助美国首位来华医疗传教士伯驾（Peter Parker）在广州开设医局，后更名为博济医

---

① ［美］亨特：《广州番鬼录·旧中国杂记》，冯树铁、沈正邦译，广东人民出版社 2009 年版，第 93 页。注：toy 应为闽北方言。

② 刘勇：《中国茶叶与近代荷兰饮茶习俗》，《历史研究》2013 年第 1 期。

③ 刘勇：《中国茶叶与近代荷兰饮茶习俗》，《历史研究》2013 年第 1 期。

④ 中国第一历史档案馆、广州市荔湾区人民政府编：《清宫广州十三行档案精选》，广东经济出版社 2002 年版，第 109 页。

⑤ 道光《南海县志》卷四四《杂录》，第 3 页。

院，成为中国境内第一所现代化的西医院，治疗数万病人，其中包括林则徐等钦差大吏。

（四）推动中外商业往来

近代是传统与现代交织并存的特殊时期，良好的信誉有助于开拓国际市场，东印度公司、旗昌洋行等欧美商业公司对此颇为重视，已逐渐树立品牌意识。潘振承、伍秉鉴等人顺应国际商业潮流，确保商品质量，维护商业信誉。乾隆四十八年（1783），英国东印度公司董事部退回1781年已运去英国的质量差的1402箱武夷茶时，罚款超过1000银元，潘振承如数赔偿，并带动其他行商效仿。[①] 外国商人觉得"行商在所有交易中，是笃守信用、忠实可靠的，他们遵守合约，慷慨大方"[②]。潘有度继承其父作风。1783年，英国东印度公司想让他出具证明进口5000箱茶叶，遭到拒绝，"因为他通常只向特定的某些人购买某些特定的牌子，而他与这些人已有多年来往。他不希望为了增加它们的数量而损及其品质"[③]。时任两广总督蒋攸銛对其称赞有加："自身家素称殷实，洋务最为熟练，为夷人及内地商民所信服。"[④] 良好的商业信誉使同孚行在中外商界颇具威望。伍秉鉴亦是如此，外人对其如是评价："启官过去两年完成了巨额的合约，所以……没有理由怀疑他们的能力和行为。"[⑤] 由于深受外商人的信赖，中国出口商品凡是打上伍氏启官标记，便能卖出更高价格。伍秉鉴逝世后，鉴于影响，欧美洋商将其与威灵顿、华盛顿相提并论。

---

① 潘刚儿、黄启臣、陈国栋：《潘同文（孚）行：广州十三行之一》，华南理工大学出版社2006年版，第46页。

② ［美］亨特：《广州番鬼录·旧中国杂记》，冯树铁、沈正邦译，广东人民出版社2009年版，第49页。

③ 印度公司档案，"CG/12/121，1798/04/26，pp.66"，转引自陈国栋《东亚海域一千年历史上的海洋中国与对外贸易》，山东画报出版社2006年版，第339页。

④ 台北故宫博物院辑：《清朝外交史料》，嘉庆朝四，成文出版社1991年版，第5—6页。

⑤ ［美］马士：《东印度公司对华贸易编年史（1635—1834年）》（第一、二卷），中国海关史研究中心组译，中山大学出版社1991年版，第198页。

（五）促进清廷官方对外交流

旅粤闽南籍行商不仅促进中外商贸往来，亦成为清朝官方对外交流的重要中介。早在 1732 年 9 月，瑞典国王派遣使臣坎贝尔来华，在陈汀官的介绍下，中瑞官方进行首次接触："今天上午行商陈汀官（Tinqua）陪同我们去拜见粤海关监督，我们通过通事告诉监督我们受瑞典国王之命远道而来，旨在同中国建立良好关系和进行贸易。"① 1787 年，马嘎尔尼使团来华觐见，其禀文及各项往来文书及礼物均由晋江籍总商蔡世文（万和行 Munqua）经手转呈，潘有度还奉命前往谈判，向乾隆皇帝报告使团动向。1803 年，俄国商船"希望号"来到广州，成为首次来华的俄国船只，引起广东地方官府不安，潘启官奉命向俄国人了解情况，俄国商人对此如是记载："所有的回答要求以书面形式，说他一定要送到北京去给皇上看。这样的情况占了我们好几天时间，因为潘启官对每个字都要咬文嚼字。"② 可见当时清廷主要通过行商了解情况。林则徐虎门销烟期间，伍秉鉴协助清廷与英国人交涉，潘仕诚协助耆英与美方代表谈判，签订《中美望厦条约》。

闽南籍行商在清代外交中扮演如此重要的角色，主要是由于清廷奉行限关政策，使中国其余地方对西方了解甚少，外语人才稀缺，甚至福建省会福州在嘉庆年间处理涉外事件时，已难以找到通事，只好从广州抽调人员。闽南籍行商与洋商长期接触过程中，掌握夷语，对西方社会情况有较为深刻了解，成为近代之前中国境内极少数具有世界眼光的人才。而清代官员缚于华夷之见，对西方礼仪缺乏了解，碍于身份，亦不便于洋人接触，洋务才能远不能与行商相比拟，因此当耆英主持中外交涉时，力荐潘仕诚，说他"久任部曹，极知轻重，生

---

① Colin Campell, *A Passage to China*, Preface, Gothenberg, 1994, p. 95，转引自江滢河《〈科林·坎贝尔日记〉初探——早期瑞典对华贸易研究》，《学术研究》2011 年第 6 期。

② ［俄罗斯］B. C. 米亚斯尼科夫主编：《19 世纪俄中关系资料与文献：第一卷 1803—1807》》（上册），徐昌翰等译，徐昌翰、薛衔天审校，广东人民出版社 2012 年版，第 133 页。

长粤东，明习土语，且于连年善后案内，因购夷炮，招致夷匠，创造水雷，与米利坚商人颇多熟悉，亦素为该国夷人所敬重"①。此外，闽南籍行商发挥长袖善舞的特长，提供如伍家花园、海山仙馆等场所，为中国官员与外国使节会晤提供便利。当时外国人认为："得到许可到潘启官（Pun‑Tong）在泮塘的美丽住宅区游玩和野餐是一种宠遇。"②

总之，清代旅粤闽南籍行商将海上丝绸之路拓展至英国、瑞典、美国、俄国等新兴的资本主义国家，注重经营方式的创新，使用汇票、期票等交易方式，投资国外企业，参与股份分红，丰富海上丝绸之路的内涵，促进中西文化交流，使西方艺术、科技、医术通过各种渠道传入中国。尽管清廷坚持华夷之辨，但在闽南籍行商的中介下，仍然对西方世界有所了解，与欧美国家进行局部接触。概而言之，闽南籍行商极大地推动了清代海上丝绸之路的发展，在中外和平交流中扮演不可或缺的重要角色。

四 余论

1756 年，清廷调整海外贸易政策，采取限关政策，闽南海商转移到广州谋生，凭借丰富贩洋的经验与勇于开拓进取的精神，在十三行脱颖而出，在行商群体中占相当比重，涌现出潘振承、伍秉鉴等具有世界影响的巨商。他们通过与东印度公司等商业机构的贸易往来，建立遍及英国、荷兰、法国、美国等欧美国家的商业网络，有力地推动海上丝绸之路的发展。

闽南行商虽旅居广东，却有浓厚的故土情结，他们住宅建筑样式多效仿闽南风格，将寓居地名更改为故乡名称，以此寄寓不忘故土。他们与原乡家族联系密切，参与宗祠营建，移居数世之后，仍然秉承落叶归根理念，将遗骸运回故乡安葬。旅粤闽南籍行商出口商品以武

---

① 中国第一历史档案馆编：《鸦片战争档案史料》（第7册），天津古籍出版社1992年版，第459页。

② ［美］亨特：《广州番鬼录·旧中国杂记》，冯树铁、沈正邦译，广东人民出版社2009年版，第282页。

夷茶叶为大宗，此种经济联系，使他们频繁来往闽粤之间，加深了与故土的联系，促进了闽南文化在广东传播，推进了闽粤一体化进程。

闽南行商在粤经商，是特殊的侨居形式，他们仍有较强的原籍观念，以乡缘为纽带，聚族而居，共同祭祀妈祖，以此维系族群认同。此种状况与闽南人移居台湾、东南亚颇为相似，反映了闽南文化对旅外人群的深刻影响。随着《南京条约》的签订，五口通商的开放，十三行失去了以往经商的优势，闽南籍行商群体也渐趋衰落，但其对清代海上丝绸之路贡献不应否认，应从历史维度加以考察，注重其与原乡的互动，把握其与此前闽南海商群体的内在联系。

第二节　海上丝绸之路与闽南华侨群体

华侨作为近代海上丝绸之路的重要地域群体，对闽南文化的发展与传播起到了重要作用。本节探讨闽南华侨的时空分布，分析其如何促进闽南文化的传播，丰富其内涵，进而推动海上丝绸之路的发展。

一　近代闽南"下南洋"风气的形成

（一）近代闽南华侨的时空分布

宋元时期，闽南民众已开始向海外移民，但数量较少，史书对此记载寥寥。明清时期，数以万计的闽南民众赴海外谋生，南洋等地遂有华人社区设立。迄至近代，闽南民众下南洋蔚然成风，海外人数达到数百万之多。其中南洋"相隔一海，加之地大物博，气候温和，谋生容易"①。且闽南与南洋已建立较为固定的商业航线，销往南洋的商品主要有"丝、茶、樟脑、瓷器"，从南洋进口的商品主要有燕窝、香料等等。南洋成为闽南民众移民的主要方向。如菲律宾18世纪至19

---

① 张荫椿编著，徐君梅等编辑：《福建省的海外侨胞》，福建省政府教育厅编辑委员会，1943年，第4页。

世纪中叶，华侨从未逾万。19 世纪中叶以后渐增，至 20 世纪 30 年代末，全菲华侨 11 万。[①]

根据统计，20 世纪 30 年代，福建"海外侨胞总数为二百八十二万九千九百二十一人，占全国海外侨胞总数八百三十二万一千三百四十三人中的百分之三十四"[②]。其具体分布如表 5-3 所示。

表 5-3 　　　　　　　　　福建省海外侨胞人数统计表

地别	华侨人数/人	闽籍侨民人数/人	百分比/%
泰国	2500.000	625000	25
英属马来亚	1960772	980386	50
荷属东印度	1344809	806885	60
香港	924854	92358	10
安南	326000	81500	25
缅甸	193594	77438	40
菲律宾	110500	88400	80
北婆罗洲	68034	27214	40
台湾③	59692	38800	65
日本	19801	5594	30
其他	814557	6000	1
总计	8321343	2829921	34

资料来源：张荫椿编著，徐君梅等编辑：《福建省的海外侨胞》，福建省政府教育厅编辑委员会，1943 年，第 7 页。

此表统计对象虽为福建华侨，但"闽侨以闽南漳泉各属为最多，移殖也最早，闽北华侨在人数上比较少"[④]。如英属马来亚华侨将近

① 郭志超：《旅菲清真五姓》，载《福建侨乡民俗——福建侨乡民俗学术研讨会论文集》，厦门大学出版社 1993 年版，第 188 页。

② 张荫椿编著，徐君梅等编辑：《福建省的海外侨胞》，福建省政府教育厅编辑委员会，1943 年，第 6 页。

③ 注：台湾此时被日本殖民统治，因此该表将旅台侨胞列入其中。

④ 郑林宽：《福建华侨汇款》，福建省政府秘书处统计室，1940 年铅印本，第 9 页。

200万人，福州籍侨民占100万人。其中5%为福州人，2.5%为福清人，其余闽南人约占93%弱。① 就漳州地区而言，近代华侨地域分布如表5-4所示。

表5-4　　　龙溪专区华侨侨眷基本情况（1955年8月15日）

合计		马来亚		菲律宾		缅甸		印尼		越南		泰国		砂拉越		其他		合计	
户数	人数	户数	人数	户数	人数	户数	人数	户数	人数	户数	人数	户数	人数	户数	人数	户数	人数	户数	人数
14430	95789	6683	30786	901	3795	1364	7962	3600	23818	413	2293	288	1232	62	31	768	5861	14430	95798

注：其他分布地区包括美、英、法、荷、日、印等国家。资料来源：《全省华侨、侨眷情况统计表》（1955年），福建省档案馆藏档案：0148-007-0047-0019。

从上述两表可见，闽南华侨主要分布东南亚，以泰国、英属马来亚、荷属东印度居多，东南亚群岛华侨群体中，闽南籍比重更高，基本在50%—80%之间。中华人民共和国成立后，相关调查亦印证此点"闽南各县华侨散布在南洋群岛，最多为荷属东印度，英属马来亚次之，菲律宾、安南及缅甸又其次，暹罗最少"②。华侨集中于东南亚地区，这主要是由于中南半岛毗连广东、广西且陆路可通，故两省移民颇多。而福建民众奔赴南洋群岛较为便捷。民国时期，有学者即指出："仅就漳泉而言，侨商遍布于南洋群岛，菲律宾群岛，东印度，荷婆罗洲，甚而至于好奴鲁以及美洲西岸，足迹索道，无远弗届。"③ 可见闽南籍华侨分布之广。

如表5-5所示：华侨在近代闽南人口中占相当比例，泉州、漳州等闽南县市侨民（华侨与侨民）数量高于福建其他县市，尽管闽中地区福清、长乐、莆田等地海外移民数量较多，这主要是受到闽南下南洋风气的影响，闽西地区仅永定侨民数量较多，长汀、武平、漳平、上杭、连城等县侨民数量均较少。从闽南内部来看，泉州地区华侨人

① 《发展战后福建侨汇的途径》，李文海主编，夏明方、黄兴涛副主编：《民国时期社会调查丛编二编：华侨卷》，福建教育出版社2014年版，第714页。

② 泉州地委办公室：《闽南华侨概况》，1950年，油印本。

③ 《南洋华侨与闽省交通事业》，《闽侨月刊》1937年第1期。

表 5 - 5　　　　　　福建省侨区各县华侨数字及占总人口比例表

（1954 年 6 月福建侨委会）

区别	县别	总人口	侨眷人口	海外华侨人口	华侨侨眷占总人口百分比%	说明
	福州市	470577	3915	3172	1.50	市为五个区较全面的统计，市郊未统计在内
	厦门市	163314	32206	52269	51.7	较全面的统计数字，包括市郊在内
晋江专区	晋江	658544	205730	120000	49.46	
	南安	584919	100969	85752	31.92	
	安溪	319898	22047	41884	20.09	十二个区不完全的统计数字
	莆田	739429	80000	60000	18.93	估计数字
	惠安	487185	34321	29525	13.10	
	同安	255172	70743	26742	38.20	
	仙游	351292	6403	10550	4.82	
	德化	104279	2185	7098	8.90	
	永春	255581	100000	56364	61.79	
	金门	47469				
	泉州市	88659	1482	5290	7.63	
	小计	3892427				
龙溪专区	龙溪	252534	10000	6786	6.64	三个区的统计数字是不完整
	诏安	222160	63973	25040	40.06	
	漳浦	260310	3316	4769	3.10	三个区的统计数字，且不完整
	海澄	146146	6443	12836	13.19（取估计数字）	不完整的统计数字，据一般估计国内有 30000 人，海外有 80000 人
	东山	87151	13450	18292	36.42	
	云霄	139604		4119		
	华安	63195	971	2108	4.87	

续表

区别	县别	总人口	侨眷人口	海外华侨人口	华侨侨眷占总人口百分比%	说明
龙溪专区	平和	225959				
	长泰	66693	479	310	1.18	
	漳州市	70177	1828	1430	4.64	
	小计					
闽侯专区	闽侯	502709	22379	13763	7.18	
	福清	412058	79980	80000	38.82	估计数字
	平潭	117298				
	闽清	189256	50000	85000	71.33	可能估计太高,特别是华侨数字
	连江	267696				
	长乐	282480	20000	30000	33.24	估计数字
	小计					
龙岩专区	龙岩	149293	8013	13000	14.07	
	永定	184774	11872	14000	14.00	
	连城	131238		350		
	上杭	206266		350		
	长汀	233611		150		
	小计					
南平专区	古田	181395	20000	56500	42.17	
	屏南	72182	92	92		数字不完整
永安专区	永安	80099	1320	2172	4.30	
	小计					
总计			923157	869313		

资料来源:《全省华侨、侨眷情况统计表》,1955 年,福建省档案馆馆藏档案:0148 – 007 – 0047 – 0019。

数要多于漳州地区，晋江县华侨数量，几乎相当于龙溪、海澄、东山、诏安、漳浦等漳州五县华侨数量总和。就闽南内部区域而言，沿海地区的华侨数量高于内陆山区华侨，如厦门市、晋江、同安、诏安侨民在当地人口的比例均超过三分之一。尤其"晋江一般村侨属占总户数百分之三十五左右，有的几乎全村都是华侨，或占百分之八十至九十，侨眷之多冠于闽南"①。而德化、华安、长泰等县的华侨在总人口的比例少于百分之五。较之山区，濒海民众与海外联系更为紧密，且自然环境较劣，不利于农业生产，因此有颇多的民众移民海外。但亦有例外情况，如永春县，其侨民在泉州各县比例竟然超过六成。

何以近代闽南海外移民规模如此之巨？20世纪30年代，陈达先生曾对南洋华侨移民动机加以调查，所统计的905户侨民中，"因为经济压迫原因的有633户，占69.95%，因为南洋的关系有176户，占19.45%，天灾有31户，占3.43%，企图事业发展的有26户，占2.87%"②。可见人多地狭、经济凋敝是闽南民众对外迁徙的最大原因，下南洋属于生存型驱动。故地方华侨数量多寡与自然环境休戚相关。调查报告显示，"闽南各县如果是一个土地好，水田多，出产丰富，宜于耕种，则谋生容易，出国华侨较少。如果某一个地方大部是干地，出产少，则生计艰难，向南洋求发展的华侨就多起来"③。

此在闽南歌谣颇有体现。如晋江《过番歌》："人间世事说难尽，且说当初过番邦。在咱唐山真无空，即着相招过番邦。想着侵欠人钱项，矢志无面可见人。甘心出外去赚趁，在咱唐山实在难。"④ 欠债难还，只好出洋谋生。新加坡流传的《过番歌》："断柴米，等饿死，无奈何，卖咕哩。"⑤ 卖咕哩即出卖体力，在家乡濒临绝境，只好下南洋

---

① 《晋江专区冠于华侨问题的调查材料》，1951年，福建省档案馆馆藏档案：0148－007－0010－0001。

② 参见陈达《南洋华侨与闽粤社会》，商务印书馆2011年版，第48—50页。

③ 泉州地委办公室编：《闽南华侨概况》，1950年，油印本。

④ 《侨乡民谣〈过番歌〉》，李灿煌主编：《晋江民俗掌故》，厦门大学出版社2002年版，第279页。

⑤ 谭先达：《海外华侨华人民间文学》，中国戏剧出版社2010年版，第228页。

作苦力。故在另外一首民谣中："番片哪是真好趁，真多人去几个还？拢是家乡环境逼，则着出门渡难关。"①

近代由于鸦片大量种植，闽南粮食问题更为严重。"土药因种植者日见其大可获利，故田亩之专用以种莺粟而不种米谷，与别种食物者，日有所增，即鼓浪小岛，昔日种植薯菜之田，本年亦见长满莺粟，颇觉美丽，虽地亩加增，惟霪雨不时，故收成不及上年之盛。"② 稻田不足导致沿海地区时常缺粮。与此同时，近代闽南政局不稳，民军纷起，社会陷入无序状态，迫使居民逃离。如永春"近来政变，地方骚乱，匪徒蜂起，遂相率遁逃，挈妻携孥，偏安海外，此吾邑年来所以十室九空也"③。报纸上时常有"况闽省连年兵祸米荒，居民半流离失所"④的相关记载。

除此之外，海上交通技术革新亦是闽南民众移民海外的重要原因。明清闽南民众主要乘坐帆船前往南洋，"东北季风约在阳历十一月，至越年五月"。回国之后，"又须等候五月至十二月之西南季风⑤。其路线有两条：一由厦门经澎湖达菲律宾，分道摩鹿加及北婆罗洲，二由厦门起航经海南岛至安南，再分往暹罗、婆罗洲、马来半岛、苏门答腊、爪哇、帝汶等处。近代轮船成为主要交通工具，以厦门为枢纽，闽南到南洋不断开辟新航线，至全面抗战爆发前，已开设五条海路：①上海——厦门——香港——新加坡线；②厦门汕头——香港新加坡吧城线；③马尼拉——香港——厦门——上海线；④仰光——槟榔屿——新加坡——香港——汕头厦门线。当时从事厦门到南洋的航运公司颇多，外商有渣华邮船公司，大英轮船公司、东印度轮船公司、太古轮船公司、怡和轮船公司、德忌利士公司、日本汽船会社、大阪商船会社、日清公司等九家，华商有国营招商局、三北轮埠公司、和丰轮船

① 《番片哪是真好趁》，周长楫、周清海：《新加坡闽南话俗语歌谣选》，厦门大学出版社 2003 年版，第 264 页。

② 中国第二历史档案馆、中国海关总署办公厅：《中国旧海关史料》（1859—1948）（第 24 册），京华出版社 2001 年版，第 210 页。

③ 《奋兴报》1921 年 9 月 9 日，第 3 版。

④ 《晨报》1920 年 6 月 23 日，第 2 版。

⑤ 周赞臣、陈静山等编：《马来半岛商业录》，尚文印务局 1928 年版，第 246 页。

公司、福记轮船公司、岷厦安记轮船公司。① 航运公司数量众多，亦反映当时下南洋风气之兴盛。

二 闽南侨汇与侨眷生计

近代闽南民众下南洋，多为谋生，形成较为独特的群体特征。1927 年，海澄等十八县登记在案的旅外华侨共计 65492 人，其中男性 55815 人，占总人数的 73%，而其中 20—44 岁 47588 人，占 72%。可见当时赴南洋多是青壮年男子，这主要是"因为女子到南洋去不但不能受到沿途的风波，并且还纯然是个消费者"②，男子出外闯荡，不愿有身家之累，往往将家眷留在故乡。

闽南华侨初到南洋，通常仅携带基本生活用品，人地生疏，处境维艰，"头家有卜雇伙计，有谁卜雇做龟里。薪金随汝多少送，加减不敢卜讨添。店内开口说因伊，旧的伙计未有辞。等待伙计辞若离，别日则来相通知"。即使找到雇工机会，也十分艰难，其处境如安溪《过番歌》所言：

涂炭二人扛一笼，通船亲像出乌蜂。一日脚手乱乱动，比咱唐山恰艰难。

背着米包十分重，暝时困着像死人。一日则有两角银，算来十分是长难。

想着呣做也着做，呣趁一占也是无。今日空身来到遮，须着甘愿受艰难。

日头出来热滚滚，巴脊曝着如火着。人色算来几十号，言语说来全袄和。

鸡角初啼天未光，头家出声叫食饭。咱去水瓷都未转，旧客食去行偌远。

若无平到人会吵，食都未饱就出门。一日烦恼无埃歇，一暝

---

① 《抗战中之闽省侨汇》，第 64 页。
② 郑林宽：《福建华侨汇款》，福建省政府秘书处统计室，1940 年，第 9 页。

全无倚着席。①

通过做雇工，华侨积累钱财后，再做小生意，逐渐发家，成为东南亚举足轻重的社会力量。马来半岛"全岛商业之经纪人及农商业之主要分子，举凡一切种植开矿渔航以及公共建筑皆为华人所首先创设经营，迄如今各种事业，亦有非赖华人不能办之势"②。《南洋闽侨救乡会临时大会报告书》指出："吾闽南人民，自昔出洋者多，足迹遍布南洋群岛，人数号三百万众，握商业上之牛耳，为经济界之主盟。"③就漳州地区④而言，其海外华侨的职业状况如表5-6所示：

表5-6 龙溪专区八个重点县（市）国外华侨职业情况表

八个县（市华侨情况）		工商农业	小商贩	工人	自由渔民	职工	手工业者	农业劳动者	自由职业者	其他
户数	人数									
13698	93462	737	1165	1023	139	1975	21	32	196	9524

资料来源：《全省华侨、侨眷情况统计表》，福建省馆藏档案：0148-007-0047-0019，1951年。（注）八个重点侨县（市）系指：漳州、龙溪、海澄、漳浦、云霄、东山、华安、平和。

从表5-6可以看出，漳州华侨主要从事职工以工商农业、小商贩、工人、自由渔民的角色为多，呈现出阶层分化，"大体说来，其一般富有资产之侨商，多有营垦权，如树胶、糖、椰子；开采矿产如锡矿及输出入贸易，其中产者，大都经营商业，并有多数劳动工人，如农夫、矿工、木匠、搬脚等"⑤。可见，闽南华侨富豪者通常为行业佼佼者。如同安籍华侨黄仲涵拥资四万万，所经营的行业涉及银行、航

---

① 吴圭章编，周学辉搜集、校注：《过蕃歌》，安溪县民间文学集成编辑委员会，1987年。

② 周赞臣、陈静山等编：《马来半岛商业录》，尚文印务局1928年版，第246页。

③ 《南洋闽侨救乡会临时大会报告书》，1926年，铅印本，第1页。

④ 中华人民共和国成立后，将漳州改名为龙溪地区，20世纪90年代又恢复原名。

⑤ 泉州地委办公室：《闽南华侨概况》，1950年，油印本，第20页。

业、橡皮、糖业、不动产等行业。闽南华侨之所以创业成功，在于
"他们的凭借作事谨慎、行为端正、凡事躬身操作、忠实、胜人所不能
任等美德，得到雇主的信任，逐渐获得事业上成功"①。崇尚拼搏精神
亦是闽南华侨成功的关键，恰如闽南歌谣《爱拼才会赢》所言："一时
失志怀免怨叹，一时落魄怀免胆寒。哪通失去希望，暝日醉茫茫，无
魂有体亲像稻草人。人生可比是海上的波浪，有时起，有时落。好运，
否运，总吗爱照纪纲来行。三分天注定，七分靠拍拼，爱拼则会赢。"②
他们相信通过个人努力，能够有所收获，在如此精神的驱使下，华侨
深入南洋各地，"虽至穷乡僻壤，无远弗届"③，不断拓展商业。

　　闽南华侨"虽然是身居异域，但对于桑梓地方的关系却不曾断绝
密切的联系。他们不会忘记遗留在故乡的家小，他们更时时惦念着祖
国社会的设施和政治的变动；他们每年对家庭不断的寄回巨额的款项，
如果知道国家有缓急，更从来不会吝惜，踊跃输将"④。此类侨汇数目
惊人，成为维系闽南侨乡运转的重要命脉。闽南侨汇主要从厦门输入，
再由厦门通过信局转给福建各县。

　　从表5-7可以看出，1905年至1926年，厦门侨汇数量呈上升趋
势，尤其一战结束后，此时南洋得益于欧洲经济复苏，发展迅速，吸
引更多华人前往，且收入颇丰，故侨汇呈现快速增长的趋势。1931年，
闽南侨汇已增至七千二百万元。此后由于南洋经济萧条，加上日本在
南洋扩张经济势力，使1932年闽南侨汇数量剧减至四千九百万元，此
后数年，每年平均侨汇四千数百万左右，以菲律宾群岛最多，英国、
荷兰属地亦较多。全面抗战爆发后，海外华侨爱国热情高涨，加上国
内物价上涨，闽南侨汇持续增加。1938年，泉州侨汇臻于顶峰，达

---

　　① 《发展战后福建侨汇的途径》，李文海主编，夏明方、黄兴涛副主编：《民国时期社会
调查丛编二编：华侨卷》，福建教育出版社2014年版，第761页。

　　② 周长楫、周清海：《新加坡闽南话俗语歌谣选》，厦门大学出版社2003年版，第
259页。

　　③ 《发展战后福建侨汇的途径》，李文海主编，夏明方、黄兴涛副主编：《民国时期社会
调查丛编二编：华侨卷》，福建教育出版社2014年版，第714页。

　　④ 《发刊词》，《闽侨月刊》创刊号，1939年第1期。

53000000 元。① 但太平洋战争爆发后，侨汇全面中断，直至抗战胜利后，才重新恢复。"侨汇一到即大吃大用，先足家用，继则盖屋或关于嫁娶、谢神等所谓的浪费，很少继续，侨汇中断的教训，改变很多。"②

表5-7　　　　　　　　　　厦门历年侨汇列表　　　　　　　　（单位：元）

1905	18900000	1906	18300000
1907	17600000	1908	17800000
1909	20000000	1910	21600000
1911	17800000	1912	19100000
1913	17600000	1914	17200000
1915	18500000	1916	15000000
1917	12800000	1918	11800000
1919	18900000	1920	19200000
1921	44000000	1922	27900000
1923	25700000	1924	45900000
1925	45000000	1926	66000000

资料来源：郑林宽：《福建华侨汇款》，福建省政府秘书处统计室，1940年，第9页。

从表5-8可以看出，闽南安溪、漳浦、同安、惠安、永春、诏安、德化等县的侨汇明显高于周边闽西、闽北、闽北等县，但泉州华侨的汇款明显高于漳州，这主要是泉州华侨人数较多的缘故。从单人汇款来看，20世纪30年代，"平均每人每年汇回家乡的款子为国币二十元"。而且侨居地数目不同，"大概英属各地的闽侨平均每人年汇国币二十五元；菲律宾（英属）每一个侨民平均二十二元；荷属各地十元；安南六元"③；但各地的经济发展程度不同，所以华侨汇款的能力也不相同。

华侨汇款改善侨眷的家庭生活。陈达通过对闽粤两省调查，发现

① 泉州地委办公室：《闽南华侨概况》，1950年，油印本，第21页。
② 泉州地委办公室：《闽南华侨概况》，1950年，油印本，第22页。
③ 吴承禧：《最近五年华侨汇款的一个新估计》，《中山文化教育馆季刊》1936年秋季号，第846页。

"华侨家庭之收入款，由于南洋华侨汇款者，平均每家每年为646.8元，占总收入之81.4%"①。食物消费方面："平均每家每年为392.04元。在非华侨家庭，平均每家每年为138.48元，故华侨家庭之食物费高于非华侨家庭者两倍半以上。衣服之消费，华侨家庭每年为34.32元，非华侨家庭每年为15.24元；房租，华侨家庭每年123.72元，非华侨家庭每年祇18.84元，相去六倍有余；燃料灯火之费用，华侨家庭每年为60.48元。"②

表5－8　　　　　　　　　福建各县侨汇列表　　　　　　　（单位：元）

县名	数额	数额	县名	数额	数额
连城	8500	7326	漳平	3500	145000
长汀	8000	665000	漳浦	141670	6935
上杭	1700	460	南靖	49100	500
武平	100	129582	屏南	14396	322000
宁德	1260	70	海澄	300000	169576
安溪	3647982	960	永春	3700000	1500
仙游	119310	508320	连江	981	97800
建阳	250	8800	大田	710	137500
诏安	276100		平和	500	33000

资料来源：郑林宽：《福建华侨汇款》，福建省政府秘书处统计室，1940年，第38页。

从生活费分配方面来看，"华侨家庭食物费在全部生活费中占51.51%，非华侨家庭食物费占36.62%。衣服费在华侨家庭为4.42%，在非华侨家庭为6.23%。房租，在华侨家庭为15.94%，在非华侨家庭为7.70%。燃料灯火费，在华侨家庭为7.79%，在非华侨家庭为9.27%。杂项费用，在华侨家庭为21.34%，在非华侨家庭为20.17%。故从生活费之百分比之分配观之，华侨家庭之生活享受，亦高于非华侨之家庭"。可见华侨家庭的食品、房租等方面的开支显著高

---

① 郑林宽：《福建华侨汇款》，福建省政府秘书处统计室，1940年，第47页。
② 郑林宽：《福建华侨汇款》，福建省政府秘书处统计室，1940年，第58页。

于非华侨家庭，而衣服、燃油灯火方面的开支则显著低于非华侨家庭。之所以如此区别，在于华侨家庭饮食较好，且寻求良好的居住环境，故两项开支甚高。而衣服费用较低，并非华侨家庭不追求着装，"盖华侨家庭之壮丁人多往国外谋生，家中所余者多老弱之辈，衣服之消费较少，故收入增加，而衣服费之百分比并不随之增高"①。

图 5-5 漳州角美华侨建筑

各项统计数据中，以房租比例最为悬殊②，华侨家庭超过非华侨家庭的两倍有余。如此巨大差距恰体现华侨荣归故里心理。侨眷收到汇

---

① 李文海主编，夏明方、黄兴涛副主编：《民国时期社会调查丛编二编：华侨卷》，福建教育出版社 2009 年版，第 782 页。

② 注：此处房租不仅仅指租房费用，还包括租地等费用。

款，常修建楼房，如石狮民谣所言："旧年番银一到来，今年大厝相连排；海口番船十多只，我家洋楼红砖壁。"① 闽南沿海各地，此类新建楼宇颇多，气势壮观，融合诸多南洋元素（图 5 - 5），凸显主人雄厚之实力，故时人云"以房屋夸耀于乡里是华侨社区普遍风气"。邻居受此刺激，亦会产生下南洋的念头，如《洋客妇》歌谣所言"第一怨近邻洋客，起大厝得意扬扬，害奴夫思慕动志，因此上背井离乡"②。促使更多闽南民众下南洋经商谋生。

值得注意的是，在此份统计中，侨汇较少用于购置耕地。这主要是由于"土地多的地方华侨少，华侨少的地方土地多"③。故华侨密集的区域，土地购买较少，侨眷凭借侨汇，生活充裕，不重视耕地购置。全面抗战爆发后，闽南侨眷对土地的态度转变。日军对闽粤沿海地区的封锁，导致闽南侨汇断绝，"侨乡经济受到空前未有的经济危机袭击，平时不事劳动的大量侨眷，遭到突如其来的痛苦，使他们变卖平日一切的积蓄、首饰、家具，城市、农村到处叫着卖故衣，更有很多贩卖私宅、耕田的也不少，有的迫不得已卖掉自己心爱的儿女，侨妇转嫁或沦为妓娼，过着悲惨的日子"。抗战结束后，大批侨汇涌至，"很多人经历抗战时期的惨痛教训，购买了一部分土地耕种，保持着操劳的习惯"④。

侨汇改变闽南侨乡的生计模式，"他们的谋生方式已有脱离农业逐渐走向商业的趋势，至少农业已退至次要地位"⑤。闽南华侨大量归来，刺激侨乡商品经济，进而推动闽南城镇化进程。此在厦门表现最为明显，其房地产有十分之六是华侨投资的，厦门的自来水公司、电力公

① 《番银到》，中国民间文学集成全国编辑委员会：《中国歌谣集成·福建卷》，中国 IS-BN 中心 2007 年版，第 484 页。

② 《洋客妇》，中国民间文学集成全国编辑委员会：《中国歌谣集成·福建卷》，中国 IS-BN 中心 2007 年版，第 483 页。

③ 《晋江县专区关于华侨问题的调查材料》，1951 年，福建省档案馆藏档案：0148 - 007 - 110 - 0001。

④ 《晋江县专区关于华侨问题的调查材料》，1951 年，福建省档案馆藏档案：0148 - 007 - 110 - 0001。

⑤ 郑林宽：《福建华侨汇款》，福建省政府秘书处统计室，1940 年，第 21 页。

司、电话公司均是由华侨办理。故时人认为："福建的厦门，就完全是由华侨经济力量孕育成功的……一旦华侨经济力量退出了厦门，厦门只留下一个荒凉的外壳了。"①

三　闽南华侨与地方风俗变迁

侨汇成为侨眷的重要来源，使其生活水准明显高于普通民众，加之"侨客在南洋方面染习当地之俗例，同时将所受之习俗，不断介绍于故乡家庭，使其在保守故旧之社交礼仪中，搀入外洋风俗"②。侨眷因此深受影响，较之普通社会群体，表现出诸多不同的特征。全面抗战时期，郑林宽曾调查闽南华侨群体的婚丧，其记录如下：

> 婚礼：华侨家庭对婚嫁一事，大都沿用旧礼而加以变通，如议婚、纳采、纳币、请期、亲迎等手续，以及婚礼仪式多有按照旧制，媾婚之始，以女子"八字"送至男家，托命里推算者推算，认为并无障碍者，即挽媒使商议订婚聘金等程序，迨订婚之日，乾宅须备糕饼百包或数千包，每包长四寸，宽二寸，用红绿纸包装，随媒送至坤宅，媒使于坤宅进午餐后，即携返婚约（亦称红绿贴，上书女子时辰八字）而订婚之手续于焉告成。坤宅所得之糕饼，则一一转送亲友，无异宣布订婚。
>
> 结婚前三四日，乾宅煮糯米团分送亲友，以代喜报，亲友获讯，乃纷纷送礼，对于坤宅，常送新娘所需之物，如镜子面盆香粉等物。对于乾宅，常送玻璃镜框，若系近亲至友，则送镜框之外，制成礼物品色，如炮竹、酒肉、花烛等均为通常所见者。
>
> 结婚前一日，乾宅即以全项聘金，猪肉百余斤，酒若干坛，随同媒人送至坤宅，故后者所用酒肉，几尽属前者所供给。结婚之日，由乾宅发轿往坤宅迎亲，开锣引导，仪丛甚多，凡旗帜灯

① 郑林宽：《福建华侨汇款》，福建省政府秘书处统计室，1940年，第21页。
② 郑林宽：《福建华侨汇款》，福建省政府秘书处统计室，1940年，第58页。

笼之上，悉行书写新郎祖先所得之官衔禄位，借以显耀门第，迨新娘花轿莅临，吉时已到，即行交拜天地，送入洞房，饮交杯酒，是晚设宴款客，亲朋欢饮，尽欢乃散。

结婚第二日，夫妇须敬拜祖先，第三日亲友返家，各携猪肉一二斤，以及糕饼之类，同时新郎须在岳家拜谒，岳家设宴款待，新郎则须出酒席费若干元，辞归时由岳家携回糖果糕饼之类，用以分赠亲戚朋友。

华侨家庭婚礼主要遵循传统礼仪，又有所变通，赠送玻璃镜框等时髦用品，花费颇多，颇为奢华，远非一般人可以承担。全面抗战爆发后，"以物价之高涨，费用更属浩大，即以聘金一项计之，以前普通为一二百元，现时则最少为七八百元，欢喜摆阔者虽出三五千元，亦不以为巨，至礼物糕饼，则数目尤多。如是消耗，在华侨社区，极为平常，思想比较进步者，崇尚新式结婚，然尚难免旧俗，而消费之巨，固在所不计者也"①。除婚礼外，侨胞"对于丧葬之费，一掷千金乃至数万数十万金，视为平常之事也"②。

侨眷"大都迷信鬼神。平时祝告天地，保佑健康，或许愿野鬼，勿事崇扰"，每年农历十七日为中元节，祭祀孤魂野鬼，在闽南各地颇为隆重，尤其"以华侨社区为甚，旅居南洋者，对此均极重视"，除祭祀先人外，必焚烧冥镪也。"在闽省侨眷各区，则所费于是项俗例者，殊足惊人。"全面抗战爆发后，时局动荡，外汇汇率不断变化，此项活动开支更大。《泉州社会大报》曾调查南安县黄石乡一百二十家举行"酬天公愿"活动耗费：

①演戏三昼夜，有大祥春，金秀春等班，第一第二两晚十余

---

① 福建省经济建设计划委员会宣传处编：《抗战期中之福建华侨》，1941 年，铅印本，第 59 页。

② 福建省经济建设计划委员会宣传处编：《抗战期中之福建华侨》，1941 年，铅印本，第 60 页。

台，第三晚加小开元（儿童戏）共二十台，平均每台一百七十元，共三千四百元。②金纸。三天内平均每家少十元，全乡一百二十家，共计一千贰佰元。③三天之内，家家户户，宾客满堂，或八九席，或三五棹，平均每晚每家以二席计，三天内共六席，全乡一百二十家，须七百二十席，每席除猪肉免买外，每席须八十元，七百二十席，共费五万七千六百元。④龟粿，每家约有三四包，每家最少以贰佰元计，则一百二十家耗费二万四千元。⑤普通饭菜，日有三餐，三日共计九餐，每餐十五元计，再以一百二十家乘之，则须一万六千贰佰元。余如烟茶杂项等费，尚未计入，就上列六项计之，共需费十二万六千四百元之谱，每家平均达一千元以上。①

仅南安一乡的普渡消耗即如此巨大，泉州、漳州、厦门各侨眷区域的消耗更是惊人，若再考虑其他俗例，如茶会、灯节、浴佛、端午、乞巧、中秋、重阳、冬至、除夕等节日，加之一般侨胞的民间信仰观念极强，"在一年中祭奉之神诞日期，达三十次之多"②，迷信费用之高可想而知。

海外华侨的巨额侨汇，使闽南侨乡风气奢靡，推动民间信仰的兴盛，亦使侨眷家庭生活远高于一般民众。但"由于侨居地方和职业都有程度不同的差异，也决定侨眷生活习惯的不同特点"。"晋江及南安一部、惠安南部洛阳一带华侨集中于菲律宾，除一部分为工商业家和小商外，大部分是店员职工，一般村侨属占总户数百分之三十五左右，有的几乎全村都是华侨，或占百分之八十—九十，侨眷之多冠于闽南。"由于菲律宾经济较好，通过侨汇，大量资金汇回家乡，使"侨眷

---

① 福建省经济建设计划委员会宣传处编：《抗战期中之福建华侨》，1941年，铅印本，第61页。

② 福建省经济建设计划委员会宣传处编：《抗战期中之福建华侨》，1941年，铅印本，第61页。

生活奢侈，妇女装饰华丽……富有家庭都养有婢女，其子弟常是饱食终日，游手好闲，赌风很盛。一次赌博以千百计，封建迷信十分浓厚，婚丧祭日浪费尤大"。"侨汇除用于生活上之必需外，绝大部分花于无赖之消耗，富有侨眷多会过盖大洋房及举办公益事业等有关个人名誉威信之事。"①

南洋被视为发家致富的福地，吸引越来越多的闽南民众前往，"乘钱出外洋，转厝娶新娘"。闽南民众羡慕侨眷的生活，许多为人父母的也愿意为女儿找个"番客丈夫"。番客成功的故事在侨乡广为流传，"父以教子，妻以勉夫，每重复讲一次都要引起年老人的回忆，青年人的热情，连盘在祖母膝边听故事的孩子，童心中早已深入了黄金海外的幻梦。在这种天性冲动之下，每年都几千几万人背井离乡，跑到万里外的异地去，寻找他们的黄金处女地"②。下南洋被视为闽南男子应有的人生历程："平常人家儿子长大了，给他完成亲事，往往就打发他到南洋去谋生"，以示其已经长大成人，应该外出创业，承当养妻育子的责任。如果已经到南洋谋生者，到了年纪，也会被召回家成婚，新婚仅仅十余天后，又被打发到南洋赚钱去了。

华侨赴南洋谋生，面临重重风险。为祈求他们平安归来，闽南衍生相关的送别习俗。华侨下南洋之前，须先到公妈厅焚香拜祖，向祖宗辞行，以祈求庇佑。家人为其备置行李时，必定泥土一小包，井水一小瓶、针线一包，以示饮水思源，不忘故土、与亲友保持联系之意。亲友亦会向其赠送地方名产，摆席饯行，谓之"顺风席"，祝愿其一帆风顺，平安抵达南洋。华侨出发前，须到水缸前吃四个甜鸡蛋，寓意能够平安归来，与家人团圆，过上幸福生活。在安海等地，出洋男子还必须吃碗豆腐，"腐"音同"富"，寓意华侨在海外能够发家致富。华侨从海外归来后，亲友会为其接风洗尘，谓之"脱草鞋"，而华侨则

① 《晋江专区关于华侨问题的调查材料》，1951 年，福建省档案馆馆藏档案：0148 - 007 - 0010 - 0001。

② 李文海主编，夏明方、黄兴涛副主编：《民国时期社会调查丛编二编：华侨卷》，福建教育出版社 2014 年版，第 761 页。

向亲友馈赠布匹、雨伞、毛巾等礼品，其中针线是必不可少的，寓意与家乡保持千丝万缕的联系。

尽管祝愿美好，但仍有不少男子客死异乡，由于运柩费用昂贵，一般只能在侨居地安葬。须通过"引水魂"仪式，使他们魂归故里、落叶归根，其具体做法为"择日先放纸船一只于溪滨如新桥或浮桥，再将由侨居地寄回的死者衣服一套，插在竹竿植于水中，引魂时把衣服拉回，由僧（道）念经。用两块小竹片（俗叫'信杯'）向地上一丢，如果两片落地底面不同，就是'信'了，魂兮归来了，开始归虞，形式与'返主'同。惟须抬挡境神引路始能通行无阻"①。通过法事，使不幸殒命南洋的男子，得以魂归故里。

四　闽南侨乡的妇女生活

青壮年大量下南洋，使闽南侨乡形成独特的女性文化。在闽南，称呼下南洋的男子的妻子为"番客娘"，其中部分人生活宽裕，经济实力雄厚。如晋江县南门外清蒙乡菲律宾富侨吴春政家中，"其妻子积蓄价值一千六百三十四元的白银，十万元的法币，以及多量的金器，饰物、布料、用具"②。但成功的番客仅是少数，更多的番客不仅要忍受物质困难，也要忍受夫妻长期异地分离所造成的精神痛苦。旧时石狮流传民谣《番邦真正远》："厦门水路通番邦，番邦真正远；离父离母无奈何，离妻离子心头酸；铁打心肝也会软，眼泪流落到天光。"③颇能反映番客的辛酸心境。

闽南年轻人赴南洋谋生，大都先从事雇工，受到假期、路途、旅费等因素的影响，回家不易。泉州与东南亚广泛流传的《为着生活无奈何》歌谣，反映番客回家的艰难，"唱出番客只有歌，番邦走得无奈

---

① 陈仲瑾、陈泗东：《泉州丧葬风俗记闻》，泉州市民政局、泉州志编纂委员会办公室编：《泉州旧风俗资料汇编》（内部资料），1985 年，第 10 页。

② 谢怀丹：《闽南的番客娘》，《闽侨月刊》1939 年第 6 期。

③ 中国民间文学集成全国编辑委员会，《中国歌谣集成·福建卷》，中国 ISBN 中心 2007年版，第 471 页。

何。为着生活才出外，离父母，离妻儿，五年八年返一次，做牛做马
受拖磨。想到妻儿一大拖，勤俭用，半个钱也不敢花"①。在闽南传统
观念中，出洋若未能赚到钱，无颜见父老乡亲，所以有不少番客长期
与妻子两地分居，甚至出现结婚多年与妻子不相识。旧时闽南乡下有
这么一个笑话："一位番客从海外归来，刚走进自己的家门不久，看见
一位青年妇女从门口进来，便对他母亲说：'有一位客人来了。'他的
母亲不禁笑了出来，告诉他那不是客人，那是他自己的妻子，因为这
位番客是结了婚十多天便和他的新妻分离了，在新婚后十多天的中间，
他因为怕羞，白天躲在外面胡混。有时来家，新娘便躲进厨房里去，
晚上里也是怕羞，为了怕青年伙伴们嘲弄，不敢早进房门，及至他们
进房睡觉时，他的新妻已经熄灯上床了，有时他想划着一根火柴把灯
重新点起来，可是他的新娘便喊着不要点火。因为他怕被外面有人听
见！因此相处了十多天，竟没有得着一个自己的妻子，他的影子也忘
记的干干净净，所以才会闹出这笑话来。"② 关于此类的笑话，在闽南
流传颇多。番客妇独守空房，忍受离别的痛苦。其心境恰如歌谣《嫁
番客》所言：

> 要我嫁番客，有钱可顾家。番客没来娶，一年一年拖。
> 兄弟一大拖，轻重全靠我。在家受拖磨，无时可快活。
> 心中难开阔，抽签与卜卦。求神保佑我，番客快来娶。
> 困时会做梦，梦见病情重。无可解心病，求医枉费工。
> 君你在番邦，梦了找无人。日夜守空房，想得眼眶红。
> 君去四五年，娘病成相思。吃药几十味，患病无药医。
> 君你在海外，姜氨枉穗山。无可相依倚，挂记我心肝。
> 冬天北风寒，棉絮入被单。空房苦无伴，日夜受孤单。

————————

① 中国民间文学集成全国编辑委员会，《中国歌谣集成·福建卷》，中国 ISBN 中心 2007
年版，第 471 页。

② 中国人民政治协商会议福建漳浦县委员会文史资料研究委员会编：《漳浦文史资料》
（第 10 辑），1983 年铅印本，第 35 页。

君去五年满，何时回唐山，洞房花烛夜，欢喜千万般。①

对于番客妇而言，她们时刻盼望丈夫从海外归来，和家人团聚，尤其清明、中秋等传统节日，此种思恋之情更深，"清明过去谷雨边，想念我君眼泪流；咱家田园都抛荒，问君番邦几时返？与君相隔千万里，难得服侍你身边；天上明月伴孤星，咱夫妻何时能团圆"②。思恋之情可见一斑。

除忍受寂寞的痛苦外，闽南女子须承担照顾子女、赡养老人等家庭重任。生活颇为艰辛："番客婶，偷偷号，雨落檐头流。番邦无书信，没米也没柴。没米吃薯皮，没柴靠肩头。上山挑柴块，上街卖柴草。走偏街，串狭巷，不愿眼泪流。嘴干舌又涩，饮水且润喉。忽听雁阵过，百鸟尽归巢。想起伊人在番邦，搅我心头乱糟糟。欲要他回来，这身才暂留。一日过一日，又要到年关。"③番客初到南洋，往往难以汇款回家，其家庭会陷入无柴无米的境地，番客妇为维持家庭生计，只好砍柴出售，辛苦之余，仍思念远在海外的丈夫。

男耕女织是中国传统社会分工的主要方式，但在闽南，由于男子大量下南洋，耕作事务亦由女子承当，成为乡间别样风情。"在闽南妇女中，有一种特别的装束，叫做粗腿装，这种装束的女人，永远是黑衫黑裤，草鞋竹笠，腰间系一条黑色的短围裙，头上包块黑纱，从不搽脂抹粉，也从不穿花花绿绿的衣服，不过为着吉利，鬓边却要插枝红花，粗腿装的女人都是参加生产的劳动妇女，他们上山砍柴，下田耕耘，挑担、抬轿、车水，插秧，哪一样也不输男子，因为劳动的关系，常常晒着日光，这些女人的皮肤也呈现着健康的黑色，比起来那

---

　　① 中国民间文学集成全国编辑委员会：《中国歌谣集成·福建卷》，中国 ISBN 中心 2007 年版，第 453 页。

　　② 中国民间文学集成全国编辑委员会：《中国歌谣集成·福建卷》，中国 ISBN 中心 2007 年版，第 484 页。

　　③ 中国民间文学集成全国编辑委员会：《中国歌谣集成·福建卷》，中国 ISBN 中心 2007 年版，第 472 页。

些穿红戴绿，搽胭抹粉的妇人来，是饶有风味的。"① 其丈夫即使从南洋归来，由于经商的缘故，也往往不再耕种，让妻女继续劳动。

尽管番客好为家庭牺牲颇巨，仍有可能被旅居南洋的丈夫抛弃。永春流传民谣《离妻离子去番邦》：

> 离妻离子去番邦，讨攒钱银养亲人；辛苦勤俭当杂工，一年寄钱好几回。
>
> 一旦勾上番婆弄，心邪杂工变账房；账房一当钱多赚，家书钱银就中断。
>
> 番婆标致钱银多，变心不认唐山人；妻儿悲啼没用处，日夜怨恨薄情郎。②

闽南男子通过与南洋当地女子结婚，改善社会地位、经济状况，断绝与家乡联系，原妻只能哭泣埋怨。故在闽南谚语中，多有规劝丈夫莫要娶番婆："手提信纸十二刀，寄去南洋新加坡。接到书信赶紧返，不可南洋娶番婆。"③ 在另外一首民谚《五送君》亦有类似的含义："五送我君上电船，叮咛我君惜本分。番婆侥幸心要稳，唐山结发才根本。"④ 尽管如此，仍有较多闽南女子被海外丈夫遗弃。对夫家经济的依赖，加上闽南强烈的贞洁观念，番客妇一旦离异，"生活顿成问题，固然可以再嫁，但总会受人轻视"，因此她们将此视为"无上的耻辱"，不少被抛弃的番客婆宁可继续留在丈夫家服侍公婆，也不愿回居外家。"在闽南乡下，我们到处可以到看到已经和丈夫断绝关系的妇

---

① 谢怀丹：《闽南的番客娘》，《闽侨月刊》1939 年第 6 期。

② 中国民间文学集成全国编辑委员会：《中国歌谣集成·福建卷》，中国 ISBN 中心 2007 年版，第 472—473 页。

③ 福建省民间文艺家协会、《故事林》杂志社编：《海上丝绸之路的民间故事》，海峡文艺出版社 2016 年版，第 359 页。

④ 福建省民间文艺家协会、《故事林》杂志社编：《海上丝绸之路的民间故事》，海峡文艺出版社 2016 年版，第 361 页。

女，仍然留在夫家和公婆同居。"①

　　番客在南洋娶番女后，会将其带回家乡，认祖归宗。此类妇女被称为番婆。民国时期闽南"经常可以看到一些黑皮肤，穿花裙的番婆，那都是从南洋带回来的异族夫人"。可见闽南番婆数量之多。番婆来到闽南后，亦须忍受与丈夫分离的痛苦。如漳浦官浔镇康庄村横口社，"有一个与众不同的老妪，脸孔黧黑，那高额头、扁平鼻、长下巴的长相，是马来人种的特征；然而她的装束完全像一个唐山村妇，脑后杓留着'牛屎龟'发髻，穿着向右掩的'歪襟'上衣和宽筒长裤。她就是我来自异国的嫂嫂，说一口闽南话，却夹杂很重的番腔"②。该番妇本名Dalinno，其丈夫王禹甸1929年在菲律宾曼达远岛娶其为妻，生有一子，1932年6月将其带回家乡。Dalinno初到闽南时，还保留较多菲律宾习俗，如不习惯抱孩子，而是用一条叫做罗缘的裹身长布，将孩子挂在肩上，劳动时，将罗缘挂在树间当摇篮，后在闽南生活日久，她也将罗缘放在箱底，不再使用。

　　1932年9月，王禹甸再次出洋，长达十六年未返，Dalinno"完全遵循中国传统的女德，孝顺公婆，善教子孙，尤其自年青至老'守活寡'的风范，比历史上竖"节孝"碑坊的烈女还要坚贞"③。其名字亦改成陈粼。1948年，王禹甸回到家乡，又带回一个番婆（译音文敏醒）和五个子女。为了结清海外账目，他第三次出洋，恰逢中华人民共和国成立，中菲两国未能建交，交通断绝，王禹甸数十年未能返乡，只留下两个番婆和六个子女在家乡，陈粼适应闽南风俗，得以长寿，文敏醒未能适应，言语不通，倍感凄凉，终于在无限哀思中病逝。从漳浦王家的例子可以看出，番婆在闽南较为普遍，她们多随丈夫返回家乡，家庭地位与华族子女并无差别，但文化上有适应的过程，方能

---

　　① 谢怀丹：《闽南的番客娘》，《闽侨月刊》1939年第6期。
　　② 王宝珠：《一个终生在唐山"守活寡"的番婆》，中国人民政治协商会议福建省漳浦县委员会文史资料研究委员会：《漳浦文史资料》（第10辑），第100—101页。
　　③ 王宝珠：《一个终生在唐山"守活寡"的番婆》，中国人民政治协商会议福建省漳浦县委员会文史资料研究委员会：《漳浦文史资料》（第10辑），第102页。

逐渐融入闽南本土社会，避免精神上的痛苦。

番客长期旅居海外，不易生子，但侨眷"习惯喜多多孙，因此有不少人将用金钱购买穷人家的儿子来为自己的子孙"①。下南洋之风兴起，还使闽南童养媳成为较为普遍的社会现象，较之其他地方，闽南"不但是贫穷的人家把女儿送给人家做童养媳，就是平常的人家也不愿意养活女儿"。对此，谢怀丹在《闽南的番客娘》一文中加以分析："因为男子到外面去了，而且五年八载地不回家，这就影响到生育，许多'番客娘'常常结婚了十多年，还没有生过孩子。丈夫既不在家，膝下又无儿女，自会感到寂寞，便会想抱了孩子来解闷，同时，不孝有三，无后为大，为着接宗传代，也为着养儿防老，到了三十来岁，还没有儿女，就打算着买孩子了，男孩子比较贵，女孩子要便宜得多，甚至不要钱，买不起男孩子的人家，就先抱个女孩子来养，买了男孩子的，更要买个女孩子来配成一对，于是许多可怜的女孩子一出娘胎，便要遭受不幸的命运，离开亲生父母，到别人家里去做童养媳了。"②除上述因素外，收养童养媳，还能使公婆家节省下大量的婚聘金，增加家中的劳动力，且便于约束管教，但容易产生老妻少夫现象，导致夫妻感情隔阂，往往造成许多遗弃、重婚、私奔等现象的发生。

更为奇特的是，闽南还存在"公鸡娶妇"的特殊风俗。青年男子下南洋之后，受到各种因素制约，往往错过与未婚妻结婚的良辰吉日。无奈之下，男方家庭征得未婚妻家长同意后，会用一只大公鸡代替新郎，举行婚礼，"这只代替新郎的大公鸡，七日内是放在新婚洞房的床底下。七日过后移到屋外鸡坩中，特别加以照顾饲养，待其'寿终正寝'之后，埋于野外"③。此风俗在晋江等地颇为流行，以变通的方式，确保新家庭成立，维系侨乡社会的运转。

---

① 《晋江专区关于华侨问题的调查材料》，1951年，福建省档案馆藏档案：0148-007-0010-0001。

② 谢怀丹：《闽南的番客娘》，《闽侨月刊》1939年第6期。

③ 刘浩然：《略谈几种晋江侨乡民俗》，《福建侨乡民俗——福建侨乡民俗学术研讨会论文集》，1993年，第39页。

五　闽南华侨与侨乡社会变迁

海上丝绸之路的发展，使华侨得以开风气之先，成为推动时代变革的重要力量。早在清末，闽南华侨大力支持孙中山领导的辛亥革命，捐钱捐物，甚至参加同盟会。如厦门籍华侨陈新政，早年到槟榔屿经营帆船业，后逐渐发家，孙中山到南洋时，陈新政与黄金庆（亦为厦门籍）等数十人加入同盟会，大力支持革命事业，"镇南关、河口诸役，新政都接济军需，辛亥广州起事，筹款更多；武昌克复后回国，电复南洋募款数十万元"①。孙中山发动的十次武装起义中，有八次以南洋为基地，陈新政均积极参与其中，除捐款外，他还出谋划策、掩护避难志士，配合开展革命活动，正因如此，陈新政被视为南洋华侨的领袖。

除致力于革命事业外，闽南华侨还积极参与家乡建设。安海籍华侨陈清机倡修闽南第一条公路——泉安公路，建设资金亦主要来自华侨集股，他以闽南汽车联合公司名义向政府注册，"可见开办时就不仅以泉安一线为满足，资金将由数十万而数百万，可继续由华侨招募，结果顺序扩展路线至百余公里"②。根据统计，民国闽南公路总投资达到 400 万元，其中"泉属汽车路的资本，华侨拥有十分之七；漳属汽车路的资本，华侨拥有十分之五。按汽车路里程计，十分之七的汽车路在泉属，十分之三汽车路在漳属，由此可见总投资 400 万元之中，华侨的资本实占了大部分"③。除闽南汽车联合公司外，闽南华侨还设立漳嵩、漳龙、龙诏和漳浮等汽车公司，投资兴建公路，如旅菲华侨李文炳倡办泉团路，华侨吴记霍办泉秀路，泉溪石永蚶等路亦多由该地华侨先后倡办，构建公路网，其修筑时间早于福建其他地区。民国

①　张荫椿编著，徐君梅等编辑：《福建省的海外侨胞》，福建省政府教育厅编辑委员会，1943 年，第 9 页。

②　无著者：《南洋华侨与闽省交通事业》，《闽侨月刊》1937 年第 1 期。

③　李文海主编，夏明方、黄兴涛副主编：《民国时期社会调查丛编二编：华侨卷》，福建教育出版社 2014 年版，第 763 页。

时福建仅有的一条短短的漳厦铁路就是由华侨创办的。漳厦铁路着眼于开发龙岩的煤与漳州的水果。它是由嵩屿（厦门对面）起至漳州止，计长 90 华里。开办时计有资本国币 2426551 元，后来递增至国币 3300414.32 元，资本总额中三分之二是华侨投资，特别是荷属东印度群岛的闽籍侨民。

华侨在投资修路过程中，对教育亦极为重视，视为开民智之举，创办诸多新式学校，甚至将投资公路的股本充作学校的基金，使交通和教育同时发展。华侨创办学校，"基本目的是训练经商，这种隐约重商主义的新趋势，多少与迁民在南洋获得的经验有关"①。通过培养学生的经商才能，使他们能够在海外谋生，开拓商机。商科亦成为侨校的显著特色，如陈嘉庚创办集美学校，即以商科著称。1921 年，他又创办厦门大学，下设师范学部与商学部，其中商学部以"研究高深商业学术，培植专门人才，以发展国内及南洋群岛之商务"为办学宗旨。②所用教材均为欧美的原版教材，使学子能够汲取新知，了解西方的经济思想。

华侨兴办新式学校，推动商科教育，对侨乡教育产生深刻影响："第一就是校数员生在数量都大增加。第二学校都兼收男女生，两性在求学上有平等的机会。第三就是国语的推广。"③华侨投资使侨乡获得更多的教育资源，办学环境显著改善，更多的学生获得受教育的机会，从而破除传统观念束缚，迎接社会变革之潮流。根据统计，民国时期，闽南相当部分学校是华侨创办的，如厦门小学校立案的共有 39 间，其中 17 间与闽侨发生关系，大部分是靠华侨的经济资助。立案的 11 间中等学校中，有 5 间与华侨直接发生关系。④

---

① 李文海主编，夏明方、黄兴涛副主编：《民国时期社会调查丛编二编：华侨卷》，福建教育出版社 2014 年版，第 762 页。

② 厦门大学：《商科概况》，厦门大学 1929 年特刊，第 1 页。

③ 李文海主编，夏明方、黄兴涛副主编：《民国时期社会调查丛编二编：华侨卷》，福建教育出版社 2014 年版，第 762 页。

④ 李文海主编，夏明方、黄兴涛副主编：《民国时期社会调查丛编二编：华侨卷》，福建教育出版社 2014 年版，第 762 页。

华侨还在闽南资助多项慈善事业。清代，闽南"溺女风盛，野井山沟，婴尸填满，目击心伤，惨绝人寰"。道光二十四年（1844），士绅倪人俊创安海育婴堂，"邀集同志六七人，各先自出资试办，半年收婴近百计，绵力无以扛鼎"。倪人俊遂到新加坡、泗水、菲律宾等地"普劝捐资充乳养费"，华侨踊跃捐款，使该堂得以维系。至1949年，该堂共收养婴儿21504人。① 除育婴堂外，华侨还捐资修建施药局、救济院等慈善机构，在修桥筑路、赈灾济荒等方面贡献颇巨，为维系侨乡社会的稳定做出巨大贡献。光绪年间，永春灾荒，"州绅林捷元与各乡殷户及五里街当商倡议，捐资购外洋米至邑平粜，侨寓南洋居民赞成之，自是迄今以为常。永春自数十年来，无仓储而不患饿馑者，平粜局之力也"②。南洋华侨在平粜局创办和运营过程中，发挥主导作用，使其成为永春重要的济荒机构。

　　诸项公益事业中，华侨对教育颇为关注，此在其资金流向中有较为鲜明的反映。1949—1959年，晋江县华侨所举办的公益事业总金额合计7011850元，具体金额为："办中小学及学校经费3500000元、卫生文化事业684000、工农业建设1512000、修桥造路344500、其他社会公益事业961.350元。"其他社会福利包括食堂、托儿所、幼儿园及其他等。③

---

　　① 此为晋江市育婴院提供的数据，该院为安海育婴堂延续，仍保存大量近代收养婴儿的原始文献。

　　② 郑翘松：《永春县志》卷九《户口志》，中华书局1930年版，第8页。

　　③ 《10年来华侨举办公益事业统计表》，1959年9月，福建省档案馆馆藏档案：0149 - 001 - 0040 - 0012。

第六章 海上丝绸之路与近世以来
福建慈善事业

第一节 晚清闽南慈善家群体的兴起
——以林瑞岗为分析中心

近代以陈嘉庚为代表的闽南慈善家群体，在全国颇有影响，对此学术界论述颇多，但对晚清闽籍华侨群体如何兴起，较少涉及，本节利用碑刻、族谱、文集、近代报刊等各种史料，结合时代背景，以跨区域视角，对具有承前启后重要地位的晚清闽南著名慈善家林瑞岗的生平加以考察，指出其是通过效仿江南模式，在闽南创办综合性善堂，并通过海上丝绸的商业网络，动员侨商群体，改变传统时代闽南慈善机构官绅合办模式，开当地风气之先，其慈善事业具有鲜明的近代化特点。

晚清是中国慈善事业由传统向近代转型的关键时期，在中外学者共同倡导下，晚清慈善史已取得诸多重要成果。[①] 学者或对慈善机构、

---

① 此方面代表性成果有：李文海《晚清义赈的兴起与发展》，《清史研究》1993 年第 3 期；彭南生《晚清无业游民与政府救助行为》，《史学月刊》2000 年第 4 期；朱英《经元善与晚清慈善公益事业的发展》，《华中师范大学学报》2001 年第 1 期；［日］夫马进《中国善会善堂史研究》，商务印书馆 2005 年版；朱浒《地方性流动及其超越——晚清义赈与近代中国的新陈代谢》，中国人民大学出版社 2006 年版；周秋光主编《中国近代慈善事业研究》，天津古籍出版社 2011 年版；王卫平《中国传统慈善事业的近代转型及其启示》，《史学月刊》2013 年第 1 期；阮清华《试论近代上海民间慈善事业的网络化发展》，《华东师范大学学报》2014 年第 1 期。

慈善团体加以深入分析，探讨其运作模式；或对晚清慈善事业进行全景式勾勒，剖析所蕴含的近代化因素。慈善人物研究是慈善史研究的重要领域，目前研究侧重于政治人物、士绅的慈善行为，如郑观应、张謇、余治等，主要分析他们的慈善思想及慈善行为，对商人慈善家分析较少，多聚焦于著名绅商经元善。商人参与慈善，是近代社会发展的重要特征，加强此方面研究，有助于深化对近代商人群体崛起的认识。从区域来看，目前慈善史研究侧重于江南、直隶、湖广等地区，对闽南区域则较少涉及。闽南尤其是晋江慈善事业极为兴盛，在国内有巨大影响力，涌现出以陈嘉庚等为代表的侨商慈善家、以许连捷等为代表的实业慈善家。分析闽南慈善事业的兴起，厘清其发展脉络，对当今慈善事业发展颇有启示。因此笔者拟通过收集报刊、方志、族谱、碑刻等文献资料，结合田野调查，对晚清闽南商人慈善家的代表——林瑞岗加以分析，进而探讨晚清闽南慈善事业发展与社会变迁之间的关系。

一　林瑞岗生平事迹考略

林瑞岗（1830—1884）为晋江安海人。安海又名安平，"泉南一大都会也，上接郡垣，下达漳、粤，西拒九溪、黄岗之险，南通金厦台澎之舶"[1]。宋代安海对外贸易兴盛，"南望海门十里许，通天下商船，贾胡与居民互市"。为此，泉州市舶司在安海港口设立津卡，坐收舶税，称"石井津"。建炎四年（1130），设立石井镇，朱松（朱熹之父）任首任镇官，元代设立安海巡检司。明代改设安平镇，"去府治五十里，阻山襟海，屹为东南巨镇。阛比阓联，万有余家"[2]。至明代中期，安海"番船连翻径至，地近装卸货物皆有所倚也"[3]。成为对外贸

---

①　《重修安平志》，《中国地方志集成·乡镇志专辑》（第26辑），上海书店1992年版，第612页。

②　（明）吴德宪：《增建安平城二敌楼记》，载安海乡土史料编辑委员会《安平志校注本》，中国文联出版社2000年版，第49页。

③　（清）周学曾等修纂：《明世宗实录》卷四，台北"中央研究院"历史语言研究所1962年校订本，第131页。

易的重要枢纽。郑成功父子以安海为根据地，开展海外贸易。由此可见，安海是典型的商业型城镇，其兴衰与海外贸易休戚相关。

林瑞岗，讳名莅官，其家族为当地望族，但至其父亲时已趋没落。据《莅官公生平形实功名》记载："公六岁失怙，从父谋生于厦门，少时颇窘。"① 其兄林瑞佑（1823—1890 年）《助官公生平行实纪录》亦如是记载："当夫少壮时，家贫亲老，子若弟犹在稚龄，菽水之供，一身任之，虽经营况瘁，百凡艰辛，亦必期有以养亲顺亲焉。父通巨姓之债，几为所窘，公不忍父之忧困，遂割爱而卖子以偿。中年遭纯玉公病，奉侍汤药，必致其诚，及卒，殡殓葬祭，亦尽其礼。噫！公之孝于亲如此，其即子路为亲负米，董永卖身葬父之意也乎。故天之报施不爽。"② 从这两份行实纪录可以看出，林氏兄弟父亲纯玉公是在厦门谋生的商人，但生意欠佳，故林瑞岗"少时颇窘"，其兄长林瑞佑历尽艰辛，维持家庭生计，但在父亲无力偿还地方豪族债务，饱受欺凌的情况下，只好卖子偿还。

林瑞岗二十岁时，其父亲过世。其兄"往厦十余年，始而受佣于人，继而经营生意，行囊稍充，家计暂立，诸子成长，阁奎辈精会记"。林瑞岗遂和侄子"经商吕宋、上海等处，积赀十余万缗"。值得注意的是，林氏家庭成员均赴厦门谋生，主要是由于清代厦门已成为闽南的区域中心，"大小帆樯之集凑、远近贸易之部会也"③。厦门商民"以贩海为利薮，视汪洋巨浸如衽席。北至宁波、上海、天津、锦州，南至粤东，对渡台湾，一岁往来数次；外至吕宋、苏禄、实力、噶喇巴，冬去夏回，一年一次"④。伴随海外贸易的兴盛，厦门"市井

① 《陈江林氏族谱》，"行实"手抄本，时间不详，据内容约在 20 世纪 50 年代初，第 71 页。

② 《陈江林氏族谱》，"行实"手抄本，时间不详，据内容约在 20 世纪 50 年代初，第 68 页。

③ 孙云鸿：《嘉禾海道说》，载（道光）《厦门志》卷二《分域略》，清道光十九年玉屏书院刻本，第 16—17 页。

④ （道光）《厦门志》卷十五《风俗志》，第 5 页。

繁华、乡村绣错，不减通都大邑之风"①。安海是泉州赴厦门的孔道，加之"无田地，民不习耕种，惟业儒商"②，林氏父子赴厦门经商谋生为势所必然。

得益于林瑞岗的经营才能，林氏兄弟"遂得创业垂统，营华屋造丕基，而家道大丰足矣"③。事业南及吕宋、北达上海。《纯玉林公继配诰赠淑人懿俭张太淑人合葬墓志铭》④记载："嗣瑞岗、瑞佑昆仲均习计然，而瑞岗尤善经营谟操，奇赢多得，当远涉中外，往返瀛海于吴淞巨镇，魁然成巨贾。"⑤ 吴淞巨镇指上海，正是林瑞岗经商的主要场所。他"住上海几二十年"，至四十岁方离开，依此判断，林瑞岗旅沪时间约为19世纪五六十年代，此时正是上海发展迅猛时期。开埠初期，上海福建人数量颇多，是主要的外来族群，"阛阓居奇百货盈，遐方商旅满江城。洋行街上持筹者，多学泉漳鸠舌声"⑥。闽南商帮颇为活跃。1853年，上海小刀会起义爆发，参与者主要是闽南人，导致福建人受到官府打压。林瑞岗旅沪期间，正是福建商人在上海势力消长的关键时期。

现存史料对林瑞岗所从事的贸易并无较多记载。据其后人所言，他主要经营米业，这恰是明清闽南最重要的营生。清代闽南人多地狭，粮食难以自给。清代后期是福建历史上缺粮最严重的时期，这一情况在民初也没有什么好转。⑦ 只能仰通过两条主要路径从外埠输入粮食。其一从吕宋等国的洋米。吕宋等地气候温暖，适合水稻种植，成为粮食的重要产区，其"稻米一石值银三、四钱"⑧。因此许多闽南商人赴吕宋采购粮食，时任福建巡抚徐宗干亦"嗣闻泉、漳近海之地，向有

---

① （道光）《厦门志》卷十五《风俗志》，第2页。
② 安平乡土史料编辑委员会：《安平志校注本》，中国文联出版社2000年版，第106页。
③ 《陈江林氏族谱》，"行实"，第68页。
④ 纯玉公为林瑞岗兄弟之父。
⑤ 《陈江林氏族谱》，"志铭"，第43页。
⑥ 高红霞：《近代上海福建人的群体结构与特点》，《上海师范大学学报》2008年第4期。
⑦ 林庆元主编：《福建近代经济史》，福建人民出版社2001年版，第194页。
⑧ （清）凌扬藻：《蠡勺编》卷二六《粤海米舶》，清同治二年刻本，第15页。

吕宋等国贩运番米"①。第二江南运来粮食。清代湖广、山东等地成为国内重要的粮食产区，上海地处长江入海口，是连接南北洋重要枢纽，成为国内粮食贸易的重要的转运口岸。漳浦人蔡世远指出："福建之米，原不足以供福建之食。虽丰年多取资于江浙，亦犹江浙之米，原不足以供江浙之食，虽丰年必仰给于湖广。数十年来，大都湖广之米，辏集于苏郡之枫桥。而枫桥之米，间由上海乍浦以往福建，故岁虽频祲，而米价不腾。"② 林瑞岗通过厦门与吕宋、上海间粮食贸易，积累巨额财富，成为富豪。

旅沪期间，林瑞岗与经元善等江南士绅关系密切，③ 成为果育堂董事。果育堂"其始义塾也，蹴民居为之，继乃扩为堂，施衣施棺施米诸善事惟办"④。该堂经始于咸丰九年（1859），与同仁辅元堂并列为上海的两大善堂，早期董事主要是热心慈善的旅沪商人，如唐廷枢、徐润、经元善、郑观应、李玉书等，他们通过果育堂，构建特殊的人际网络，得到冯桂芬等人士支持，与官府来往密切。林瑞岗参与果育堂，反映其在上海商界具有相当名望。

经元善、唐廷枢、郑观应等人以后成为近代著名洋务企业家。林

---

① 徐宗干：《斯未信斋文编·上刘玉坡制军书》，孔昭明编：《台湾文献史料丛刊》（第152 册），台北大通书局 1984 年版，第 90 页。

② 蔡世远：《与浙江黄抚军请开米禁书》，魏源：《魏源全集》第 15 册，岳麓书社 2004年版，第 425 页。

③ 光绪四年（1878），经元善母亲杨氏过世，其《祭文》落款处为："侍生钱宝传、张斯臧、褚维垲、褚维培，愚侄张福谦、林瑞岗、郑官应、张灿、葛绳孝、王震元、徐树兰、徐树蔉、朱其莼、沈嵩龄、朱征镕、张书承、汤桂彰、范广埔、周绍贤、王邦宪、胡培基、陆煜、干云、瞿炳莹、江振声、李宗功、郁熙绳、张荃、沈善经顿首拜。"参见《杨太夫人祭文》，朱浒主编：《近代思想家文库·经元善集》，中国人民大学出版社 2014 年版，第61 页。

④ 《上海果育堂记》，载冯桂芬《显志堂稿》卷三，《近代中国史料丛刊续编》第 79辑，台北文海出版社 1981 年版，第 361—362 页。注：夫马进教授依据《果育堂征信录》（光绪八年）中《历办果育堂缘起（同治十年）》，认为上海果育堂的缘起可以上溯到道光二十八年（1848）设立的生生局，但当时的活动仅仅限于两三个志同道合者刊布善书和施舍粮米和衣服。果育堂发展成为同仁辅元堂并驾齐驱的大善堂还是从小刀会的动乱之后开始的。时为咸丰七年（1657）或咸丰八年（1858），参见［日］夫马进《中国善会善堂史研究》，伍跃、杨文信、张学锋译，商务印书馆 2005 年版，第 573 页。

瑞岗人生轨迹却不尽相同。他"至四十岁挈眷回乡，倡修小宗，在陈江营治塍莹，建立生业，增修屋宇，遂不复远游焉"。其离沪时间应为1870年左右，正是闽商在上海势力消退，传统行业优势丧失的关键时期。林瑞岗虽然离开上海，仍与果育堂同仁保持密切联系。他参与该堂组织的"华北义赈"，获得清政府嘉奖。后又多次捐款赈灾，与其兄林瑞佑在家乡兴办善堂、资助慈善机构、修桥造路、购置族田，扶危济困，善名远播，成为晚清闽南著名慈善家。

林瑞岗出身贫寒，青年闯荡商海，通过厦门的贸易网络，赴吕宋、上海等地经商，旅沪近二十年，积累巨额财富，成为果育堂董事，具有相当的社会影响。中年之后，林瑞岗返回家乡，专注慈善。其事业发展轨迹与闽南商业发展态势较为吻合，反映了个体商人与地域商帮沉浮之间的密切关系。

二 林瑞岗的主要善举

林瑞岗一生行善颇多，他"远服贾，常别蓄所余铢积，以待义举，故见义必为倾囊倒箧，毫无吝色，而尤恒恐不及，其轻财尚义重诺好施与之概，大率如此"①。其涉及领域之多、地域之广、投入之深，堪称晚清闽南慈善家的典范。

林瑞岗行善的重要契机，是参与晚清义赈。所谓"义赈"，是指与官方主持的灾赈——"官赈"相区别的、由民间自行组织劝赈、自行募集经费，并自行向灾民直接散发救灾物资的新型民间赈灾机制。它具有近代意义。②

晚清义赈的兴起，主要是江南商绅为应对"丁戊奇荒"发起，朱浒研究发现："代理义赈领导机构的江南善会善堂，主要是分别位于上海、苏州、扬州和杭州的四家善会善堂。其中，最早且最清楚地显示出这种代理作用的善会善堂，当数上海的果育堂。"③ 林瑞岗

---

① 《陈江林氏族谱》，"志铭"，第42页。

② 王卫平：《光绪二年苏北赈灾与江南士绅——兼论近代义赈的开始》，《历史档案》2006年第1期。

③ 朱浒：《跨地方的地方性实践——江南善会善堂向华北的移植》，《中国社会历史评论》（第6卷），天津古籍出版社2005年版，第33页。

作为果育堂董事，积极参与华北义赈。光绪四年（1878）"从果育堂助赈，晋豫两省捐银四千两"。林瑞岗还通过助赈公所，会同其他善士，向江南士绅筹募经费。根据《上海经募直豫秦晋赈捐征信录》记载：在助赈公所中，"林瑞岗、葛绳孝、沈善经、郑官应、顾寿松、周昌龄、王承基、徐润、褚成宪、方德骥、屠成杰、张斯臧、李麒策、钱征、曹思绅、王尧阶、经元善等经募"①，共向胡雪岩等人募集规银86814两；林瑞岗在18名经募人中，排名首位，凸显其在华北义赈的地位。与此同时，林瑞岗还响应官府号召，积极参与官赈。光绪三年（1877），应同乡刑部主事黄贻楫"劝赈京畿"，林瑞岗"即捐银一千两，会事毕，转充资善堂工程经费"。后黄贻楫再次"劝赈豫省"，林又捐银一千两。由于在丁戊奇荒赈灾表现突出。光绪三年（1877），林瑞岗助赈京畿"准旌表，交部议奏请旨，给与乐尚好善字样，准其建坊"。后河东河道总督李鹤年、河南巡抚涂宗瀛为其"奏请赏戴花翎"②。林瑞岗由此实现由传统商人到近代士绅的转变，成为闻名全国的慈善家。

创办明善堂是林瑞岗重要善举。林瑞岗从上海返回家乡后，得知乡邻宣讲善书，高兴地表示支持："善哉，德不孤，必有邻也。"他认为自己"行善闻于朝，屡膺优奖"，而况"事有同心，不更乐相与有成，而为之建立宏规耶"。于是偕其兄林瑞佑捐白金5800元，作为倡导，分寄典商出息。后又与陈梦元、王国治、佘纯士③等地方士绅"酌议章程，禀请列宪，出示晓谕"，使善堂获得官府支持。光绪九年（1883），明善堂动工兴建，次年完工。"由是阛镇贫乏之家，孤寡有月资，疾病有医药，死亡有棺沟，行李困乏有口 助急扶危。"④ 从"阛

---

① （清）屠继善、魏学韩辑，朱浒点校：《上海经募直豫秦晋赈捐征信录》，《中国荒政书集成》（第8册），天津古籍出版社2010年版，第5290页。

② 《陈江林氏族谱》，"行实"，第71页。

③ 此三人均为晋江有影响的士绅，陈梦元曾撰写《晋江锦亭陈氏族谱》，佘纯士为监生。

④ 《明善堂碑记》，许著华：《安海碑拓录》，香港风雅图书出版有限公司2011年版，第224页。

镇"一词可见明善堂主要是在安海镇施善，其救济对象是救济孤寡、义诊施棺、帮助行旅，范围颇广，属于综合性善堂。夫马进教授根据上海果育堂的征信录，指出其"从事的接济寡妇和老人的生活费、发放医药棉衣、救助水难者和打捞水中尸体、经营义冢以及道路桥梁的建设修理等项主要事业"①。安海明善堂与果育堂的业务基本相同，可视为上海模式的移植，时任翰林院庶吉士林梁材②对明善堂创办给予极高评价："遂以开一郡未有之善举，是其嘉惠一方，裨益于人心世道者，岂浅鲜哉？"③ 指出在泉州府创办明善堂是一大创新，推动了地方助善风气。

明清时期，闽南地区盛行溺婴习俗。据《问俗录》记载，陈盛韶在诏安县任职27个月内，"乳女千二百余"④。1843年创立的泉州安海育婴堂，至1949年的105年间，共收养弃婴21504人。⑤ 可见当时溺婴已成为严重的社会问题，亟需育婴事业拯救无辜婴儿。林瑞岗虽未直接参与安海育婴堂运营。⑥ 但对邻近地区育婴事业颇为热心。光绪二年（1876）他为陈江乡倡建育婴堂，捐银1500元。光绪八年（1882），他又为惠安、崇武乡倡建育婴堂，捐银600元，推动闽南育婴体系的建立。

安海地处交通孔道，桥梁较多，以五里桥最为著名。该桥兴建于宋代，"上通泉郡，下抵厦漳，诚行程之不断，而捷径之可通者也"。光绪年间，该桥"风雨潮浪冲激，而势复就圮"⑦。林瑞岗兄弟与南安

----

① ［日］夫马进：《中国善会善堂史研究》，伍跃、杨文信、张学锋译，商务印书馆2005年版，第573—574页。

② 注："林梁材，字悦护，晋江人，同治四年（1865）乙五科进士，任翰林院庶吉士"，在《安海明善堂记》中，其称林瑞岗为族侄。

③《安海明善堂记》，许著华：《安海碑拓录》，香港风雅图书出版有限公司2011年版，第225页。

④（清）陈盛韶：《问俗录》，书目文献出版社1983年版，第83页。

⑤ 此数字为中华人民共和国成立后安海育婴院据历史收养记录统计。

⑥ 明善堂与安海育婴堂毗连，林瑞岗未向育婴堂捐资，主要是由于该堂由倪氏家族管理，资金较为充裕。

⑦《重修安平桥记》，许著华：《安海碑拓录》，香港风雅图书出版有限公司2011年版，第49页。

蔡启昌父子①共同向晋江、南安的善士募捐，并分别捐银 200 元以为倡导，共筹募银 1630 元，修复该桥。东桥是安海连接东石的主要桥梁，与安平桥均为宋代泉州太守赵令衿主持修建，至光绪年间，东桥"倾折已多，将有断绝之忧，不胜罅隙之处，凡车马之驱驰，商贾之过从，甚为不便"。光绪三年（1877），林瑞岗兄弟"悯行人之艰，襄整顿之举"，捐款 1500 两白银，邀请明善堂各位董事，监督修复东桥，于是"往来是桥者，咸喜履道坦坦矣"②。

除上述善举外，林瑞岗还出资修复龙山寺、捐建金门石桥，救济贫困族众，修复皇恩东桥及东村桥舆，曾埭上林古陵等，"恤孤怜寡等事，不可枚数，其汲汲于义举若是。"③ 参与华北义赈、协助官府应对丁戊奇荒，使林瑞岗成为全国知名慈善家。而效仿江南善会善堂，创办安海明善堂，倡导修复安平桥与东桥，资助育婴机构，使林瑞岗成为晚清闽南慈善事业的代表性人物。

三　林瑞岗行善的时代性

晚清是传统时代向近代转型的关键时期。林瑞岗作为传统海商集团——安平商人的代表，在中国近代化中心的上海经商长达二十年，与江南慈善家群体交游密切，深受他们的影响，故其慈善事业体现传统与近代融合的特点，颇具时代性。

（一）赈灾范围跨地域化

近代之前，闽南地区虽不乏急公好义之士，但其行善多仅局限于乡梓，具有较强的地域性。康熙年间，晋江士绅施韬"乐善好义，赈灾荒十余次。戊寅同安水灾，捐金五百，买澳田分济被溺诸家。戊戌泉郡大水，煮粥泛舟分给，以迄水退，设育婴堂，以收弃女。捐社仓

---

① 蔡启昌、蔡德浅父子为南安官桥镇漳里村人，赴菲律宾马尼拉经商，成为富甲一方的华侨。

② 《重修安平桥记》，许著华：《安海碑拓录》，香港风雅图书出版有限公司 2011 年版，第 59 页。

③ 《陈江林氏族谱》，"行实"，第 71 页。

粟以备不虞，桥梁修造，自省抵漳，大小计百五十有奇，晋之河市、南之小罗溪、同之洪济饮亭诸桥俱费白镪盈千，多立碑以颂之，至于施槽、舍药、排难持危、倾囊倒箧，难以枚举也"①。施韬为施琅侄儿，参与收复台湾战役，官至礼部右侍郎，退仕后热心慈善，从其赈灾范围来看，主要是泉郡，如晋江、南安、同安，皆为其隶属，未跨出地域界限。林瑞岗赈灾则跨越地方空间限制，不仅参与华北义赈、而且参与其他地方赈灾。光绪二年（1876），福州水灾，林瑞岗捐银三千两。光绪七年（1881），澎湖先后遭受旱灾、风灾等，林瑞岗"捐薯丝六万觔"。尤其在华北义赈运动中，林瑞岗虽与江南商绅联合行动，但他此时已经离开上海，定居家乡，却能积极捐款筹赈，凸显其赈灾思想并未受到地方主义束缚。赈灾跨地域性，是救荒机制近代化的重要体现，反映赈灾者具备"怀有忧国忧民的爱国意识，具备了冲破宗法乡土观念的社会意识"②。

（二）慈善机构的自治化

晚期上海善会善堂与中国近代地方自治的诞生密切相关。③安海明善堂为林瑞岗借鉴上海模式所建，较之闽南传统时代的慈善机构，具有较为鲜明的自治性质。近代之前，闽南地区主要的慈善机构为育婴堂、普济堂、养济院，此类善堂多为官府倡建，其经费主要来自官绅捐款、官府拨款、摊捐派捐等方面。在运营上采取由官员委托士绅管理，定期对其业务进行监督。④而明善堂的创立，则完全由林瑞岗主持，其经费主要由林氏兄弟倡捐，只是将章程"禀请列宪，出示晓谕"，官府涉及较少。该堂不仅开展诸多善举，还帮助民众调解纠纷，故旧时安海流传"到明善堂赔补"之谚语。明善堂影响如斯，俨然成

① （清）方鼎修，朱升元纂：《晋江县志》，《乐善·人物志》，台湾成文出版社1976年版，第391页。

② 夏明方：《清季"丁戊奇荒"的赈济及善后问题初探》，《近代史研究》1993年第2期。

③ ［日］夫马进：《中国善会善堂史研究》，伍跃、杨文信、张学锋译，商务印书馆2005年版，第646页。

④ 徐文彬：《清代福建育婴事业试探》，《福建史志》2006年第4期。

为安海地方权力中心。这主要是由于受到太平天国运动的打击，清廷统治力量削弱，难以对基层进行有效控制，民间力量得以弥补官府统治的真空，通过慈善事业维持社会的运转。林瑞岗通过义赈，获得朝廷嘉奖，与官绅往来密切，跻身闽南士绅行列，并通过修建安平桥、龙山寺、资助育婴堂等善举，进一步提升声望，奠定其地方领袖之地位。

（三）筹募资金的网络化

近代之前慈善募捐群体多局限于某个区域，较少突破地域的局限，且各地慈善机构之间互动较少。林瑞岗主持创设明善堂，筹募资金呈现网络化的特征，以此调动更多的社会资源。明善堂捐款者来源广泛，不仅有安海、晋江后洋、东石、永宁等泉郡人士，还包括厦门、漳州、台湾、宁波、上海等异籍人士。甚至有"海外人氏""叻万和、成瑞丰、源发"①。在83位捐款者中，除州同林瑞佑、运同林瑞岗、监生佘纯士三人注明官衔外，其余均未为加衔，应是商民。明善堂的救济范围主要是安海镇，却获得众多异地商人、商号捐助，主要得益于林瑞岗在商界的声望，所以"宁聚星堂""申泰利号""美打洋行"此类与安海并无较深渊源，但与林瑞岗有生意往来的商号，遂回应其倡导。他们捐款均为数十元不等，较之林氏兄弟五千元捐款，相差甚远。因此林瑞岗倡捐主要通过其私人社会网络筹措资源。值得注意的是，华北义赈的捐赠者中，有不少人亦为重修金桥捐款，如神户源泰号、神户王晴波均同时名列《上海经募直豫秦晋赈捐征信录》《重修金桥碑志》②之中。由于林瑞岗是直豫秦晋赈重要经募人和金桥主要捐赠者。源泰号、王晴波极有可能通过林瑞岗的社会网络，参与慈善事业。

（四）施善主体商人化

近代之前，闽南地方慈善通常由地方士绅主持筹办，商人较少参与其中，且作用甚微。因此在闽南方志中"义行"所载人士多为有功

---

① 注：叻，近代闽南民众对新加坡的称呼。
② 《重修金桥碑志》共有捐款者26人，林瑞岗亦在其列。

名的士绅。如安平桥作为地方交通要道，曾多次修葺。仅在清代即在雍正、乾隆（2次）、嘉庆（2次）、道光、咸丰、光绪年间多次大规模修葺，其捐建情况如表6-1。在近代之前，倡修安平桥的主要是地方主政官员，而董其事者为贡生、绅耆、衿士之类人士，商人或商号在捐款者名单虽有少量出现，但居于名流。但在光绪十二年（1886）安平桥大修时，由林瑞岗与蔡启昌共同倡导，蔡启昌亦是在活跃于东南亚商人，而捐款者多是商人、商号。金门桥的修建情况亦类似。26名捐赠者均为商人或商号，其中金门10名、上海7名、神户6名、大阪1名、同郡2名、首倡者薛道南为赴吕宋经商的华侨，捐银达600元。慈善事业主体的变化，主要是由于在传统社会，士绅为当地社会主流，商人地位相对较低，居于从属地位。而到近代，商人地位崛起，逐渐成为社会主流，尤其在鸦片战争之后，清朝为应对财政危机，捐例广开，使许多商人获得捐衔，进入士绅阶层。林瑞岗通过一系列的义举，被清廷授予诸多头衔，甚至其祖父辈均获得荫封。因此在光绪九年（1883）澎湖赈灾中称其为"安海士绅"。

表6-1   **安平桥历年修葺情况**

年份	倡导者 董事者	资料出处
雍正五年 （1727）	郡侯张公无咎、邑侯叶公祖烈，闻之捐俸为倡，委其职于贡生黄振辉、施世榜、黄锷、蔡知远、黄为宪等，使董其事	《重修安平桥记》
乾隆十三年 （1748）	余署分防诸地，莅政之三月，过其处，见倾欹低缺，民嗟病涉者十之三四，慨然悯之。乃请诸上台，许以缮修。捐俸外，即集绅衿耆老劝助，而共襄之，设法分督专任。衿士延为董首，而衿士亦竞相效率，即劳苦不惮烦焉	《重修安平西桥碑记》
乾隆五十八年 （1793）	邑侯徐公捐俸倡修，都人士踊跃奔赴，捐题者不惜厚赀，董事者不惮劳瘁。 董事：施开泰、黄世遥、施国佐、陈必第、颜时汀、赖济、陈廷谦、龚联衿、高汉淑、陈群□。南邑董事：王鸿捷、吕炼观、黄登淑	《重修安平桥记》

续表

年份	倡导者 董事者	资料出处
嘉庆十三年 （1808）	赐进士出生晋江县知县即用直隶州同知今升台湾府知府析津徐汝澜； 余适因公出，小驻于此，偶触于目，先捐俸议修，而邑之绅士，耆老无不踊跃鼓舞，以为修废举坠。劝捐董事：粘克昌、吴条光、黄口□、施继辉；总理董事：黄仕葵、施继源、颜惇飘、黄拱照、□□□、□□□；分理董事：黄凤仪、丁文玺、颜惇礼、陈玮、黄克恭、杨焕璸、蔡应端、周德明、陈士参、林为魁、黄志敏、高道南、田士福、王嘉植、高汉淑、李日新	《重修安平桥记》
嘉庆二十一年 （1816）	赐进士出身授阶朝议大夫福建泉州府知府加五级析津徐汝澜谍 爰复捐俸倡议重修，俾附近绅耆董其事，即以是秋兴工，至次年夏仲告竣 晋江县安海董事：黄仕葵、施继源、黄世琛、颜惇飘、黄元海、施继辉、黄元礼、颜百朋、冯日新； 南安县水头董事：吕观我、吕丹书、吕鼎观、吕胆观	《重修安平桥记》
道光六年 （1826）	举人杨丹桂捐银二元、吕顶官捐银六元、吕胆观捐银六元、远珍号捐银六元	《捐修安平桥记》
光绪十二年 （1886）	幸安海林君瑞佑、（瑞）岗，漳州寮乡蔡君/启昌、德浅，皆素称乐善，见义勇为者。顾而心恻，欲倾囊劝众修茸，而商诸晋、南邑同志者，相与广招善士，募金而董成之。 首倡义举者则林、蔡二君也。设法劝捐者则张种官、吕哲官、吕水官、张莘英、赖河官、王会居也。日日督视策画不倦者则吴希冉也	《重修安平桥记》

（五）乡族情结较为浓厚

傅衣凌先生亦指出："安平商人以收为主"，"与乡族势力关系的密切。"① 林瑞岗作为晚清安平商人的代表，亦具有浓厚的乡族情结。这从其返乡之后作为可见一斑。林氏先祖原先在安海西河境设置"店二座，开张油车"，但传至数代"车废屋坏，无租税出息"，以致"每年祀典，因之不整"。瑞岗归乡后，与其兄"复兴昔日之业"，重修该店，并购置油车，扩大圹庭，并将此店充作公业，所收租钱"以为诸房轮头当先祖忌辰祀事，并扫祭坛墓纳粮诸费"，又修理祖厝、祖墓，并购置二亩地，作为家族公产，被视为"有功于宗族，诚大矣哉"②。此外，林氏家族原有族谱，先人"藏之箧笥，贮置楼阁之中"，但在道光年间不慎烧毁。光绪辛巳年（1881），族中长老乘"修理祖坟完竣之暇"，与瑞岗商议，族谱得以重修。

总之，林瑞岗作为晚清闽南商人的代表，其慈善事业颇具有时代性，呈现赈救范围跨地域化、慈善机构自治化、筹募善款网络化、施善主体商人化等特征，反映出近代社会转型过程中，商人突破地域限制，通过中外商贸网络，筹措资金，创办慈善机构，主持赈灾、救济等公共事业，其地位日渐崛起，逐渐成为晚清地方自治的重要力量。

四　林瑞岗行善的驱动因素

近代开埠之前，闽南虽不乏"急公好义"人士，但却较少出现林瑞岗如此具有全国知名度的慈善家，而在其后，以陈嘉庚为代表的闽南侨商慈善群体，对近代中国影响颇大。林瑞岗承前启后，致力行善，成为晚清知名慈善家，并非偶然，除其独特的人生经历外，还与区域环境、时代背景等因素密切相关，有其深刻的社会根源。

（一）个人成长的经历

林瑞岗出生于贫寒之家，幼年生活困苦，使其对弱势民众的苦难

---

① 傅衣凌：《明代泉州安平商人史料辑补》，《傅衣凌治史五十年文编》，厦门大学出版社 1989 年版，第 237 页。

② 《陈江林氏族谱》，"行实"，第 72 页。

感同身受。其故乡安海"民业儒商,又经二朱先生过化,是以科第之盛宋元于今,商则襟带江湖,足迹遍天下"①,故傅衣凌指出安海商人具有"贾儒兼营"的特点。② 这使得林瑞岗其虽为商人,却具有相当的文化素养,深受儒家济世、恤族理念等理念的影响。除此之外,清代江南传统慈善事业最为发达的区域,③ 善会善堂林立。上海开埠后,逐渐取代苏州,成为江南的区域中心,慈善家云集。林瑞岗旅沪期间,与经元善、郑观应、葛绳孝等人志趣相投,往来密切,逐渐融入江南慈善网络,成为果育堂董事及华北义赈的重要成员。

(二)江南慈善理念的吸纳

晚清江南慈善群体中,余治是关键的人物,"他通过朋友和师生关系,与潘曾沂、冯桂芬、李金镛、谢家福、经元善等多名慈善家结成群体,在赈灾、保婴、慈善教育等方面贡献甚多,影响巨大"。余治曾编撰《得一录》,摘录《太上感应篇》《功过格》等内容、强调阴骘报应,以此劝人行善,该书流传甚广、影响甚大。余治还将"以慈善事业作为自我实现的主要途径",专注于善举,最终赢得了官府和社会的肯定,并受到弟子的仿效,预示着"职业慈善家"的出现。④ 林瑞岗与江南慈善家群体交游密切,深受余治慈善理念的影响。他在上海经商成功后,之所以放弃实业,返乡致力于慈善,很有可能是效仿余治。他亦藉此多次获得朝廷表彰,成为安海地方社会的领袖,得以实现人生目标。

(三)官府制度的激励

皮埃尔·布尔迪厄(Pierre Bourdien)指出:"任何一个社会场域都有着隶属于自己的正统文化。文化资本包含了可以赋予权力和地位

---

① 《安海志》卷之二,《中国地方志集成·乡镇志专辑》第26辑,第515页。

② 傅衣凌:《明代泉州安平商人史料辑补》,《傅衣凌治史五十年文编》,厦门大学出版社1989年版,第232页。

③ 王卫平:《慈风善脉:明末清代江南地区的慈善传承与发展》,《苏州大学学报》2016年3月期。

④ 参见黄鸿山、王卫平《晚清江南慈善家群体研究——以余治为中心》,《学习与探索》2011年第6期。

的累积文化知识的一种社会关系。"① 在儒家理想思想占主流的闽南社会，行善亦是文化资本建构。是故时人赵翼在《檐曝杂记》记载："闽中漳泉之人多好名尚气，凡科第官阀及旌表节孝之类，必建石坊于通衢。"尤其在晋江"人多好义，凡邑中兴建大事及寻常施舍，家非富饶，亦耻为人后"。在传统四民社会中，商人地位相对较低，对名衔尤为看重。清代中前期，对捐纳控制较为严格，道光帝登基后，曾规定："嗣后现任官员，不准加捐职衔，著为例。"② 但随着太平天国运动和鸦片战争爆发，"军饷浩繁，各省争请捐输，遍设捐局，绅民凡纳银者，借可补官铨选"③，"咸同后因财政困竭，百法俱弛，乃大捐特捐"④。许多上海商人遂藉此捐纳，成为商绅。林瑞岗亦于同治七年（1868）"由监生捐给同知衔，并请诰赠一代，又貤赠一代，加请一代，共三代"。此后通过赈灾等善举，获得朝廷等一系列表彰。光绪二年（1876），他向福州水灾捐银"蒙加奖运同衔，并请诰赠二代，俱从三品，又貤赠一代，共三代"。光绪三年（1877），他助赈京畿"准旌表，交部议奏请旨给与乐尚好善字样，准其建坊"。此后又"赏戴花翎"，并被地方大员保奏、授予匾额。其兄林瑞佑亦"曾捐需助赈，例授国学生旋加贡，以子阁奎同知赏戴蓝翎，特赠四品封诰，元配王氏例封恭人"⑤。林氏兄弟父亲纯玉公亦"诰赠通议大夫"。通过官府的激励机制，使林瑞岗通过善举，获得经商难以获得的政治待遇与社会声望，人生抱负得以实现。故其《族谱》记载："家而梓里，尤树声望，皆瑞岗乐善好义，能生财能用财，有以致之也。"⑥

（四）侨商网络的形成

近代开埠之后，闽南民众赴上海、东南亚、日本等地经商，成为

---

① ［美］戴维·斯沃茨：《文化与权力——布尔迪厄的社会学》，陶东风译，上海译文出版社 2006 年版，第 88 页。

② 王先谦、朱寿朋：《东华读录·道光五》，清光绪十三年撷华书局线装本，第 2 页。

③ 许大龄：《清代捐纳制度》，燕京大学哈佛燕京学社 1950 年版，第 55 页。

④ 许大龄：《清代捐纳制度》，燕京大学哈佛燕京学社 1950 年版，第 151 页。

⑤ 《陈江林氏族谱》，"行实"，第 68 页。

⑥ 《陈江林氏族谱》，"志铭"，第 42 页。

新兴的社会群体。他们多以地缘为纽带，开展商业活动。19 世纪 70 年代，第一批闽南移民在日本神户建立福建会馆，开展东南亚贸易。闽南商人即使在海外谋生，仍以"荣旋于乡梓"为念，力图为乡族造福，故泉州流行谚语："番邦钱，唐山福。"所谓唐山，正指祖籍地。林瑞岗在商界素有声望，与侨商联系较为密切，故能动员他们向义赈、造桥等各类慈善事业捐款，以获得更多的社会资源。如前文提及的神户源泰号，其创办者黄礼兰即是首批到神户发展的闽南商人，颇具实力，且热心公益，故能回应林瑞岗的劝募。与此同时，近代交通的发展、通信技术的革新、报刊媒介的出现，亦有助于慈善信息更容易传播，构建闽南与海外侨商群体的慈善网络。

（五）社会需求的迫切

近代开埠之前，中国传统社会未受到较大冲击，人口流动性相对较小，官府借助士绅的力量，举办普济堂、贞节堂等慈善机构，以推行教化，维系社会的稳定。近代开埠之后，西风东渐、太平天国运动的爆发，官府统治力量渐趋衰微，难以应对社会变迁过程中产生各种社会问题，有效救济弱势群体，故需借助商人力量，维系社会运转。林瑞岗行善，适应社会当时的需求，故多次应官员之邀，参与赈灾，所创办慈善机构亦得到官府支持。

总之，林瑞岗热衷于慈善事业，有深刻的时代背景，幼年的贫困，使他能体恤弱势群体。长期旅沪的经历，使其与经元善等人来往密切，融入江南慈善家群体，深受余治等人慈善理念影响，力图通过行善实践人生理想。晚清政府的相关激励举措，闽南民众对气节的崇尚，使林瑞岗行善颇受鼓舞。而晚清闽南华侨群体的兴起，使林瑞岗行善能够动员更多的社会资源。晚清社会的动荡、官府统治力的衰落，使林瑞岗行善适应时代需求，成为维系区域社会稳定的重要支撑。在各种因素共同作用下，林瑞岗成为颇有影响的著名慈善家。

五 结语

学界常将近代义赈视为近代慈善兴起的标志，主要关注江南地区，以及对华北影响，而对福建地区鲜有涉及。通过对林瑞岗行善历程的分析，可见其不仅秉承安海商人好儒之风，具有较强的社会责任感，还与江南善会善堂关系密切，汲取先进的慈善理论。故考察晚清闽南慈善事业，不仅应分析区域内各种因素。还应以跨区域的视角，透视人物、事件，考察文化的交流融合。

林瑞岗作为晚清闽南慈善家的代表，其主持的慈善事业颇具近代特点，他突破地域限制，参与晚清义赈，因贡献突出，受到朝廷表彰。他所创办的慈善组织，涉及社会诸多领域，成为维护地方社会稳定的关键。他所倡导的慈善事业，除其个人捐款外，主要依托其商业网络，向厦门、上海、东南亚商人劝募，反映闽南商人阶层的崛起，成为维护社会的中坚。

通过慈善事业，林瑞岗实现由商到绅的转变，其社会地位与声望得到提升，并与官员建立良好关系，俨然地方领袖。他之所以热衷于慈善，除其个人特殊的经历，与江南慈善家群体交游密切，深受余治等人慈善思想影响外，更与晚清的时代背景有关，官府对基层社会控制的减弱、社会转型过程中问题的凸显、使其民间慈善为社会所亟须，开埠之后商业贸易网络的拓展、交通、信息、媒介技术的革新，使其慈善事业得以实现网络化，而闽南侨商群体的兴起，则使其慈善事业获得更为有力的支撑。在各种因素交织下，林瑞岗成为晚清闽南慈善事业的代表性人物，具有承前启后的特殊意义。

第二节　全面抗战时期海外华侨与闽南慈善事业
——以东安善堂为论述中心

善堂、善会是近代社会史研究的重要范畴，受到海内外学者的普遍关注，早在民国时期，学者就将开展此方面研究，相关成果层出不穷。日本学者夫马进在《中国善会善堂史研究》一书中，全面深入系统考察中国的善会、善堂，指出其与中国近代的地方自治的关系，在

学界产生极大影响。梁其姿、宋光宇、范纯武、陈志明等台港澳学者
亦对善堂加以深入探讨，或注重其与社会教化的关系，或分析善会、
善堂的功能，或分析其与宗教之间的关系。国内周秋光、王卫平、陈
宝良等学者亦对善堂加以细致分析，并多将其放在荒政、慈善事业中
加以考察，考辨其源流，探讨在近代化浪潮中如何转型，如何处理与
地方政府的关系等等。① 总体来看，现在善会善堂史研究成果丰硕，但
仍存在推进之处。首先就研究对象来看，现有专题性善堂研究较少，
且多侧重育婴堂，对综合性善堂研究较少。从研究时段来看，目前研
究集中于明清时期，对民国时期论述不多，尤其对抗战胜利后善会、
善堂较少有分析。从研究区域来看，长期侧重分析江南区域、近年来
虽对潮汕地区有所关注，对于闽南地区，尤其是海岛的善会、善堂分
析较少。② 从某种程度而言，善会、善堂是文化观念的体现，是地方权
力关系的折射。③ 岛屿是讨论海洋文化的重要对象，是海洋文化的集中
投射。④ 通过对海岛善会、善堂的分析，可进而剖析海岛区域社会的特
征。因此本文运用新发现的东安堂征信录，结合各种史料，探讨善堂
与抗战胜利前后东山县社会变迁的关系。东山地处闽南海岛，于1917
年成功设县，为著名侨乡，旅外华侨人数达到数十万人。因此选择该

---

① 梁其姿：《善堂乎？道堂乎——清末民初广州城内省躬草堂的独特模式》，载陈永发
主编《明清帝国及其现代转型》，允晨文化实业股份有限公司 2011 年版；宋光宇《清代台
湾的善书与善堂》，《民间信仰与中国文化国际研讨会论文集》，台北：汉学研究中心 1994
年；范纯武：《清末民间慈善事业与鸾堂运动》，台北：中正大学历史研究所硕士论文，1996
年；陈志明：《人类学与华人研究视野下的公益慈善》，《中山大学学报》2013 年第 4 期；陈
志明：《善堂——中国、新加坡和马来西亚的慈善寺堂》，《华侨华人历史研究》2014 年第 2
期；周秋光、胡远志：《潮汕善堂文化探析》，《历史教学》2017 年第 2 期；王卫平：《论中国
传统慈善事业的近代转型》，《江苏社会科学》2005 年第 1 期；陈宝良：《中国的社与会》，浙
江人民出版社 1996 年版；杨正军：《潮汕民间善堂组织的历史嬗变》，《汕头大学学报》2015
年第 3 期。相关的学位论文有周志荣《潮汕善堂与地方政府研究》，汕头大学硕士学位论文，
2009 年；徐苑《大峰祖师、善堂及其仪式：作为潮汕地区文化体系的潮汕善堂综述》，厦门
大学硕士学位论文，2006 年。
② 注：江南善会善堂与潮汕善会善堂虽在运营形式上有所差异，但均为民间慈善公益
组织，且两者有着密切的关系。
③ 杨正军：《近 30 年来中国善会善堂组织研究述评》，《开放时代》2010 年第 2 期。
④ 麻国庆：《人类学视野下的岛屿与世界》，《民族研究》2018 年第 6 期。

县的东安堂作为分析对象，颇具有代表性。

一　近代东山县的生态环境与民众生计

东山县地处闽南海疆（图 6 - 1），由铜山主岛与 67 个小岛组成，是中国第六大、福建第二大海岛县。铜山岛"东望澎湖，南滨大海，西接诏安、南澳、北蔽云霄、漳浦，当闽省之交冲，为内地之屏障，察其形势，实海上重镇"①。战略地位极为重要。明洪武年间设置卫所，建城驻兵。清代亦设置铜山水师，由参将统率，"盖所以重国防而固疆域"②。清康熙年间，铜山一度划归云霄厅管辖，后又复归诏安，设立巡检司，由县佐管理。民国成立后，巡检司与参将先后被废，铜山岛的行政地位下降，对地方社会发展颇为不利。1915 年 6 月 25 日，许世英巡视该岛，"绅、商、学界马兆麟等禀讯设治，以便人民"，鉴于该岛战略地位重要，且华侨数量众多，若能设县巩固海防，启迪民智，发展华侨事业。许氏"拟请援金门新设县治之例，增设县治，划漳浦之古雷岛以益之"③，经北洋政府批准。1916 年 5 月 1 日，东山县正式成立，县城在铜山，辖铜山所、五都、古雷。

东山设县之后，情况却未如人意。1932 年，东山县政府声称其辖境过于狭小，县政难以维持"诏邑现辖面积约多五倍。此外如漳浦广于东邑四倍，云霄广于东邑二倍不等"。面积狭小，导致其财政收入薄弱，"其县省、县两库收入，以丁赋粮米为大宗。全邑丁赋年仅一千七百余两，全邑粮米年只二百九十石，此外省库正款，足资拨用者仅六百余元"。财政收入严重匮乏，以致"小学省库补助每月一百三十三元，区区之款，历任县长均难筹拨"。县财政收入如此贫乏"对于仓储、自治、警卫、建设、教育、卫生凡百要政，奚能推行？"全县警察

---

① 《巡按使许世英呈请增设东山县全文》，福建省东山县地方志编纂委员会整理：《民国东山县志》自印本，1987 年，第 81 页。

② 《巡按使许世英呈请增设东山县全文》，福建省东山县地方志编纂委员会整理：《民国东山县志》自印本，1987 年，第 81 页。

③ 《巡按使许世英呈请增设东山县全文》，福建省东山县地方志编纂委员会整理：《民国东山县志》自印本，1987 年，第 82 页。

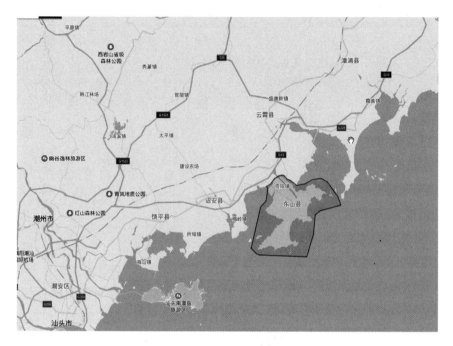

图 6-1 东山县地图

数目只有二十人，以致海盗滋生，难以维护治安，而且盗匪时常在东山、漳浦、诏安各县交界处流窜"此捕彼窜"，难以稽查。① 因此东山县政府请求将漳浦县所辖杜浔乡、云霄县所辖陈岱乡、礁尾乡、诏安县所辖霞湖竹港乡划归东山县，以拓展辖境、增强财政实力，提升治安、巩固国防，但未获批准。

东山县财政困难，除辖境过小外，还与该岛生态环境恶劣有关。明清时期，东山岛已饱受风沙之害。地方官员虽采取封沙、禁垦等措施，但收效甚微。东山岛素以土地贫瘠著称。《民国东山县志》曾对原因使加以分析：甲，本县四面环海，易受海风之飚袭，表土常被吹散，仅留粗沙与硬土，栽种不便。乙，土壤表面吸收水分不强，地下水之

---

① 《呈复改划本县县界原文》，福建省东山县地方志编纂委员会整理：《民国东山县志》自印本，1987 年，第 414 页。

平面甚不易上引，以致形成沙型土壤。丙，沿海田地，以地下水与表土过于接近，易将海中盐分贯注于表土内，致因盐质过多，而形成咸性土。① 风沙成灾，土地贫瘠，使农业生产困难，渔盐之利成为政府主要税收来源。②

　　全面抗战期间，受战事影响，东山县政府收入严峻。根据1941年统计，该县"仅获地丁六百二十五两，粮米一百二十八石八斗"。此种状况在抗战胜利后仍未能扭转。1946年县政府工作报告如是记载："本县弹丸小岛，地属斥卤，经济专赖鱼盐为命脉。迩来盐斤外销锐减，盐民于告失业者众，其苦难以言状，至渔民方面，遭年来渔产不丰，生活凋敝，每遇风雨阻隔，不能出海求利，则典质赊欠断烦频佣，且值时局紧张，交通不便，鱼产品运销深遭阻滞，销路短促，于是商场冷落，地方经济逾形枯竭。"③ 时局紧张导致商路受阻，渔盐等产品无法外销，民众难以偿还赊账，金融流通更为困难。

　　地方经济凋敝，导致东山县政府举步维艰。全面抗战之前"本县地方政府财政原感穷困，公教员役及队警待遇微属极端。虽经一再严密整理各项税收，并节制各项不必要支出，勉力维持"。全面抗战胜利之后，县政收入已严重入不敷出，甚至连基本公务难以开展，"怎奈各项税收之整理，因受前项地方经济枯竭之影响，尚属不逮，以致地方收支预算出超甚巨，若逐月正常收入仅四千元不上，而各项法定最低标准支出项六千元左右。前项收支相抵不敷之额竟达三分之一，故其所属各级机关经费截至目前，现止尚积欠一个半月，未能清发"。面对如此情况，东山县政府只好"电请层峰，准予开辟本产盐税附征，藉以弥补"④。但迟迟未获批准，处境之难，可见一斑。

----

① 福建省东山县地方志编纂委员会整理：《民国东山县志》自印本，1987年，第20页。
② 注：中华人民共和国成立后，东山县风沙较为严重，县委书记谷文昌领导人民苦干十四年，终于治理风沙之海。
③ 《1946年县政府工作报告》，东山县档案馆馆藏档案，未编号。
④ 《1946年县政府工作报告》，东山县档案馆馆藏档案，未编号。

经济贫瘠，亦使地方民生深受影响，缺粮问题尤为严重。① 在官方文件如是记载："本县地居滨海，白沙弥漫，不堪耕作，为本省缺粮最甚县份，而全年所产粮食（包括地瓜大小麦等）仅足自给三个月，其余民食均靠云浦两县拨济，每逢运输阻滞，或调剂失灵，或青黄不接，则粮荒立见，家无隔宿之粮，生活异常困苦。"② 迫于生计，东山民众大量移居海外，至 20 世纪 30 年代，东山"过洋谋生者日众，华侨数量约二万人，居英属之马来亚、新加坡、香港等埠者，占有十分之九，其余则散处于泰国及荷属之爪哇、苏门答腊、法属之安南等处，所操职业，十有九属与劳工"。侨汇成为维系东方经济的重要命脉，"最近每年汇归款额达四百万元之谱，侨眷生活赖此接济"③。

尽管地处海岛，民生凋敝，但东山民间信仰兴盛，街巷之中庙宇林立，时人谓之"东山的菩萨，恐怕比全县人口还要多，不管是庙里，是家里，是街头巷尾，差不多都有菩萨的足迹"。民众生活深受影响，"东山的民众，差不多百分之九十，是给菩萨的权威所支配了，他们求财利也好，问疾病也好，求子嗣也好，没有一样不是靠着泥菩萨"④。每逢神诞活动，更是热闹异常，开支甚巨。如农历四月初四日是太师公诞辰"每年到了这一天，家家户户，都要买猪肉呀，一蒸粿呀，杀鸡鸭呀，挑到庙里孝敬台师公，还要唱戏，放烟火，男男女女，都穿得花花绿绿，或群结队到庙里拜太师公，非常热闹。这样，每年到了这一天，全村所花的钱，起码在五千块以上"⑤。大量的钱财被耗于封建迷信活动。

地方政府财政困窘、民众生活贫穷，遂使设立民间慈善机构成为

① 福建省东山县地方志编纂委员会整理：《民国东山县志》自印本，1987 年，第232 页。

② 《1946 年县政府工作报告》，东山县档案馆馆藏档案，未编号。

③ 福建省东山县地方志编纂委员会整理：《民国东山县志》自印本，1987 年，第229 页。

④ 林丽辉：《我给你一千块》，东山县档案馆馆藏档案：001 - 001 - 0038。

⑤ 林桂丁：《二十三，今年太师公诞辰的观感》。东山县档案馆馆藏档案：001 - 001 - 0038。

图6-2 漳州东山岛东安善堂内景

社会必要，1931年6月①，东安善堂经该县党政当局核准设立。全面抗战爆发后，1940年，该堂获得国民政府赈济委员会核准备案。东安善堂设于北极殿（图6-2），该殿初建于明成化四年（1468），奉祀玄天上帝，附祀伽蓝公、注生娘娘，是明清铜山卫所祭祀的重要场所。值得注意的是，清代中前期，铜山岛没有专门的慈善机构，当遇到天

---

① 注：东山文史资料中，多记载东安善堂成立于1932年6月，但据1940年欧致元所撰《敬告海内外同胞实行人生互助书》一文，有"创办以还，九载于兹"的记载，该堂应成立于1931年。

灾人祸时,通常由地方军官组织赈济。如雍正五年(1727),铜山岛饥荒"三四月间,米价日升至每斗钱二百文,老赢死者甚众,参将郑公耀祖多方救恤,且为粥赈济饥二十日,活者功德无量"①。后鉴于溺婴严重,东山岛地方人士募款设立育婴堂,公举董事。清末推行新政,该堂被改设为东升善堂。故东安善堂是东山明清以来第二个设立的慈善组织。

东安善堂的成立,除何照吾等士绅倡导外,还得益于民间信仰的感召力。"为了成立善堂,东安善堂亦于北极殿增祀宋大峰祖师、三平祖师、华陀爷和明末为国殉难的名宦黄道周、陈士奇、陈殡、林日瑞的神位牌,前厅附祀孤魂公。"②大峰祖师、三平祖师均是潮汕、闽南地区颇有影响的民间信仰,但传播区域有所不同。三平祖师祖殿设在平和县,主要在闽南、东南亚传播。大峰原名林灵噩,"宣和壬丙申,始自闽来",见潮阳民众渡江不便,发愿募金建桥,在桥即将修成之际,大峰圆寂。乡人感恩:"建堂崇祀大峰,名曰报德。其本堂上奉慈尊,示庄严也。"③近代,大峰信仰在潮汕地区日见普及,逐渐向泰国、新加坡、菲律宾等地传播,报德堂数目不断增多,开展拾骸、收尸、修路、施医等慈善业务。④凡有潮人聚居的地方,几乎都有善堂之设。

东山岛资源匮乏,单凭本地士绅的声望,号召力有所不足。东安善堂创建者试图通过在北极殿祭祀大峰祖师、三平祖师、华佗师等民间信仰,动员海外华侨资源、获得潮汕善堂的支持。此举收效甚佳,东安善堂甫一成立,广东南澳县义心善堂即派遣李应书协助管理。此

---

① (清)陈振藻纂:《铜山志》卷九《灾祥记》,该书无页码。

② 孙汉祥:《为善最乐——记铜山北极殿与东安善堂》,中国人民政治协商会议福建省东山县委员会文史资料研究委员会:《东山文史资料》(第12辑),1994年。

③ (元)徐来:《报德堂记》,(清光绪)《潮阳县志》卷二一《艺文中》,第5页。

④ 注:潮汕善堂在19世纪80年代逐渐发展,清光绪十四至三十一年(1888年至1905年),地方绅商倡办同庆善堂、同济善堂、存心善堂、延寿善堂等慈善团体。民国时期,潮汕地区的善堂仍陆续兴建,中华人民共和国成立后,潮汕善堂日渐式微,改革开放之后,潮汕善堂重新复兴。1980年,诚德善堂率先恢复活动。参见《大力发展潮汕慈善事业》,《升平文史潮汕善堂专辑》(第1辑),中国人民政治协商会议汕头市升平区委员会文史委员会,第4页。

后，潮汕善堂与东安善堂互动频繁，延续至今。"文化大革命"期间，东安善堂曾一度中断。改革开放后，借助海外侨胞的力量，东山善堂于1989年恢复，继续从事施茶、拾骸、义诊、施医等传统善举，曾多次得到和平报德古堂的资助①。反映其被纳入大峰祖师善堂体系之中。

大峰祖师信仰传入东山，与商业网络关系密切。由于土地贫瘠，东山县商人将鱼盐等特产转贩他乡，换取重要物资，"广艇埔船，采运食盐，而至柘林、广东，再由汕头运载货物到埔销售，为数极巨，城区普通商品，多从西埔市转运，市中原有中街、鸡市、后街、鱼市街、横街。自海上交通改用汽船以后，商品转由城区运输，商业日渐衰退矣。现只有商品三十一家"②。此处的柘林就是广东饶平的柘林港（图6-3），"乃南粤海道门户，据三路之上游，番舶自福趋广，悉由此

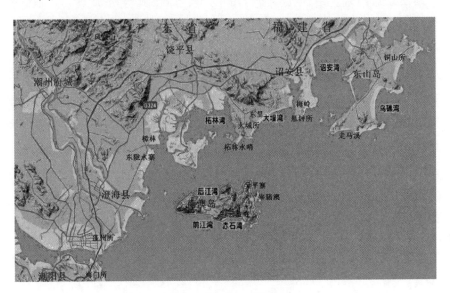

图6-3 东山岛海域

---

① 1998年6月2日，和平报德古堂资助东安善堂福利会4000元。1998年9月4日，和平报德古堂资助东安善堂3000元。参见和平报德古堂相关材料，转引自徐苑《大峰祖师、善堂的仪式：作为潮汕地区文化体系潮汕善堂综述》，厦门大学硕士学位论文，2006年，第66页。

② 福建省东山县地方志编纂委员会整理：《民国东山县志》，1987年，第40页。

入"①。东山岛将鱼盐等特产运到柘林，再转运到潮汕等地，换取生活物资，直至民国时期东山"商品交航仍以潮汕为主"②。频繁的海上贸易，促进东山岛与潮汕区域人群往来，为大峰信仰的传入创造了良好的环境。

二　东安善堂功能的调适

东安善堂效仿潮汕善堂设立，借鉴其运营模式，在功能上颇有相似之处，但又能基于东山的实际情况加以调整，以适应时局之需，弥补地方政府的不足，保障海岛社会的稳定。

（一）义诊施药

东山设县后，未设立官办卫生机构，民众时常缺药少医。东安善堂遂设立施药处，组织王荫亭、杨麦甫、卢植五等医师，义务施诊，仅在1944年，"施诊医药治疗病民六百一十名"。颇受社会好评，故在征信录如是记载："义务行医，其热心救民为社会造福，功称不朽。"③东山善堂还向民众赠送药品，仅在1945年下半年，施赠药、散药丸、药粉、药贴计15444名，④ 几占全岛人数的五分之一。购买药材费用通常占东安善堂总支出5%—9.39%。1941年，难民数量剧增，导致药材费用占总支出的39.91%。东安善堂药材除自行购买外，还时常接受民众（通常为医生或药店）的药材捐赠。⑤ 1946年上半年"柬埔寨德生堂肚痛丸1服、李光明乐输肚痛丸1服、欧志元乐输济众水100瓶、许成昌乐输药碎12斤"⑥。其中李光明医生，不仅时常向东安善堂捐赠

① 郑若曾撰，李致忠点校：《筹海图编》卷三《广东事宜》，中华书局2007年版，第245页。

② 《1946年县政府工作报告》，东山县档案馆馆藏档案，未编号。

③ 《民国三十三年度夏季收支结账启事》，《东山县东安善堂征信录》，东山县档案馆馆藏档案，未编号。

④ 《民国三十三年度夏季收支结账启事》，《东山县东安善堂征信录》，东山县档案馆馆藏档案，未编号。

⑤ 《民国三十四年度春季收支结账启事》，《东山县东安善堂征信录启事》，东山县档案馆馆藏档案，未编号。

⑥ 《民国三十五年度夏季收支结账启事》，《东山县东安善堂征信录》，东山县档案馆馆藏档案，未编号。

药品，还多次参加义诊。

（二）济贫扶困

全面抗战爆发初期（1937—1939），东山善堂征信录中未见救济贫民项支出。随着战事加剧，难民数量增加，加之"抗战军兴以来，海口被锁，货源运输阻绝，东山商务，日形衰落，而市井亦感萧条矣"①。民生更为凋敝，救济平民成为东安善堂的重要业务。1940 年上半年，该堂救济平民支出 364.555 元，占到善堂总支出的 8.38%。此后数年，救济贫民费用约占善堂总支出 6% 左右。东安善堂救助贫民主要有两种方式：其一为施粥。每逢突发事件或者重要节日时，东山善堂举办施粥，地点多选于堂内、通衢处。其二为发放救济物资。东山善堂每月向贫民发放钱财，仅在 1946 年上半年发放钱财的贫民计达 1255 名。②每逢年关，还会向贫民发放冬赈物资。

（三）拾骸施棺

东山县民众多以捕鱼为生，时常遭遇船难，故当地素有"行船跑马三分命"之说，加之生存环境恶劣，暴尸荒野之事时有发生。创建之初，东安善堂即雇请人员打捞海上浮尸、收埋陆地枯骨，施棺安葬。全面抗战爆发后，东安善堂拾骸施棺业务呈现增长趋势。1936 年共施出棺木 28 付，花费 152.2 元，占全堂支出的 22.46%。1937 年上半年施出棺木 8 付，在总支出所占比重甚小。1939 年 7—8 月间、日军两度派遣陆战队进攻东山岛，日机亦对东山岛狂轰滥炸，导致大量平民死亡。仅在 1939 年下半年，东安善堂收埋被毙民众 59 名、病死贫民 99 名、水面浮尸 12 名。致该期共购置棺木 121 付，支出 123 付，占该年度善堂总支出 42.03%。③ 1940 年 2 月，日军再次入侵东山，东安善堂收埋尸骸甚多，该年共购置棺木 144 枢、付出棺木 155 枢。此后日军

---

① 福建省东山县地方志编纂委员会整理：《民国东山县志》，1987 年，第 39 页。
② 《民国三十五年上半年 1 至 6 月收支清册（1946 年上）》，《福建省东山县东安善堂征信录》，东山县档案馆馆藏档案，未编号。
③ 《东山东安善堂己卯年冬季收支清册》，《福建省东山县东安善堂征信录》，东山县档案馆馆藏档案，未编号。

未再进攻东山，东山善堂付出棺木多在 40—80 柩之间，开支占善堂支出 5%—20% 之间。为掩埋尸骸，东山善堂除购置棺木外，还购置寿衣、香烛，雇佣人员定期修缮万福坟等，仅在 1941 年，收埋尸骸费用 21630 元，几与施舍棺木费用 22900 元相等。

（四）抚育婴孩

清代东山溺婴成风，故有育婴堂之设。延至民国，育婴堂已废，溺婴之风依旧盛行。东山善堂遂开展育婴善举。1939 年，善堂收养婴儿 13 人，育婴费用 30.8 元，约占总支出 1.68%。[1] 1940—1945 年间，善堂收养婴儿数量增加，育婴费用呈上升趋势，在总支出比例多在 1.61%—11.5% 之间徘徊。[2] 1946 年度上半年抚育婴孩计 20 名，下半年冬抚育婴儿 42 名。然而至 1950 年，受到通货膨胀等因素影响，该堂仅收养婴儿 2 名，所占比重微乎其微。总体而言，东安善堂将育婴视为主要业务之一，救济婴儿数量颇多。

（五）惜字放生

珍惜字纸是传统慈善的重要内容。明清时期，《阴骘文图说》《文昌帝君惜字功罪律》等善书在闽南普及，劝喻民众敬惜字纸，以增加福禄，避免阴骘受损。受此影响，传统慈善组织多将惜字与育婴、济贫、养老、助残等善举并列，雇人沿街拾取字纸，放入惜字炉焚化。尽管近代社会变迁剧烈，但东安善堂仍开展惜字活动。在 1938—1940 年征信录中颇多此方面记载，如"拾字纸工 9.4 元""拾字纸费 8 元""拾字纸工费 9 元"等。然而从 1941 年起，征信录中未有此方面支出的记载。[3] 放生善举亦如此，日军入侵之前，东安善堂多次举办放生活动，如 1936 年夏放生蛇 0.75 元、1937 年夏放生物 2.27 元、1938 年 0.4 元，但从 1939 年开始，已不见有此类活动的开展。如此变化，或

---

① 《东山东安善堂己卯年冬季收支清册》，《福建省东山县东安善堂征信录》，东山县档案馆馆藏档案，未编号。

② 《福建省东山县 东安善堂民国二十九年（1940 年）冬季收支清册》，《福建省东山县东安善堂征信录》，东山县档案馆馆藏档案，未编号。

③ 1949 年下半年征信录中，有掩埋灰纸的支出记载，应为埋葬尸骸的石灰与银纸。

许是战事加剧，加之破除迷信运动的开展，迫使东安善堂放弃惜字、放生善举，以集中财力救济贫民、难民、应对战时之需。

（六）巡神绕境

东安善堂与民间信仰关系密切，堂中祭祀神像，定期举行祖师巡神绕境活动，开支不菲。1936 年上半年"出境费 20.05 元"、1937 年上半年"祖师公出境费 11.6 元"，所谓"祖师公"即是三平祖师与大峰祖师，东安善堂以此彰显宗教本义、扩大善堂影响。全面抗战爆发后，此项活动渐趋消失，在征信录中未见相关开支记录，此与局势演变有关。东山岛遭到日军轰炸，海上航线亦被敌舰封锁，物资极为匮乏。为能更好动员地方军民参与抗战，县长楼胜利等人发动破除封建迷信运动，大力宣传迷信之害处，焚烧神像，将天后宫、城隍庙、观音亭等寺庙改为警察局、中学、县政府等公共机构，庙产没收，充当"优待出征东属基金"。与此同时，东山县政府召开"破除迷信、节约献机"大会，要求减少浪费，充实国力，动员社会各界募款 15 万元，购得飞机一架，命名"东山号"。此举颇获福建省府肯定，在献机纪念碑上（图 6-4），陈培锟、萨君豫、胡琏等福建军政界要员均为此题词，福建同盟会元老郑祖荫还赋诗一首："民智嗟锢塞，迷信抑何狂；劳神且耗财，识者尝惋伤；当此胜利年，御侮气轩昂；因势而利导，苦口作宣扬；移此虚靡费，献机以输将；成城因众志，踊跃巩国防。"①在如此政治氛围内，东安善堂停止开展游神绕境活动，势所必然。

（七）救济难民

全面抗战爆发后，日军先后攻占金门、厦门等地，许多民众逃亡到东山，而日机对东山的轰炸，亦使本地民众流离失所，生活窘迫。东山善堂积极向难民提供帮助。1937 年下半年，该堂即"助难民 5 名，花费 5.83 元"。1939 年下半年，东安善堂向躲避空袭的郊外饥民施粥，时间长达 26 天。东山善堂还向不幸逝世的难民发放棺木，安排

---

① 郑祖荫：《东山县破除迷信，节约献机征募纪念》，福建省东山县地方志编纂委员会整理：《民国东山县志》，1987 年，第 328—329 页。

图 6 - 4　东山捐机纪念碑

后事，拨款奖励参与空袭救护员。抗战胜利后，东安善堂协助难民返乡，1946 年下半年"救济过境难民及病人住宿伙食旅费计 750 名"①。东安善堂还向协昌、义和、泰珍、福记、源昌、万福源等七家商行募捐白米计 2 石 6 公斗，"先给台湾同胞船伙食"②。协助台湾难民返乡。

　　① 《福建省东山县东安善堂征信录民国三十五年下半年七至十二月收支清册》，《福建省东山县东安善堂征信录》，东山县档案馆馆藏档案，未编号。
　　② 《福建省东山县东安善堂征信录民国三十五年下半年七至十二月收支清册》，《福建省东山县东安善堂征信录》，东山县档案馆馆藏档案，未编号。

（八）修造公共设施

东山原设有万福坟，原为露天大墓，收葬清代戍台班兵及无主、无嗣者的尸骸。民国时期，该坟年久失修，残破不堪。东山善堂创办后，何照吾主持修缮万福坟，筑三圹金井，掩埋历代尸骸，此后定期拨款修缮，可谓是泽及枯骨，东安善堂还定期修筑道路、修筑南门海岸等公共设施，在若干年份开支浩大。如 1942 年下半年修筑南门海岸，花费五千二百四十一元五角，竟然占该期总支出的 50.71%。可见东安善堂对此项业务之重视。

总之，全面抗战之前，东安善堂效仿潮汕善堂，业务以济贫、育婴、施棺、义诊、放生、惜字等为主，并举办巡神绕境活动，颇富传统气息。全面抗战爆发后，随着战事加剧，难民增多，废除迷信运动的开展，东安善堂逐渐取消巡神绕境、放生、惜字等活动，注重救济难民、义诊、育婴、施棺等业务，更注重实用性，其教化性有所削弱。东山善堂业务范围的变化，反映全面抗战时期海岛社会的变迁，凸显民众思想观念的转变，具有重要的指向性。东山善堂的业务也在相当程度配合抗战，缓解战争的破坏力，保障海岛社会的稳定。

三　东安善堂筹资渠道的演变

东安善堂作为民间慈善组织，经费来源于华侨、民众、机关团体、旅外人士等社会各界人士的捐赠，全面抗战时期，随着战局的演变，其筹资渠道有所变化，呈现从侨界为主到以旅外人士为主的变化趋势。

（一）华侨赠款

东山华侨甚多，主要旅居爪哇、新加坡、万隆等地，他们身在海外，心系乡梓，成为东安善堂的重要支持者。1940 年，方盛来、黄裕禄等 10 名爪哇东侨捐款达 500 元，占东安善堂该期收入的 19.67%。1941 年夏季，爪哇华侨向东安善堂共捐款 105000 元，而该期东安各界华侨捐款仅为 831.150 元。除个人捐款外，东山华侨还时常以海外社团的名义集体捐款，如爪哇公益社（主要成员为东山籍华侨）分别于1936 年、1938 年、1939 年、1941 年向东安善堂捐款 10.3 元、10 元、

11.88 元、12 元。1942 年，爪哇被日军攻占，该年爪哇公益社捐款因此中断，但次年该社又向东安善堂捐款 43 元。星洲励志社、新加坡东山会馆等华人社团亦与东安善堂互动频繁，他们通常先向旅新东侨筹募善款，再捐赠给东山善堂，在征信录中记载颇多。

从捐款趋势来看，如表 6－2 所示，全面抗战爆发前，海外华侨捐款甚少，多数年份微乎其微。1936 年下半年捐款额虽达 237.8 元，亦仅占东山各界捐的 35.1%。全面抗战爆发后，华侨捐款大幅增长，1940 年臻于顶峰。该年上半年，香港东侨乐输 341.54 元、砂朥越东侨乐输 500 元、小砵珍东侨乐输 1000 元、鼓浪屿东侨乐输 439 元、星洲励志社东侨乐输 534.99 元。海外华侨共捐赠 2815.53 元。[①] 同期东山本岛各界乐输仅为 1038.148 元。该年下半年，荷属万隆波东侨乐输 400 元、荷属爪哇东侨乐输 500 元、星洲东山（励志社）东侨乐输 3081.6 元、鼓浪屿东侨乐输 222 元，合计 4203.6 元，其中东山半岛各界乐输 2541.73 元，尚且不及星洲励志社所捐。1941 年上半年，华侨捐款有所减少，仅收到爪哇巨港东侨乐输 1050 元，尚超过“本东山各界乐输”831.150 元。而下半年，仅收到“星洲励志社东侨乐输”560 元，远不如“本东山各界乐输”3440.82 元。此后数年，华侨捐款大幅减少，有若干年份甚至中断。全面抗战胜利后，海外华侨捐款增多，1946 年上半年，华侨捐款占善堂总收入的三分之一，但此后捐款又减少。

表 6－2　　**东安堂各界捐款表**

年份	东山华侨捐款	东山各界乐捐	该年度收入	东侨捐款占比例
1936 年上	10.3			
1936 年下	237.8	677.35		35.1%
1937 年上				
1937 年下				

① 星洲励志社是 1937 年东山籍华侨陈君美、刘长春等人于新加坡创建的地缘团体，以联络乡情、至今仍然存在。

续表

年份	东山华侨捐款	东山各界乐捐	该年度收入	东侨捐款占比例
1938 年上				
1938 年下	10	1047.08		0.95%
1939 年上	缺			
1939 年下	860		2630.43	32.68%
1940 年上	2815.53	1038.148	4672.47	
1940 年下	4203.6	2541.73	6851.33	
1941 年上	1050	831.150	3920.43	
1941 年下	560	3440.82	5328.70	
1942 年上	无捐赠			
1942 年下	无捐赠			
1943 年上	353		16686 元	
1943 年下	0			
1944 年上	未有记载			
1944 年下	0			
1945 年上	未有记载			
1945 年下	0			
1946 年上	400000	72000 元	535280	
1946 年下	489400		1869500	
1947 年上	520000	93800	3634900	14.3
1947 年下	无			
1948 年上	无			
1948 年下	无			
1949 年上				
1949 年下				
1950 年上				
1951 年下				

资料来源：根据《福建省东山县东安善堂征信录》相关记载统计而成，东山县档案馆馆藏档案。

海外华侨捐款多寡与战局密切相关。1940年，日军三度入侵东山岛，严重破坏社会生产，"百物昂贵之秋，民生疲惫之际，一般贫民寒不得衣，饥不得食，其痛苦有令人不忍闻者"，东山善堂"欲扩大救济，使鳏寡孤独、无告之贫民，稍苏艰困，无如本善堂经济短绌，维持目前之施赈、棺木、施诊、医药等费，累感不敷"，为能"求达到扩大抚恤而收实效者"，东安善堂理事长欧志元向倡议书，号召海内外东山籍人士"则专赖乐善好施之君子，发恻隐仁慈之心，兴民胞之义"①。获得海外侨胞响应，捐款额激增。太平洋战争爆发后，东南亚等地被日军攻占，东山与海外交通断绝，海外捐款几近中断，直至全面抗战胜利后，东南亚侨胞方逐渐恢复与故乡联系。

（二）东山各界的捐赠

东安民众、商户、船户、机关团体踊跃向东安善堂捐款，其中船户捐款颇多。南门澳大艍户1936年捐赠80元、1937年上半年捐赠80元，占该期善堂总收入264元的30.3%。此后数年，南门澳大艍户均有捐款，1940年下半年，各船户捐款尤为踊跃，"南门澳大船户200元、西门澳海顺利200元、西门澳玉乐轩200元"，②南澳扫铰户200元、南门澳打鹚60元"。渔户合计捐款860元，约占该期东安善堂总收入2541.73元的33.84%。东山本地捐款具有单笔金额少、捐款者人数多的特点。1940年，东山本地共有捐款者212名、共捐款金额2541.73元，人均捐款11.986元。1949年下半年，东山本地共有捐款者116名，共捐款146.201元（大洋），人均捐款仅1.2元（大洋）。东山民众主要捐赠钱币，由于全面抗战爆发后，国民政府币制几经改革，东山各界捐款形式亦随之变化，难以简单用捐赠金额的多寡反映善堂实际收支的变化。1934—1936年，民众主要捐赠银元，后转为捐赠法币。抗战胜利后，法币大幅贬值，国民政府推行金圆券，故东安善堂该年度所收赠款为金圆券。币制改革失败后，金圆券形同废纸，

---

① 《敬告海内外同胞实行人生互助书》，《福建东山县东安善堂民国二十九年夏秋收支清册》，东山县档案馆馆藏档案，未编号。

② "海顺利""玉乐轩"均为渔民组织。

1949 年，东山善堂所收到的善款多为大洋、港币。1950 年，东山县已获解放，人民币成为法定货币，东安善堂善款为人民币与大洋并记，反映新旧政权的交替。

除货币外，大米、药品及器物亦是民众向东山善堂捐款的重要方式。全面抗战胜利后，由于货币贬值，粮荒严重，大米成为重要的捐赠物资。1946 年上半年万丰源、丰裕等 21 名商铺台各向东安堂乐输白米各一斗。随着金圆券急剧贬值。1949 年上半年，大米成为主要捐赠物资，如四月份"本东山各商户捐赈米 25 石 2 斗 7 升、五月份乐输者三友行捐米 5 都……共 15 名，统计捐大米 1 石 7 斗 3 升 5 分"。六月份乐输者"朱状资捐米 1 石、沈旺捐米 6 斗 7 升 5 分、林福荣捐米 5 斗、许成昌捐米 2 斗、怀德堂捐米 1 斗、颜家春捐米 1 斗，共 11 名，计捐大米 2 石 6 斗 6 升 5 分"。除大米外，东山民众还捐赠药品、棺木等器物，甚至包括锄头柄、灯笼、洋钉、竹筐等细小物品。

（三）东山旅外人士

东山岛旅外人士也是重要的捐款者，尤其是旅厦乡亲捐款较多，如"厦门三古行""厦门颜家春"多次向东安善堂捐款。1949 年，他们捐款达到港币 280 元，成为东安善堂善款的主要来源之一。较之东山本地民众，厦门捐赠者殷商颇多。如 1949 年，陈瑞庆等三人各捐港币 30 元、黄书国捐港币 25 元、一家园捐港币 20 元、谢县等 6 名各捐港币 10 元、欧盈茂等 15 名各捐港币 1.7 元。15 人所捐款项只及陈瑞庆一人捐款，凸显其财力雄厚。除厦门外，安溪、云霄等地捐款寥寥，远不及厦门捐款人数之多、金额之巨。厦门乡亲影响如斯，主要是近代厦门已成为闽南区域经济中心，且城市化程度较高，生活便利，东山富商多赴厦门经商定居。

除东山籍民众外，许多外地人士亦向善堂捐款。1940 年上半年大埕红头艚船户黄明宽、陈嘉单 25 人向东安善堂捐款 128 元，平均每人捐款 5—6 元不等。大埕湾东起福建诏安县宫口头，西至广东饶平县，而红头艚（图 6 - 5）是潮汕、闽南一带著名的航海商船。铜陵澳雅头地处东海与南海交汇之处，港口环境优越，成为闽粤主要转运码头，

图 6-5 潮汕红头船

海运贸易兴盛,许多东山民众藉此发家,大埕红头艚船户亦频繁来到东安,与当地关系密切,成为东安善堂的重要捐款者。

(四)置本生息

东安善堂将每年部分剩余款项寄存店铺生息,如 1938 年下半年尚存银 466.71 元,将其中 300 元寄存商行作为生息基金,另外 166.71 元作为流动资金。1940 年,东安善堂将 500 元存放典成安店作为生息基金。总体而言,此部分生息金额不多,如 1940 年,远大利息、成安店税生息(远大利息、成安店税)27.2 元,占该年度 4672.47 元的 0.58%,可谓是微乎其微。从现存的记载来看,东山善堂未购置田产、店铺以为生息,与江南等地的善会善堂颇有不同。究其原因,或因东山地处海岛、土地贫瘠、农业不兴、集市不盛,渔业、航海贸易成为地方主要的经济形态,无置产生息之可能,只能仰赖于社会各界的捐助。

(五)会员捐赠

东安善堂的会员须向善堂缴纳经费,在章程中明确规定:“本善堂会员如有服务，努力不避，或踊跃捐输充实业务者，由本堂于年度终结，由理事会考核呈报县府奖励。"① 由于史料所限，难以考证每名会员应缴纳多少会金，但总金额甚少。1947 年上半年收入会员金 7900 元，只占该期善堂总收入的 3634900 元的 0.21%，微乎其微。但理监事捐款颇多，尤其在中华人民共和国成立前后（1949 年 7 月—1950 年 4 月），受到战争等因素影响，东山善堂向外界筹募善款颇为困难，理监事遂每月捐款，但金额不定，其中有连续三个月为 18 元，而其他月份则多寡不一，或许是理监事根据实际情况捐款。

东安善堂能获得民众踊跃捐款，主要是由于"东山孤悬海岛，物产不丰，地方经济异常枯竭，人民生活困苦"，亟需慈善团体贡献力量改善民生，然而"各团体职员多因生活所累，未能尽力顾及，故各团体业务除华侨、渔业、商业等"，官办慈善机构未能设立，东安善堂弥补官府职能缺失，成为维系东山社会运转所必需，故深受民众信赖。除此之外，东山县民间信仰兴盛，功德福报思想深入人心，如东安善堂在征信录封面所言"节我日用，解我义囊，慷慨输将，功德无穷"。通过节省日用开支，捐献慈善，能够获得无量功德，民众对此颇有触动，故积极向东山善堂捐款捐物。

总之，全面抗战前后，东安善堂的筹资渠道呈现明显变化。全面抗战爆发之前，东安善堂经费主要来源于本地捐款，海外华侨捐款虽少，但较为稳定。全面抗战爆发之后，东山频遭日军入侵，损失惨重，亟需救援物资，海外华侨心系乡梓，踊跃捐款，成为战时东山善堂的主要经费来源。太平洋战争爆发后，海外华侨捐款渐趋萎缩。全面抗战胜利后，海外侨界捐款有所恢复，但东山民生凋敝更甚，旅外东山同乡逐渐取代华侨，成为东安善堂的重要资助者。由于海岛自然环境的影响，东安善堂本地捐款主要来自渔业与航运业，剩余基金多寄存商行生息、或充作母本，较少采取购置田产生息，民众乐衷于向善堂

---

① 《福建省东山县东安善堂章程》，《福建东山县东安善堂民国二十九年夏秋收支清册》，东山县档案馆馆藏档案，未编号。

捐款，仍主要是基于福报理念，较少受到近代公益思想的影响。

四　东安善堂经营实态的转变

托尔斯坦·凡勃仑认为，制度是环境作用的结果，制度须随着环境刺激的变化而变化。[①] 全面抗战爆发后，形势剧变，促使国民政府加强控制民间组织，以动员更多社会资源。东山作为海疆前线，更是如此，东山善堂按照政府要求进行改造，管理制度发生一系列变革。

（一）政府控制的加强

1931 年，东安善堂的成立，仅经"县党政当局核准设立"。业务相对独立，与官方联系并不密切。全面抗战爆发后，东安善堂经福建振济会呈请国民政府振济委员会核准备案，[②] 被纳入官办救济体系。较成立之初，其管辖层级显著提高，凸显官方对民间慈善团体控制的增强。在东安善堂日常管理中，亦体现政府影响的扩大，根据《东安善堂章程》规定本善堂会员如有服务，努力不避，或踊跃捐输充实业务者，由本堂于年度终结，由理事会考核呈报县府奖励。若理监事有重大过失"经会员大会议决，令其退职或由主管机关令其退职者"，东山县政府可对善堂成员予以奖励，罢免不合格管理人员。东安善堂还按照地方政府要求，设立救护队、掩埋队，"抢救挖掘，尤见努力，曾经本县党政当局传令嘉奖"。东安善堂捐款的名单中，有警察局、镇公所、抗敌后援会等公立机构，尽管他们捐款较少，但反映东安善堂颇受东山地方政府支持。与此同时，东安善堂的管理者亦努力经营与官员的关系。1939 年，东山县孙姓县长离任时，东安堂动用善款挽留其留任，可见东安善堂与地方政府关系密切。

（二）社团体制的建立

东安善堂成立初期，主要是效仿潮汕善堂模式设立，介于道堂与

---

① 参见［美］托尔斯坦·凡勃仑《有闲阶级论：关于制度的经济研究》，商务印书馆 1964 年版，第 140 页。

② 20 世纪 30 年代，国民政府内政部规定，各级赈济委员会之"赈"字一律用"振"字。

善堂之间。全面抗战期间，东安善堂制定章程，对会员权益、组织构成、管理体制作了详尽规定。如章程第一条规定凡"思想纯正、热心地方慈善公益，凡赞同本善堂宗旨"的人士，经两名会员介绍，向理事会申请，并捐款若干，即可入会。会员除应遵守东安善堂章程及议决案外，还需接受善堂所指派工作，轮流驻堂服务。在贡献的同时，东山善堂社员亦享受有"选举权与被选举权、发言权表决权、善堂所举办各种事业上之利益、其他共应之权利"[①]。此处所谓的选举权，指的是会员可通过投票推选理事、监事，表决堂中重大事务。东安善堂下设立总务股、救济股、劝募股、宣传股、组训股、交际股。会员大会为最高权力机构，具有审议理事会之会务报告、选举理监事、决定经费预算、其他重要事项之决定。会员大会每年召开一次，如有会员三分之一以上请求，或理事会认为必要时，得召集临时会。可见按照东安善堂的章程，体现民主的精神，具有鲜明的现代社团特征。

（三）堂主的更迭

东安善堂作为东山县主要的慈善机构，堂长不仅应有相当社会声望，还需有一定经济实力，方能起表率作用。堪称地方民间力量的领袖，其人选的变化，折射地方权势的转移。东山善堂首任堂长何照吾，为东山名绅，颇具威望，故能号召民众，创建善堂，连任三届，直至1939年方卸任。继任者欧志元，亦连任堂长数届，直至1948年离任。其间东山曾二度遭到日寇入侵，欧志元一方面协助政府抗战，救助难民，另一方面号召海外侨胞、社会各界捐款，对保障全面抗战期间东山社会稳定贡献颇巨。值得注意的是，欧志元原为普通渔家子弟，后以书画享誉漳州，之所以在东山威望如斯，除因其能力人品外，还因为民国东山崇文重教，文人具有较高社会地位。东安善堂第三任堂长为曾启昌，他长期侨居新加坡，经营泰国、新加坡之间粮食贸易，其船行所属货轮达40余艘，曾两度担任星洲南洋东山会馆主席，在侨界

---

① 《福建省东山县东安善堂章程》，《福建东山县东安善堂民国二十九年夏秋收支清册》，东山县档案馆馆藏档案，未编号。

颇有影响，此时国内时局动荡，善款难筹，由其出任堂长，有助于筹措更多的海外资源。东安善堂三任堂长反映东山经历由士绅、文人、侨商权力网络结构的转换。

（四）管理人员的增加

东安善堂成立之初，即聘请潮汕善堂的李应书担任司理，负责经办堂内具体事务，其月薪在征信录中有明确记载。如 1937 年 7 月—12 月，其月薪 11 元（大洋），约占善堂总支出的 113.335 元的 10.3%。总体来看，李应书报酬相对稳定，波动幅度不大。1940 年之后，征信录中未见李应书记载，但每期有"庶务半年薪水"的开支，如此变动，或缘于战事加剧，导致善堂业务的增加，仅靠司理难以处理堂务，故增加庶务，协助工作。至 1944 年，堂内共有领取薪水职员四名 16200 元，占总支出 24.8%，1946 年又增加职员 1 名，支出薪水 251000 元，占总支出 9.5%，但至 1947 年，职员人数又减为 4 名，相关费用支出 740000 元，占总支出的 20.36%。总体来看，全面抗战期间东安善堂支取薪水的职员数量不断增加，反映其业务范围的不断扩大。

（五）监督机制的强化

全面抗战爆发之前，东安善堂已规定每年收支款项分夏冬二期结账，并通过印发征信录等形式，"以昭公开而清手续"，如果有漏登或错登现象，"敢请乐输者到本善堂指明补记或更正之"，以此获得公众信任。全面抗战时期，征信制度得以延续，每半年均定期发布征信录，且收支记载更为详尽，力求分毫不差。除此之外，东安善堂还建立监事制度，按照章程规定，监事由会员选举产生，东安善堂应设置常务监事一人、监事三人、候补监事一人，负责监察会员履行义务事项、稽核经费之收支事项、办理其他有关监察事项等。监事制度是对征信制度的完善与补充，增强民众对东安善堂的信任。

总之，全面抗战爆发后，为应对时局需要，东安善堂与政府的联系日益密切，被纳入官办救济体系，受到政府的管理与监督。与此同时，东安善堂制定章程，建立会员大会制度，设置理监事，按照科层制原则划分内部部门，力图将善堂建设成为社团。但受到客观环境的影响，东安善堂仍保留诸多传统特征，欧志远等人仍然是基于儒家思想行善，如其在《海内外同胞实行人生互助书》所言："孟子曰，恻隐之心，人皆有之，每读其书，深味斯言，固为人道至理，圣哲明言，然人虽有恻隐之心，妙在贵能实行，扩而充之，现于事实，则恻隐不至空洞，方为可贵也。"可见其行善仍基于传统儒家理念，遵循圣贤教导，并将之付诸行动。故新旧杂陈是全面抗战时期东安善堂管理体制的特征。

五 余论

"社会史研究应注意与环境史研究的结合。"[①] 两者的交叉渗透，有助于理解人地关系，把握区域特性。慈善史研究致力于考察人类历史上的慈善活动，除从人类自身社会角度加以动态考察外，还应结合生态环境等要素加以深入分析，更为深刻地理解慈善行为、慈善主体、慈善效应、慈善文化、慈善景观等等，更为准确地把握社会与自然互动关系，进而诠释慈善的时空差异与地域特征，拓宽深化慈善史研究的新领域。

东山地处海岛，土地贫瘠、辖境较少，地方政府财政困难，难有作为，故东安善堂在地方事务中发挥重要的作用，颇具海岛特色。东安善堂的兴起，得益于海上贸易商业网络，使潮汕善堂文化得以传入，推动祖师信仰的普及。借助神缘网络，东安善堂与潮汕一带善堂互动频繁，借鉴其运营模式，遵循儒家慈善理念，业务以育婴、施医、济困、恤孤、施棺为主，未呈现较多的近代化特征。全面抗战爆发后，随着战事加剧，东安善堂的业务逐渐演变，救济难民、施棺、施粥成为主要业务，管理体制亦根据政府的规定而调整，成为正式注册的社团，政府的控制不断加强。

东安善堂的兴起，可视为异地文化的移植，契合本地社会实际，得以迅速发展，并由于海岛生态环境与生计方式的不同，加之受到时

---

① 邹逸麟：《有关环境史研究的几个问题》，《历史研究》2010 年第 1 期。

局的影响，使东安善堂形成较为独特的运行方式，适应社会变迁之需要。就闽南区域而言，东安善堂较为典型，不仅对区域社会影响颇深，亦是闽南地区唯一被纳入潮汕善堂体系的善堂。究其原因，在于东山岛所处的地理位置，使其与潮汕地区形成共同的商业网络，进而促进文化的传播。故东安善堂的创建与发展，凸显海岛生态、商业网络、文化交流、社会变迁之间错综复杂的关系。

以往侨乡近代化研究，多强调华侨的影响，但华侨的作用因时空演变而有所不同，在厦门等地，华侨对城市近代化的影响甚深，但东山近代化进程较为缓慢，传统意识形态仍然有较大的影响，直至日寇入侵后，严重破坏当地社会形态，华侨的捐赠方迅速增加，侨乡网络、商业网络、神缘网络是东安善堂从外界获取资源的主要途径。对华侨与侨乡的互动关系，因根据时空演化、结合各种因素而加以论述，不可一概论之。

第七章 海上丝绸之路与近世以来福建民间信仰

第一节 晚清闽南华侨与闽南寺庙营建

晚清时期，闽南华侨虽身在海外，仍积极参与原乡寺庙的营建，成为闽南民间信仰发展的重要动力。已有多位学者对此关注，但较少从宏观层面加以专门探讨。① 因此笔者拟以碑刻资料为中心，对清代华侨捐资闽南寺庙相关情况做一梳理，分析其时空特征及形成机制，探讨华侨捐庙的行为动机及社会影响。

一 清代闽南华侨捐庙的历史演化趋势

随着海上丝绸之路的发展，清代数以百万计的闽南民众下南洋，谋生经商，华侨群体日渐兴起，他们不仅寄回巨额侨汇，还积极参与各种公益事业，以捐资建庙颇为典型，事迹多铭刻碑文之中，供后人瞻仰。笔者通过系统收集闽南碑刻资料②，共收集关于华侨捐赠寺庙碑

---

① 郑振满：《国际化与地方化：近代闽南侨乡的社会文化变迁》，《近代史研究》2010年第2期。

② 主要有郑振满、〔美〕丁荷生编纂《福建宗教碑铭汇编：泉州府分册》，福建人民出版社2003年版；郑振满、〔美〕丁荷生编纂《福建宗教碑铭汇编：漳州府分册》，福建人民出版社2019年版；何丙仲编著《厦门碑志汇编》，中国广播电视出版社2014年版；何丙仲撰稿《厦门摩崖石刻》，福建美术出版社2000年版；吴文良、吴幼雄《泉州宗教石刻》，科学出版社2005年；陈立献、王焕民、孙陈清《泉郡碑刻百篇译注》，中国文联出版社2014年版；粘良图、陈聪艺编注《晋江碑刻集》，九州出版社2012年版；潘英南、吕荣哲《南安碑刻》，作家出版社2003年版；王文径《漳浦历代石刻》，1994年。另外笔者通过田野调查收集碑刻多方。

20方，以此梳理近代闽南华侨捐庙概况。

（一）康熙中前期

清顺治十八年（1661），清廷为杜绝沿海民众与郑氏政权接触，下迁界令，沿海屋宇、宫庙多遭废弃，大批民众被迫内迁。1683年，台湾收复后，清廷颁布"展界令"，民众返回故乡，重建宫庙，但百废待兴，资金匮乏，只好向海外华侨题缘，从现存二方碑刻中颇有体现。其一为《吧国缘主碑记》（康熙三十六年，1697），该碑立于慈济东宫内，记载闽南民众向海外华侨募捐建庙的经过。慈济东宫为宋绍兴三十年末（1151），吏部尚书颜师鲁向宋高宗"捐俸奏请"设立，后承事郎颜唐臣"复为恢廓其制，基址壮丽，费以巨万"，成为祭祀保生大帝的祖庙。返回家园的颜氏族人"复捐募重建，营立殿阁"，试图重建东宫，但经历迁界之难，民生凋敝，工程窘于财力，只能"架构粗备，未获壮观"。幸而旅居吧国（即菲律宾马尼拉巴达维亚）的"甲必丹郭讳天榜，林讳应章诸君子捐资助之"，东宫得以重建。碑文中列名题缘者122人，共募集捐银1153.8两，其中甲必丹14人（见表7-1）共捐438两，占所捐总额37.96%，凸显其在华人社会中的领袖地位。

表7-1　　　　　《吧国缘主碑记》所载捐款甲必丹及金额

姓名	金额	姓名	金额
郭天榜	60两	黄廷琛	36两
王应瑞	18两	林儒廷	6两
林应章	30两	林元芳	12两
郭居鼎	36两	林祖晏	12两
马国章	60两	王绍睿	24两
蔡宗龄	60两	林万应	12两
蔡凤翔	60两	陈炯赏	12两

资料来源：《吧国缘主碑》，该碑现存于厦门海沧区慈济东宫内。

《吧国缘主碑记》仅记载捐款华侨姓名及金额，较为简略，而距慈济东宫数里外文圃山《重兴龙池古刹碑记》，则详细记载僧众向海外华侨募捐重建龙池寺事略。龙池寺为闽南名刹，初创于唐代，后屡加兴修，在清初"迁界"运动中遭到拆毁，复界后，僧人文晦上人"还瞻故山，悲悯侈泐，志切修复"，但其所遭遇情况与慈济东宫相似。于是派遣人到海外"万里募诸外国大檀越"，甲必丹郭天榜与募缘人邂逅后，发善心捐银，龙池寺后殿得以落成，后又在郭天榜等人支持下，募足建庙所需全部费用，于康熙己亥年（1695）十月动工、次年竣工（1696）。

表7-2　　　　　　　　　　　重修龙池寺檀樾主与缘首

郭天榜	215	林应章	215
蔡宗龄	100	马国章	70
雷珍兰：王应瑞	10	郭居鼎	25
美硕甘：林元芳	25	陈炯赏	20
安问甲必丹：林乞	20	万丹甲必丹：蔡腾	10
郭邦屏	20		

资料来源：《重兴龙池古刹碑记》，该碑现存于漳州角美台商投资开发区文圃山龙池寺内。

慈济东宫与龙池寺捐赠者颇有重合，倡导者均为郭天榜、林应章，缘首蔡宗龄、马国章、王应瑞、郭居鼎、林元芳、陈炯赏六人均向两家寺庙捐款，但《重兴龙池古刹碑记》立碑时间早于《吧国缘主碑》14个月，故有可能是颜氏族人效仿龙池僧人，赴海外募缘重修慈济东宫。清代展界之后，两庙亟待修复，但闽南民间财力困窭，吧城华侨财力殷实，因此募缘者先后通过海上丝绸之路，前往吧国题缘。

龙兴寺捐款者主要为华人精英，31人共捐款920元，其中侨领11人共捐款810元，占捐款总额88%。慈济东宫捐款者主要为普通华侨，122人共捐款1153.8两，其中甲必丹14人共捐438两，占37.96%，凸显保生大帝信仰已在吧国广为流传，故能动员更多普通群众捐款。《吧国缘主碑记》《重兴龙池古刹碑记》为17世纪仅见华侨捐赠闽南寺庙的碑刻，此后百余年间，闽南碑刻中未见相关记载。

（二）康乾时期

18世纪，清廷对海外华侨政策趋于严厉，多次颁布法令，杜绝移民海外。康熙五十一年（1712），清廷下令"所去之人留在国外，将知情同去之人枷号三月，该督行文外国，将留下之人令其解回立斩"①。清廷视华侨为"天朝之弃民，不惜背祖宗庐墓，出洋谋利"，认为他们"本无资本流落番地，哄诱外洋妇女，娶妻生子，迨至无以为生，复图就食内地以肆招摇诱骗之计者"。甚至还担忧华侨"倘有与外夷勾连，奸诡阴谋，不可不思患预防耳"。华侨颇受歧视。雍正、乾隆、嘉庆三朝"清朝政府对华侨出入国的各项禁令逐步完备，并基本上稳定下来"②。华侨从海外归来，常被以通番罪论处。如此政治环境下，海外华侨势难向闽南寺庙捐款，故未见相关碑刻记载。

（三）嘉道时期

此段时期，尽管"清朝对海外华人潜在力量的认识还只限于耳闻非目睹，对海外华人的力量也不屑一顾"③。但清廷基本延续前朝海禁政策，对民众出洋管控有所放松，华侨得以向闽南寺庙捐款，在《嘉庆重修东宫碑记》《万寿宫题捐碑》两块碑文中有所体现。嘉庆年间慈济东宫重修，"吉连丹共捐银31大员""丁叽宜共捐银120大员"，"吉连丹"与"丁叽宜"均为东南亚地名。万寿宫位于漳州角美镇田里村，④ 于道光戊子年（1828）重修，69名捐款者均为王姓，其中吕宋信士36人、苏禄33人，共捐款270元。可见王氏族人到菲律宾群岛谋生者颇多，被视为修庙可以倚仗的主要力量。

（四）清末时期

鸦片战争过后，中国国门被打开，闽南与东南亚等地密切接触，华侨捐款宗教碑刻急剧增加，达到17方，远超前代，兹根据相关史

---

① 《清圣祖实录》卷二七一，台湾经济研究室1967年版，第6—7页。
② 庄国土：《清朝中期的华侨出入国政策》，《南洋问题》1986年第2期。
③ 王日根：《明清海疆政策与中国社会发展》，福建人民出版社2006年版，第467页。
④ 该庙原处漳州角美镇田里村，为嘉庆年间修建，主祀飞天圣君、保生大帝和三保佛，为二进宫殿式建筑。由于田里村村民均为王姓，万寿宫亦具有王氏家庙的性质。

料，制成表7-3。

表7-3　　　　　　　　　咸同光时期华侨捐赠概况表

捐赠碑名	时间	地点	捐款者	资料来源
重修慈济祖宫碑记	咸丰甲寅年	厦门海沧青礁慈济东宫	青礁慈济祖宫，崇祀保生大帝地也。帝之神无所不之，帝之灵亦无祷不应。华夏蛮貊，罔不钦其德而沐其恩。故庙貌颓颓，见之闻之，咸踊跃乐输，贡生陈金钟捐佛银一百大元	笔者田野调查所见碑文
重修西昆慈济宫题捐碑	咸丰六年孟夏之月	角美石美村西门社西昆慈济宫	山版社吕宋捐题：陈福水等42人捐题493大员；白石文峰社，青田社吕宋捐题：丁妈待等4人共捐银59.2元。□□社吕宋题：林□□捐等3人捐银108元；蔡店社吕宋题：蔡缵绪等3人捐银86大员；苍里社吕宋题：庄光梧等4人捐银15大员；苍里社吕宋题：庄光梧等2人捐银10大元；白石杨厝社吕宋题：杨快才等2人捐银26大员	郑振满、丁荷生编纂：《福建宗教碑铭汇编：漳州府分册》（第2册），福建人民出版社2019年版，第481—482页
重修龙应寺阳德碑记	咸丰七年秋冬	东园镇过田村俊美社龙应社	三宝垄甲必丹大陈源泰捐乌银二百四十大员。信士陈金钟捐乌银一百二十大员。董事陈沉生捐乌银一百大员。陈开榜捐乌银六十大员	郑振满、丁荷生编纂：《福建宗教碑铭汇编：漳州府分册》（第2册），福建人民出版社2019年版，第485—486页
清宝殿吕宋题缘碑记	咸丰九年	漳州龙海角美镇锦宅村新街社清宝殿	黄光凛等90人，共捐银364大元	郑振满、丁荷生编纂：《福建宗教碑铭汇编：漳州府分册》（第1册），福建人民出版社2019年版，第494页

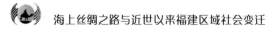

续表

捐赠碑名	时间	地点	捐款者	资料来源
重修镇南宫碑记	同治二年癸亥十二月	漳州龙海角美镇南门村玄天上帝庙	捐题吕宋缘银名次黄顺风、谢芳日等60人，共捐英银155元	笔者田野调查所见碑文
重修辅信将军庙题捐碑	同治五年阳月	漳州龙市海东园镇东园村下井社辅信将军庙	在槟榔屿、高吧、蓬仔等处诸弟子喜助缘金，共捐英银51元、库重三十六两九钱七分伍厘正。修理霞井壁埕及诸费，捐金名次：甘双吉捐英银4元。甘和坤、连登、烈火、建德、泉观各劝捐英银二元	郑振满、丁荷生编纂：《福建宗教碑铭汇编：漳州府分册》（第2册），福建人民出版社2019年版，第505页
重修龙鹫堂西洋题捐碑	同治六年丁卯腊月	角美镇锦宅村龙鹫堂	西洋捐题名次：黄锦祥公司捐英银二百大元。黄松得等11人（均为黄姓）共捐英银330大员	郑振满、丁荷生编纂：《福建宗教碑铭汇编：漳州府分册》（第2册），福建人民出版社2019年版，第506页
重兴海澄县城隍庙题捐碑	同治八年元月吉旦	海澄镇海澄城隍庙	茂得万鹅、金振发鹅、金顺泰鹅、金振欲鹅各捐英银六元	郑振满、丁荷生编纂：《福建宗教碑铭汇编：漳州府分册》（第1册），福建人民出版社2019年版，第508页
重修祖圣宫题捐碑	光绪元年元月	浮宫镇埔里存霞谷祖圣宫	郭番官捐银五十二元；公司茂泰捐银二十二元	郑振满、丁荷生编纂：《福建宗教碑铭汇编：漳州府分册》（第1册），福建人民出版社2019年版，第527页

续表

捐赠碑名	时间	地点	捐款者	资料来源
重修祖庙番邦捐资芳名碑记	光绪三年桐月	东园镇厚境村曾氏孝思堂	龙山堂捐英 120 大元、太学文明捐英 140 元、振训捐英 24 元 共 45 人合计捐款 421 元	郑振满、丁荷生编纂：《福建宗教碑铭汇编：漳州府分册》（第 2 册），福建人民出版社 2019 年版，第 537 页
三元祖庙吕宋题捐碑	光绪五年己卯十二二月	此碑现存角美镇玉江村三元祖庙后殿义武坛	捐题吕宋本庙十月初一日演唱官音郭钦观等 57 人捐英 333 员	郑振满、丁荷生编纂：《福建宗教碑铭汇编：漳州府分册》（第 2 册），福建人民出版社 2019 年版，第 552 页
重修慈寿宫题捐碑	光绪庚子孟秋	角美镇南门村慈寿宫	廖内坡、峇眼坡董事：黄守约、黄宗器、黄芸香、石明发。甲必丹黄丰仪捐英 100 大员 黄和美等 13 人捐英 10 大元	郑振满、丁荷生编纂：《福建宗教碑铭汇编：漳州府分册》（第 2 册），福建人民出版社 2019 年版，第 617 页
重修普边宫小吕宋题捐碑	无具体日期，但从捐款人推测应为光绪年间	榜山镇普边村慈济宫	鱼补寮公司捐大银 380 元。上社陈阿斗捐大银 100 元，晋江杨□□捐大银 50 元等等。捐款商人、商号共计 57 人，其籍贯颇为复杂，有南安、安溪、晋江、龙溪、禾山等地华侨。南安蔡资深捐大银 20 元	郑振满、丁荷生编纂：《福建宗教碑铭汇编：漳州府分册》（第 2 册），福建人民出版社 2019 年版，第 640 页

捐赠碑名	时间	地点	捐款者	资料来源
重修东宫碑记	光绪二十二年	厦门海沧青礁慈济东宫	今既落成，列中外乐助义举之芳名，以勒石屋傅千秋而不朽，俾劝后人慕大义而步后尘耳：同邑陈登瑞、章桂苑（钦加二品衔花翎候选道驻新坐探南北洋委员兼办叻坡等处东账事务）、实叻万成美、敦上陈振源、叻坡复成号、实叻承和兴、福和号、实叻林德义、鼎美胡德隆、香港万茂行、香港瑞昌荣、崇真号、香港福和行、香港广长泰、香港漳德公司，以上各捐英陆拾大元；叻坡方联远、小坡新长美、陈金钟（二品衔候选道驻新加坡暹罗总领事官）、以上各捐英贰拾大员。安南瑞裕号、安南丰茂号、安南允合号、安南怡和号、安南振芳号、安南福顺荣、安南建南号、安南沈隆盛、叻坡协隆号、叻坡成德号、叻坡德安号、叻坡协恒隆、叻坡新长益，叻坡集兴叻坡协利号、叻坡捷德号、叻坡刘益昌、大和官、海印堂、漳演社、鹤山官、瑞和裕、梳利号、黄文威、叻坡祥源号、叻坡振安号、叻坡顺具号、虚石蘸、襄速芳、水潮官、叻坡畏泰号、澄邑襞典号、叻坡盛德号、叻坡隆源德、叻坡黄源美、叻坡顶发号、安南陈量力、叻坡新再顺、安南恒记号、叻坡丰吉号、叻坡原锦协盛、以上各捐英拾大元	笔者田野考察所见碑文

续表

捐赠碑名	时间	地点	捐款者	资料来源
重修古县大庙碑记	宣统三年辛亥梅月	颜厝庵前村古县社谢太傅庙（又名积苍庙）	立缘簿以募外洋。族叔郑三阳咸欢欣踊跃，乐输白金1650元；郑清发喜谢白金200元，郑漳龙喜谢白金50元，共1900元。占总捐款2400元的80%	郑振满、丁荷生编纂：《福建宗教碑铭汇编：漳州府分册》（第2册），福建人民出版社2019年版，第648页
番邦并本社捐缘开列于左			陈石棋等47人捐银1372元	郑振满、丁荷生编纂：《福建宗教碑铭汇编：漳州府分册》（第2册），福建人民出版社2019年版，第650页

资料来源：根据各类文献资料及田野调查中发现碑刻。

晚清（1850—1911），华侨捐赠寺庙碑刻急剧增多，远超过清代中前期。此种变化趋势在咸丰年间的四块碑文表现得尤为明显。第一块碑文为1855年所立《重修慈济祖宫碑记》："青礁慈济祖宫，崇祀保生大帝地也。帝之神无所不之，帝之灵亦无祷不应。华夏蛮貊，罔不钦其德而沐其恩。故庙貌顷颓，见之闻之，咸踊跃乐输。"尽管此时保生大帝信仰已经在闽南及南洋等地流传颇广，重修活动获得信徒积极响应，或许为保护捐赠者免遭官府追查，该碑未列明华侨捐款名姓。① 第二块碑文为1857年所立《西昆慈济宫题捐碑》，详细列明各社吕宋题捐者的姓名，其中山阪社的捐款者达到42名。第三块碑文为1858年所立《重修龙应寺阳德碑记》，列明捐赠者为"三宝垄甲必丹陈源泰"、陈金钟、陈沉生、陈开榜等侨领，明确记载陈源泰的甲必丹身

———————
① 注：该碑捐款者名单中，有贡生陈金声，但可能与新加坡著名侨领陈金声重名。

份。第四块碑文为 1859 年所立《清宝殿吕宋题缘碑记》，记载该庙赴吕宋题缘，黄光凛等 90 名捐赠者姓名。可见咸丰年间，华侨捐赠者从隐蔽走向公开，成为推动闽南寺庙发展的重要力量。

值得注意的是，19 世纪 50 年代，清廷仍然禁止华侨出洋。但鸦片战争爆发后，清廷内忧外患，统治衰微。咸丰登基后，疲于应对太平天国起义。咸丰三年（1853）闽南先后爆发小刀会起义、红钱会起义，蔓延至海澄、漳州、厦门、同安、漳浦、永春、德化等地，起义军建立政权，号召推翻清朝统治。与此同时，五口通商后，厦门开埠，成为最大的契约华工贸易中心，大量的闽南人口被掠夺到南洋等地，"从厦门前往英属海峡殖民地的移民劳工人流，从未间断。事实上续有苦力劳工成百人地前往新加坡等地"①。对此，清政府却无力阻止，通番禁文形同虚设，故此段时期华侨题捐碑刻骤然增加。

同光年间，近代中外交流增多，有识之士多次上书清廷，呼吁保护华侨权益，清廷逐渐调整华侨政策，标志性事件为 1877 年新加坡领事馆成立。② 与此同时，华侨通过赈灾、捐纳等活动，获得清廷授衔，得以与官员交往。至光绪年间，华侨在闽南已拥有较高的社会地位，甚至与豪门巨宦联姻，如晋江籍状元吴鲁将女儿许配给南安籍旅菲华侨蔡资深的侄子。随着地位的提升，华侨成为闽南地方社会的精英阶层，频繁向寺庙捐赠，同治朝 4 次、光绪朝 5 次，捐款人数之多、涉及地区之广，均远超前代，尤其是光绪二十二年（1896）慈济西宫重修，捐款华侨与商人近千人，涉及新加坡、泰国、安南等国。捐款华侨中，不乏颇有声望的人士，如"钦加二品衔花翎候选道驻新坐探南北洋委员兼办叻坡等处东账事务章桂苑""二品衔候选道驻新加坡暹罗总领事官漳陈金钟"等，他们通过捐纳获得头衔，故在碑刻中列明。

总之，清代海外华侨捐资兴建闽南寺庙颇为踊跃，在不同历史时

---

① 《厦门美领弗里曼致列卫廉函》，载陈翰笙主编《华工出国史料》（第 3 辑），中华书局 1981 年版，第 179 页。

② 余定邦：《清朝政府在新加坡设置领事的过程及其华侨政策的转变》，《中山大学学报》1988 年第 3 期。

期呈现鲜明的时代特点。清初展界后，龙池寺、慈济东宫等沿海庙宇亟待重建，但地方士绅窘于财力，只能赴海外募缘，吧国华侨积极响应，贡献颇巨。随着清廷海禁政策的推行，华侨被视为弃子，不仅得不到保护，回国亦会被通番罪论处，海外捐款遂告断绝，未在碑刻中有所体现。嘉道年间，清廷虽然延续海禁政策，但管制力度有所放松，海外华侨得以恢复对闽南庙宇捐赠，姓氏被铭记碑刻中。咸丰年间，清廷统治乏力，闽南多次爆发农民起义，加之猪仔贸易的兴起，使清政府海禁政策名存实亡，华侨捐赠闽南庙宇颇为踊跃，在多方碑刻中留有记载。同光年间，清廷调整政策，对华侨日益重视，设立领事馆，给予各种表彰。华侨社会地位大幅提升，故碑刻中铭刻捐资华侨姓氏。总之，华侨捐赠主要受到政策环境、社会需求、社会环境等三个因素的影响。

二 清代华侨捐赠闽南寺庙的时空特征

闽南海外捐款，体现侨居地与祖籍地密切的关系。随着海外华人势力的消长，海外华侨捐赠中心先后经历吧城、吕宋、实叻等三个转移，凸显国际形势的演化。

（一）清代初期捐赠以吧城为中心

根据《吧国缘主碑记》《重兴龙池古刹碑记》捐赠主要来源于吧国，即巴达维亚城（Batavia）。1619年荷兰将东印度公司总部迁移至此，[①] 开展殖民统治，该城逐渐成为东南亚的贸易中心和统治中心。随着大帆船贸易兴起，大量闽南民众搭乘商船前往东南亚谋生，"流寓土夷，筑庐舍，操佣贾杂作为生活。或娶妇长子孙者有之。人口以数万计"[②]。其中吧国华侨人数增长尤为迅速，"1619年前，吧城华侨人数不足四百人，不到十年间，即1627年，该城华侨人数已达3500人，

---

① 吧国原名巽他卡拉吧（Sunda Kelapa），地处爪哇岛的西北海岸，吉利翁河（Ciliwung River）河口，12世纪时，尚为小渔村。新航路开辟后，巽他卡拉吧因其地理位置重要，成为各方势力争夺的目标。1527年，万丹国将其征服，更名为查雅加达（Jayakarta）。

② 顾炎武：《天下郡国利病书》，第26册，上海古籍出版社1995年版，第193页。

其中大多数是福建漳州、泉州二府的移民"①。因此展界之后，民众重建庙宇资金匮乏，向吧国乡亲募款为势所必然。

除吧国外，印尼群岛其他地方华侨亦参与捐款，如"安问甲必丹林乞、万丹甲必丹蔡腾"。安问即安汶（Kota Ambon），位于印度尼西亚安汶岛上，为马鲁古（Maluku）首府，以盛产香料著称，为荷兰东印度公司最初总部所在。万丹（Banten）位于西爪哇群岛，在16世纪末经取代马尼拉，成为东南亚胡椒贸易的中心。荷兰殖民者试图染指未果后，方将吧国作为殖民统治中心。1684年，万丹被迫签订不平等条约，沦为荷兰东印度公司属国。故至17世纪末，吧国安问、万丹均被纳入荷兰势力范围，华人社群间互动频繁，互通信息，形成颇具凝聚力的共同体，故三位甲必丹向龙池寺联合捐款。

（二）清代中期捐赠以吕宋（即今日马尼拉）为中心

明代中后期，大批闽南商人从月港到吕宋与葡萄牙、西班牙贸易用丝绸换取银元。"有的甚至长期居住于马尼拉，成为当地称为Sanley的一个人群，组成一个规模不小的华人社会"②。居民以漳州籍尤其是海澄籍人士为主。西班牙殖民者担忧华人势力过大，威胁其统治，在1603年、1639年、1662年发动三次种族屠杀，华侨遇难者数以万计，直到18世纪末，吕宋华人社会仍未复元。因此海澄民众重修慈济东宫、龙池寺，改道巴达维亚题缘。

清代五口通商后，厦门与马尼拉贸易频繁。1739年，有25艘商船到达菲律宾群岛，其中16艘是厦门船，1艘是广州船，还有8艘是其他各港的船。③同光年间，许多福建民众前往吕宋定居经商。1870年，厦门、香港和马尼拉之间的三角航线定期汽轮开辟，月开2班，用于菲外国商行往来及运载苦力。1896年，吕宋登记的华侨人口达10万

① 陈支平：《闽南文化的世界性特征》，载肖庆伟、邓文金、施榆生主编《闽台文化的多元诠释》（第3册），厦门大学出版社2014年版，第263页。
② 周振鹤：《略论晚明福建漳泉地区对吕宋的移民》，载李庆新主编《东亚海域交流与南中国海洋开发》，科学出版社2017年版，第204页。
③ 维·罗·加西亚：《马尼拉大帆船：1739—1745年》，载《中外关系史译丛》（第1辑），上海译文出版社1984年版，第177页。

人，其中绝大部分为闽南人。① 吕宋逐渐成为海外华侨向闽南寺庙捐款的中心。14块捐款碑中，有6块与吕宋有关，其中有3块直接以吕宋为碑名，分别为《清宝殿吕宋题缘碑记》《重修普边宫小吕宋题捐碑》《三元祖庙吕宋题捐碑》。据立于角美镇锦宅村新街社清宝殿的《清宝殿吕宋题缘碑记》记载，咸丰九年（1859），该殿重修，董事前往吕宋题捐，捐款人达到90人，共364元。② 闽南寺庙重修获得吕宋华人社会的积极支持。

（三）清代中后期捐赠以新加坡为中心

1819年英国东印度公司登陆新加坡，五年后，将其正式纳入英帝国属地。1869年苏伊士运河开通后，新加坡迅速崛起，成为东南亚航运中心，云集大批闽南民众。这在《重修东宫碑记》（光绪二十二年）颇有体现。重修东宫，海外华侨捐款分别来自"叻坡""实叻""小坡""安南""香港""佳锡""仰岗"等国家与地区，③ 从捐款总额来看，海外捐款达到2457英镑、4232盾，其中来自叻坡为986英镑、实叻300元、小坡44元。④ 换言之，新加坡捐款占总捐款54.13%，凸显其在东南亚地位的提升，成为闽南华侨的重要聚集地。

近代之后，华侨捐款地日趋多元化，除新加坡、吕宋等外，有仰光、马来西亚等地捐款，来自泰国捐款尤多，如《重修东宫碑记》（光绪二十二年）中，泰国捐款2180盾、捐款商号33家，仅次于新加坡。泰国华侨数量众多，与粮食贸易有着密切关系。清代闽南等地粮食短缺，而暹罗"其地米甚饶裕，价值亦贱，二三钱银即可买稻米一石"⑤。清廷出台政策，鼓励闽南商人赴暹罗购买大米，每年粮食贸易

---

① 庄国土、陈华岳等著：《菲律宾华人通史》，厦门大学出版社2012年版，第672页。

② 郑振满、丁荷生编纂：《福建宗教碑铭汇编 漳州府分册》（第1册），福建人民出版社2019年版，第494页。

③ 由于海外华侨所捐款即有英镑、盾等货币，国内难以加以精确统计华侨所占的比重。

④ 叻坡、实叻、小坡、大坡为新加坡地名。"石叻坡""实叻"由马来语"SELAT"转换而来，是华人对新加坡的旧称。新加坡华人习惯称新加河以南为大坡，称新加河以北为"小坡"。牛车水唐人区在大坡，著名的白沙浮在小坡。

⑤ 《清圣祖实录》卷二九八，中华书局1985年版。

达到数万石之多，故暹罗成为闽南商人的重要聚集地。

值得注意的是，华侨捐赠的寺庙主要分布在漳州，其中又以角美地区较为集中，泉州地区偏少，此种空间分布特点或许受到华侨信仰、华侨籍贯等因素影响。旅外闽南华侨多笃信保生大帝，角美为保生大帝祖庙所在地，寺庙众多，成为华侨朝圣圣地。从华侨籍贯来看，早在明代中后期，大批闽南民众从漳州月港渡海到东南亚谋生，其中相当部分是海澄籍，他们将原乡神灵最早传入东南亚，奠定华人社会信仰雏形，推动捐款助庙风气的形成。

三　清代华侨捐赠闽南寺庙的动机

清代华侨捐赠闽南寺庙具有人数多、捐款巨、涉及地区多的特点，均为志愿性质，甚至在咸丰年间清廷尚未取消禁令时，亦踊跃捐款，无所顾忌。华侨如此热衷，与以下因素有关。

（一）福报思想

明清时期，闽南佛教事业发达，信佛者颇多，加之善书流行，福报等观念深入人心，捐庙建寺被视为可积无量功德，故海外华侨乐于捐赠。此从龙池寺的募捐可见一斑，当郭天榜"欣然许可"捐资修庙后，在座林应章曰："古人耻私其美，公修善果，可不令人分劳乎？"公曰："人固知福田不可独种，然非口口/夙缘，谁肯乐此者。"此段对话说明郭天榜、林应章深受佛教思想影响，视捐资兴庙为"善果""福田"，可积阴德，不可"独种"，且捐赠需要"夙缘"。在许多华侨看来，他们在海外能够顺利平安，有必要酬神感恩，继续获得神灵庇佑。

（二）提升声望

闽南民间信仰兴盛，寺庙在地域社会中扮演着重要作用。华侨在海外谋生，被官府视为"抛家弃子之人"，颇受歧视。他们通过捐赠寺庙，提升声望，扩大在地域社会的影响，赴吧国募缘的乡人李琳正是通过此种方式游说郭天榜"述及兴岩，谓士民过者莫不啧啧称誉，倘能完复旧制，则公之功与山灵胜迹共垂不朽"，使郭天榜"欣然许可"。当寺庙顺利竣工后，当地民众认为"然颂功德而扬盛举者，当不在二公之下矣"①。于是请进士吴钟撰书，将郭天榜等人义举铭刻碑上，以表彰其贡献，激励后来者。

（三）传承香火

闽南民众到海外经商定居，常到庙里祈求庇佑，携带神像渡海，使闽南民间信仰以"分身""分香"的形式，传播到东南亚各地。当闽南祖庙重建时，分庙亦踊跃捐资，以增强自身法统性。如康熙年间慈济东宫重建，"甲必丹林应章与美锡甜马讳章同议，将吧国三都大道公缘银丑、寅二年共交银四百二拾两"②。三都是"海沧"旧称，大道公即"保生大帝"俗称，在吧国信奉者尤多，缘银达到四百两之多，由甲必丹与美锡甜（应为美色甘，Weeskamer）两位华人自治领袖共同管理，反映清初华侨已在吧国形成有影响力海外社群，对家乡文化的认同，使他们设立分庙祭祀保生大帝，集体向慈济东宫捐资，构建闽南与吧城神缘网络。除保生大帝外，其他民间信仰在海外亦广为流传。如龙溪社辅信将军庙需要重修，该庙董事到海外劝捐。获得"槟榔屿、高吧、蓬仔等处诸弟子喜助缘金，共捐英银51元、库重三十六两九钱七分伍厘正"③。

（四）追根认祖

清代闽南乡村多聚族而居，村庙即族庙，当族庙需要重修时，海外族人积极响应，其动机正如时人所言"窃维祠堂者，孙子本根也；本根部庇，枝叶其曷所附？"此类寺庙捐款额之多，常超出募捐者意料。白水镇金鳌村杨氏大宗祠重修"未数日，鸠金千余，而鳌裔之远在南洋、瓜洼各埠者，闻风兴感，乐输复千余金"④。得益于资金充裕，重修仅用十月竣工。通过宗亲会的组织运作，海外族人能够被快速动员，迅速筹足善款。宣统年间，海澄县厚境村曾氏孝思堂重修祖庙，

---

① 该碑现列在青礁慈济东宫内，清代属于漳州府海澄县，今已划归厦门海沧区。

② 《吧国缘主碑记》，该碑现列在青礁慈济东宫内。

③ 《重修辅信将军庙题捐碑》同治五年阳月，郑振满、丁荷生编纂：《福建宗教碑铭汇编：漳州府分册》（第1册），福建人民出版社2009年版，第505页。

④ 《金鳌重修祠堂记》，郑振满、丁荷生编纂：《福建宗教碑铭汇编：漳州府分册》（第2册），福建人民出版社2009年版，第641页。

向番邦题捐，共45人合计捐款421元，其中"龙山堂捐英120大元、太学文明捐英140元"。龙山堂即为曾氏子孙移民海外所设立的分堂，在其运作下，此次募捐收效显著，故碑刻中如是记载："以上番邦所捐之项，本为修理祖庙之费。因各房孙子踊跃，议将田种、丁科银。兴修已竣，合将所剩番银另置租田捌斗种。"① 此处番邦、西洋均为闽南民众对海外国家的统称。

总之，清代华侨捐赠闽南寺庙动机颇为复杂，即有基于宗教信仰，提升个人声望考量，也受到追根认祖、传承香火等因素的影响。各种因素的交织，使华侨踊跃捐款，成为推动闽南宗教事业发展的重要力量。

四 清代华侨捐赠闽南寺庙的影响

海外华侨向闽南寺庙捐赠，使其获得充裕的资金、得以兴建或重修，不仅推动闽南宗教事业的发展，而且构建跨国宗教网络，密切了闽南与海外社会互动，在相当程度上丰富海上丝绸之路的内涵。

（一）推动闽南宗教事业发展

得益于海外华侨的捐款，闽南寺庙得以重建，这在清初与近代表现得尤为明显。清初展界之后，百废待兴，民间财力困乏，得益于海外华侨的捐款，使龙池古刹、慈济东宫得以重修。近代之后，尽管闽南时局动乱，经济凋敝，但得益于华侨海外捐款，闽南能持续获得域外资源，兴寺建庙，宗教事业日益发达，成为显著的区域文化特色。与此同时，募缘活动亦密切海外分庙与祖庙的互动，促进了中外文化的交流。

（二）促进跨国宗教网络形成

闽南寺庙重修时，常派遣人员到海外题捐，促进人员、财力的跨国流动，使跨国宗教网络与商业网络相得益彰，将闽南民间信仰传播

---

① 《重修祖庙番邦捐资芳名碑记》，郑振满、丁荷生编纂：《福建宗教碑铭汇编·漳州府分册》（第2册），福建人民出版社2009年版，第537页。

到海外更多地区。与此同时，海外华侨捐赠使闽南本土宗教实力不断提升，增强其对外辐射力。宗教文化是闽南文化的重要构成部分，通过宗教的对外传播，使更多的海外地区纳入闽南文化圈。

（三）提升华侨在闽南社会地位

如上所述，寺庙是闽南极为重要的社会空间，是民众心灵归宿所在，发挥诸多的社会功能，其捐赠者折射地方权势的消长。华侨向闽南士绅捐款，是其与原乡地方精英"共谋"行为，不仅使个人声望得到极大提升，而且扩大了地域支配力，塑造良好形象，是近代华侨在闽南成为主流群体的重要渠道。

（四）整合海外闽南族群

闽南宫庙向海外信众题捐，亦是族群整合的过程，通过组织动员，不仅增强了族群的凝聚力，而且扩大了其文化认同。闽南宫庙海外题捐者的籍贯呈现多元化的特点，如榜山镇普边村慈济宫光绪年间重修，主持者赴吕宋题捐，23 位捐赠者（标明籍贯）中，晋江籍有 6 位、南安籍 6 位、龙溪籍 3 位、海澄籍 2 位、禾山（今厦门岛内旧称）籍 2 位、安溪籍 1 位，反映该庙分香到小吕宋岛，受到当地闽南民众尊崇，形成信仰群体。保生大帝祖庙——慈济东宫重修募捐，堪称海外华人社会总动员，不仅有精英领袖参与，捐款人数与商号也达到数百位之多，对族群的塑造作用更为明显。

五　余论

人群和人群之间的差异不是生物学意义上的，是文化意义、历史意义上的，是不同的历史传统造成了人群的差异。[1] 宗教文化是塑造闽南海外族群的重要渠道。清代华侨捐纳闽南寺庙，肇始于展界之后，中止于雍乾年间，复始于咸丰年间，繁荣于同光年间，呈现 U 字型发展特点。清廷的禁令，导致华侨受到歧视，难以向家乡募款。同光年

---

① 罗新：《有所不为的反叛者：批判、怀疑与想象力》，上海三联书店 2019 年版，第 33 页。

间，清廷管制的放松，加之社会动荡，闽南华侨逐渐成为寺庙捐赠主力，贡献颇大。

华侨捐赠闽南寺庙，与海上丝绸之路有着密切的关系。通过贸易往来，闽南民众大规模移民海外，建立华人社群，先后形成巴达维亚、吕宋、新加坡等三个中心，其捐款呈现国际化、多元化的特点。通过劝捐活动，闽南宫庙与海外华人社会互动频繁，获得充裕的域外资源，得以不断重修拓建，辐射更为广泛的地区，促进闽南文化的对外传播。

华侨热衷于捐赠寺庙，动机颇为复杂，即受到福报传统思想的影响，希望通过藉此酬报神恩，获得神灵庇佑，亦有提升个人声望、追根认祖的考虑。尤其是侨领，更是藉此塑造领袖地位，彰显个人威势，总体而言，华侨通过捐赠闽南寺庙活动，增强对家乡文化认同，巩固华人社群的凝聚力，提升原乡的社会地位，逐渐成为闽南侨乡的主流群体。

第二节 改革开放以来闽南民间信仰的复兴

民间信仰是指"流行于一般民众，特别是农民中间的神、祖先、鬼的信仰、庙祭、家祭、墓祭、岁时节庆、人生礼仪和象征等"①。它是传统区域文化的构成要素。改革开放后，许多地方出现民间信仰复兴的现象，已有多位学者从不同角度对其加以论述，或选择村庄为个案分析，描述了民间信仰复兴的过程，认为文字、教育的普及，商业活动以及大众传媒这些现代化的形式是民间信仰复兴的动力。② 或视其为乡土的再造，认为乡土传统在新时期特定情况下可以被民间创造，或恢复他们原来的意义，使之扮演新的角色。③ 或系统分析民间信仰的

---

① 周大鸣：《传统的断裂和复兴——凤凰村信仰与仪式的个案研究》，郭于华主编：《仪式与社会变迁》，社会科学文献出版社 2000 年版，第 219 页。

② 周大鸣：《传统的断裂和复兴——凤凰村信仰与仪式的个案研究》，郭于华主编：《仪式与社会变迁》，社会科学文献出版社 2000 年版，第 251 页。

③ 王铭铭：《村落视野中的文化与权力：闽台三村五论》，生活·读书·新知三联书店1997 年版，第 76 页。

当代社会转型，指出其所具有的时代特征；或将其视为政治意识形态控制放松使其获得恢复空间，而改革开放后集体福利制度的解体，社会保障的缺失，使农民重新寻求神灵与祖先的庇佑。① 或认为不是纯粹的文化复兴，而是中国传统在国家权力影响下的新诠释。②

　　总体而言，现有研究成果侧重分析改革开放三十年来民间信仰复兴与现代化之间的关系，主要通过田野调查，注重中国社会变迁的因素，较少分析在此过程中官方政策的调适，以及改革开放前三十年的相关情况。笔者拟从区域外部视角，对改革开放初期（1979—1989年）闽南地区民间信仰复兴现象加以论述，分析其根源所在，把握其地域特殊性。改革开放前十年，是新旧思维碰撞的关键时期，民众对政治运动仍心存余悸，市场经济改革尚未启动，百废待兴。闽南地区地处开放前沿，民间信仰却在短短十年间复兴，其速度之快、范围之广、影响之大，在全国具有典型性。

一　中华人民共和国成立初期闽南民间信仰的生存实态

　　闽南地处福建东南沿海，主要是泉州、厦门、漳州三地。近世时期，闽南地区人多地少，自然灾害频发，民众以海为田，赴海外开展贸易，成为海上丝绸之路的重要枢纽。步入近代，闽南民众大量迁徙东南亚地区，达到数千万之多，涌现陈嘉庚等工商巨子，成为著名的侨乡。③ 由于多元交汇、加之自然环境等原因，传统闽南地区宗族势力庞大、民间信仰兴盛、民俗活动众多。中华人民共和国成立后，闽南民间信仰仍有所存续。据调查，1957 年春节期间，泉州涂门街关帝庙香客约有 5000 人左右、比去年增加 2000 多人，平均每日收入香烛钱

---

　　① 苗月霞：《中国乡村治理模式变迁的社会资本分析：人民公社与"乡政村治"体制的比较研究》，黑龙江人民出版社 2008 年版，第 126 页。

　　② Helen F. Siu, *Agents and victims in South China：Accomplices in rural revolution*, Haven & London：Yale University Press，1989，P11

　　③ 根据 20 世纪 80 年代调查，仅在新加坡，泉州籍乡亲就有 86 万人，占新加坡华人总数的 42%。参见泉州市华侨志编纂委员会《泉州市华侨志》，中国社会出版社 1996 年版，第 55 页。

100 元左右，比去年同时间增加将近一倍。① 1965 年，厦门海滨居委会514 住户，做普渡的有 452 户，占总数 87.9%。②

闽南民间信仰得以延续，与其侨乡特点相关。③ 新中国成立初期，国家开展社会主义建设，有赖于海外华侨的鼎力支持。以晋江为例，解放十年来华侨用于办学兴医、修桥造路等方面的公益事业达到7061850 元。④ 因此政府对侨眷的民间信仰予以特殊照顾，以利于扩大爱国统一战线。福建省工商行政管理局曾发电指示："华侨若特殊需要的神香，锡箔等迷信焚化品，可到当地侨联出具证明，到指定经营单位购买。"⑤ 侨眷享受特殊政策，成为寺庙烧香的主要参与者，进而影响了非侨眷，他们认为"有钱人可以闹迷信，政府照顾华侨，竟连闹迷信也照顾"，以致有的跑到华侨公司门口向侨眷讨侨汇票，购买金银纸祭拜鬼神，为孩子治病。⑥

新中国成立后，海外侨汇仍然是维系闽南社会稳定的重要命脉。每年闽南华侨向家人所寄款项，有相当部分用于民间信仰活动。根据1957 年晋江侨务工作人员估计："春节前后一个半月中，每个有迷信旧习俗的上层侨户大约要买迷信品 20 多元，个别买到 30 多元，中层的要花 10 多元，一般的几元。"由于花费不菲，以致有的侨眷抱怨"愈信愈穷，不信至多也不过如此"⑦。华侨还直接捐款建寺、修墓。

① 《晋江县泉州市侨眷迷信开支等情况的一些材料》，福建省档案馆馆藏档案：0148 - 001 - 0122 - 0049。

② 《鹭江公社道本居委会反对封建迷信》，福建省档案馆馆藏档案：0134 - 001 - 0485 - 00031。

③ 注：以晋江县为例，1951 年 6 月，该县有 131568 户人家，人口 665006 人，华侨户数达到 33348 户，占总户数 25.34%，华侨人数 74104 人，占总人数 11.14%，侨眷人数132418 人，占总人数 19.91%，两者合计占总人数 31.05%。参见《晋江县华侨人口情况表》，福建省档案馆馆藏档案：0148 - 007 - 0010 - 0059。

④ 《十年来华侨举办公益事业统计表》，福建省档案馆馆藏档案：0149 - 001 - 0040 - 0012。

⑤ 《关于神香锡箔等迷信焚化品对华侨的特殊需要问题的请示报告》，福建省档案馆馆藏档案：134 - 001 - 0352 - 0049。

⑥ 《关于宣传破除迷信的情况简报》，福建省档案馆馆藏档案：0134 - 001 - 0495 - 0001。

⑦ 《晋江县泉州市侨眷迷信开支等情况的一些材料》，福建省档案馆馆藏档案：0148 - 001 - 0122 - 0049。

1956 年，晋江县接到菲律宾华侨修建寺庙共有人民币 37 万余元。① 侨汇除成为民间信仰活动经费来源外，亦成为闽南民众向神灵祈佑的重要内容。1963 年，厦门鹭江公社侨属曾说：“我们全家都是靠海外侨汇维持生活，求神拜佛庇佑亲人生意兴旺，才能月月汇钱来。有的建筑工人家属认为亲人出海冒风险，要敬拜‘好兄弟’才能保平安。”②

随着政治气氛的紧张，民间信仰被上升为阶级矛盾，受到重点批判。1965 年政府颁文：“神香、锡箔等迷信焚化品在市场上的流行，是资本主义势力、封建势力通社会主义斗阵的一种反映，是过渡阶段阶级斗争的一个不可忽视的方面”，认为如果这个问题不很好地解决，“对于破除迷信，提高群众的阶级觉悟，巩固社会主义教育的效果，都是十分不利的”③。因此采取更为严厉的杜绝措施。1966 年 6 月 15 日，福建省商业厅电告各地区手管局：“各地停止纸箔、钱纸、香、烛（不包括照明蜡烛）等迷信品供应，也不再进货，并马上向当地人委会报执行以及联系工商行政部门，加强市场管理，防止私商投机倒把。”④彻底禁止迷信用品在市场的销售。“文化大革命”爆发后，随着“破四旧”运动的开展，许多寺庙受到破坏或被挪作他用，诸多相关的社会习俗亦未能举行，闽南民间信仰难以延续。

总之，新中国成立之后，闽南地区由于华侨数量众多，被赋予特殊的宗教政策，使民间信仰得以延续。凭借与东南亚等地的密切联系，源源不断的侨汇，闽南民间信仰获得强有力的物质支撑。而亲人海外谋生的风险、对侨汇的高度依赖，亦成为闽南民间信仰存续的重要基础。随着政治气氛的紧张，“文化大革命”的爆发，闽南民间信仰难以

---

①　《晋江县泉州市侨眷迷信开支等情况的一些材料》，福建省档案馆馆藏档案：0148 - 001 - 0122 - 0049。

②　《关于“七月迷信活动”情况调查报告》，福建省档案馆馆藏档案：0134 - 001 - 0352 - 0049。

③　《关于严格管理神香、锡箔等迷信焚化品的联合通知》，福建省档案馆馆藏档案：0186 - 003 - 1029 - 0023。

④　《福建省手工业管理局关于停止迷信品生产的几个问题的通知》，福建省档案馆馆藏档案：0186 - 003 - 1059 - 0034。

公开进行。

二　改革开放初期闽南民间信仰的复兴

改革开放后，闽南民间信仰迅速复兴，较之其他地方，其时间更早，① 涉及社会领域更广，呈现显著的区域特色。闽南民间信仰的复兴，不仅表现为宫庙的兴修、相关社会习俗的恢复，更与家族组织重建等因素密切相关，是一种社会现象的综合反映。

明清时期，闽南地区家族势力兴盛，每个家族设有祠堂，除祭祀祖先外，还常常供奉神，使家族、祠堂、宫庙呈现复杂的关系。改革开放之后，大批海外华侨回到家乡，族庙作为家族重要的公共场所，成为海外族亲重点修复目标。泉州洛江区马甲镇，华侨约占全镇总人口的三分之一，吴氏为当地大族，开基祖于明代建玉泉康济庙，奉兴福尊王为吴氏族人的境神，康济庙遂成为其宗族重要祭祀的场所。近代以来，吴氏族人虽移民海外，亦不忘祖庙。1889 年、1936 年，在海外宗亲的资助下，康济庙两度修葺。此后"世事风雨，庙遭侵蚀冷落，貌彦颓损"。1981 年，吴氏旅居缅甸、印尼、香港等华侨宗亲"又输成敬捐金修庙以长昌矣"②，该镇著名侨领吴庆星亦于 1986 年修建祖厝，为宗亲"举行会议，学习交流科学技术，开展文娱活动提供方便"③。修族庙、捐族谱、造祖厝，华侨的目的是帮助家族复兴，提升其地域支配力。

明清时期，闽南地区民间信仰兴盛，宫庙数量众多。随着民众大规模迁徙海外，闽南寺庙向台湾地区及东南亚分灵、分香，成为侨乡与海外联系的重要纽带。"文化大革命"结束后，此类祖庙绝大多数得

---

① 笔者梳理相关资料，并结合田野调查，发现福建非侨乡民间信仰多从 20 世纪 80 年代末，90 年代初开始大规模复兴，如福州著名的五帝庙，于 1989 年由群众集资兴修，较闽南地区约晚了十年。

② 《重兴建康济祖庙记》，吴乔生编：《泉州古城历代碑文录》，中国文史出版社 2009 年版，第 219 页。

③ 《祖厝重建记》，吴乔生编：《泉州古城历代碑文录》，中国文史出版社 2009 年版，第 220 页。

到华侨的资助，陆续恢复，如通淮关岳庙历史悠久，分灵遍及台、港、澳和东南亚，仅在台湾，与其有神缘关系的关帝庙即达到300多座，堪称泉州寺庙的典范。"文化大革命"期间，该庙神像被毁，庙产挪作他用。1983年2月，"泉州保护通淮关岳庙古迹董事会"宣告成立，着手修复寝室、天井罩、铁大门等设施，首期重修费用达40760元，主要为旅外侨胞捐款，其中港商施振东、施振南兄弟捐款即达到24350元。① 东山关帝庙、白礁慈济祖宫、平和三平寺亦陆续着手修复。

随着闽南民间信仰的恢复，相关的社会习俗亦广泛开展。水仙尊王是闽南地区重要的民间信仰，泉州、漳州等地划龙舟必先祭拜水仙尊王。② "文化大革命"期间，"划龙舟"被视为"四旧"，一度中止，改革开放后蓬勃开展。1987年，仅龙溪地区③有1600条龙舟分别在99个竞渡点竞渡，而该年度福建全省龙舟数量仅有3000条。④ "普渡"活动也频繁举行，其规模之大，被地方官员视为严重的社会问题。1986年8月"普渡"期间，晋江全县仅啤酒销售量达10.5万箱，比往年同期增加7万多箱。⑤ 当地报纸做如是批判："一些地方的迎神赛会奢华已极。"次年，该县东石镇白沙村计划在镇江宫六姓府举办"亡魂超度"和"海上迎神"，发动晋江、南安两县10多个乡镇、100多个村庄，计划举办七天。听闻该消息后，晋江县长亲自到该村，加以制止。⑥ 不久，该县政府颁布《关于制止封建迷信活动的通告》，召开动员大会，号召全县干部和群众狠刹封建迷信活动。

总之，改革开放后，伴随家族的重建，闽南民间信仰迅速复兴，族庙、宫庙大量重修，"划龙舟""普渡"等传统习俗蓬勃开展。其发

---

① 参见《泉州通淮关岳庙首期重修碑记》，吴乔生编：《泉州古城历代碑文录》，中国文史出版社2009年版，第220页。

② 水仙尊王并不是指单一神灵，而是包括大禹、伍子胥、李白等，在漳州不少地区，亦将屈原列为水仙尊王。

③ 注：1985年7月推行"地改市、市管县"区划改革，原来的龙溪地区改为漳州市。

④ 《八闽江流"扒龙船"》，《厦门日报》1987年6月19日，第2版。

⑤ 《晋江颁布〈通告〉〈暂行规定〉并设立专门办事机构制止迷信活动实行殡葬改革》，《厦门日报》1987年6月20日，第2版。

⑥ 《晋江及时制止一起大型封建迷信活动》，《厦门日报》1987年6月20日，第2版。

展势头之猛、规模之大，引起政府的高度重视，采取较为严厉的措施，加以制止。

三　地方政府应对策略的调适

近代以来，随着西方科学思潮的传入，民间信仰在话语体系处于弱势地位。"新文化运动"发生后，民间信仰受到重点批判，被视为封建迷信。1949 年后，民间信仰亦被为"封建迷信"，官方多次发起群众性运动，试图将其铲除，尤其在"文化大革命"期间，反对封建迷信运动臻于顶峰。改革开放后，对于民间信仰，地方政府采取较为务实的策略。

1981 年 11 月 26 日，中共中央召开十一届六中全会，在《关于建国以来若干历史问题的决议》中指出的"要继续贯彻执行宗教信仰自由的政策，坚持'四项基本原则'并不要求宗教信徒放弃他们的宗教信仰，只是要求他们不得进行反对马列主义、毛泽东思想的宣传，要求宗教不得干预政治和干预教育"的精神。① 尊重和保护宗教信仰自由，是党对宗教问题的基本政策。福建地方政府积极落实宗教政策，归还庙产、提升宗教人员的社会地位。

尽管政府落实相关宗教政策，保护道教、佛教、基督教等制度性宗教，但民间信仰由于离散性，宗教界定较为模糊，仍然未被政府完全承认。泉州关帝庙，历史悠久，分灵遍布台湾、东南亚，是闽南最负盛名的宫庙。改革开放后，多位侨胞要求致信政府，要求重修关帝庙。时任泉州市委书记遂交由统战部门办理，由于"当时这类宫庙，仍被视为封建迷信活动场所，要解决却没有政策依据，不可能按落实宗教政策、开放宗教活动场所规定办理"②。于是按"恢复"的设想，以"保护文物古迹"的名义进行，委托当地知名人士组成"泉州保护通淮庙古迹董事会"，筹备相关事务。尽管得到市委主要领导的支持，

---

① 《中共中央关于建国以来党的若干历史问题的决议》，人民出版社 2010 年版。
② 郑国栋：《泉州通淮关岳庙恢复过程记述》，载吴幼雄、李少园主编《通淮关岳庙志》，中国社会科学出版社 2008 年版，第 11 页。

但在筹建过程中，面临着重重困难，社会知名人士认为有风险，不愿出任董事，相关政府部门不愿办理，不少人担心该庙恢复，会刺激封建迷信活动的兴起，其重建过程颇为艰辛。东山岛关帝庙恢复亦与此类似，1979年，风动石园林管理处成立，① 随后在侨胞和当地群众的要求下，政府以保护文物的名义着手恢复，短短数年，该庙陆续被列为县、省文物保护单位，受到法律的保护，得以复兴。

著名宫庙重建尚且如此艰辛，对于民间信仰所衍生的社会习俗与相关仪式，却仍视为"封建迷信"，受到相关部门高度警觉。1986年12月，中共福建省委第四届委员会第四次全体会议通过《中共福建省委委员会关于"七五"期间加强社会主义精神文明建设的若干措施》，要求："在全省，特别是在农村广泛开展以改变陋习、树立新风为主要内容的'五提倡、五反对'活动：提倡崇尚科学，反对封建迷信。"并特别要求："要划清允许'三胞'寻根问祖与群众滥建宗祠、坟墓的界限，国家修复具有传统文化价值的寺庙与民间滥建封建迷信庙宇的界限，合法的正常宗教活动与利用宗教进行非法活动的界限。"② 地方报纸亦专门刊文，强调："我们在尊重群众的宗教自由的同时，也要提倡科学，宣传无神论，教育群众自己搬掉愚弄人的泥菩萨。"③ 1987年，福建省在泉州召开专门经验交流会，指出："这些年来，闽南厦、漳、泉一带'普渡'之风盛行，严重浪费社会财富，扰乱社会秩序，冲击市场物价，影响人民生活，危害群众身心健康，坚决制止这种习俗，符合广大群众的根本利益。"④ 厦门、泉州、漳州等地政府也召开各种类似的会议。

地方政府召开专题会议，其主旨是传达上级指示、交流彼此经验、研究应对策略。会议结束后，相关行政部门即发布通知、开展

---

① 东山风动石在全国颇有名气，关帝庙在园林风景区内。

② 福建省档案馆编：《改革开放三十年重要档案文献（福建）》，中国档案出版社2008年版，第27页。

③ 剑凌：《停产搞迷信，四邻不安宁》，《厦门日报》1987年3月31日，第2版。

④ 《省召开五提倡、五反对活动经验交流会》，《厦门日报》1997年7月28日，第1版。

相关活动，以贯彻会议精神。从整体来看，改革开放初期，闽南地方政府从两个方面开展"反迷信"运动，一方面从政府部门抽调人员，组织劝导队，发动街道、居委会等基层组织，深入群众进行宣传，教育他们树立科学理念，摆脱"迷信"的危害。另一方面则组织公安、司法等部门的干部，在基层干部的配合下，对巫婆、神汉进行法纪教育，责成他们作检讨，退回所收款项，甚至依法处罚，追究刑事责任。同时号召党员干部以身作则。每当听闻所辖乡镇将举办"普渡""赛会"等活动，主要领导常亲赴基层坐镇，加以制止，防患于未然。

从上述举措来看，地方政府将反对封建迷信作为重要的工作任务。主政官员亲力亲为，协调诸多部门、调动基层力量，以教育劝导为主、辅之以政法举措，可谓是态度坚决、举全社会之力而为之。尤其在1987年，闽南反迷信运动更是臻于顶峰，当地报纸连篇累牍宣传"迷信"之危害，报道各地"反迷信"运动的进展，可谓声势浩大。可是此后数年，相关报道大幅报道减少，仅有寥寥数篇，政府亦较少开展相关活动。时至今日，政府极少动用政法举措予以强力制止，其应对举措以引导为主，对于"普渡""迎神赛会"虽有所劝阻，但更强调组织者必须备案，以免发生意外事故。

四　侨乡网络与民间信仰的发展

改革开放后，政府对民间信仰的管制举措渐趋宽松，很大程度上是由于闽南地区与东南亚、台湾地区联系紧密，是侨胞、台胞的重要祖籍地。"文化大革命"结束后，百废待兴，华侨、台胞不仅是建立爱国统一战线的重要对象，而且是推动地方经济发展的重要支撑。福建民间信仰的复兴，与台胞、侨胞的积极参与有密切的关系。

改革开放初期，海外华侨大规模归乡，仅在1985年6月，厦门市就接待外宾、华侨、港澳台胞40713人，比上年同期增长85%。[1]

---

① 《外宾华侨港澳台胞来厦人数骤增》，《厦门日报》1985年7月21日，第1版。

当时福建所修建的庙宇，绝大多数是海外侨胞所捐助的。根据相关统计，改革开放初期，华侨除捐助文教卫生、资助工农业外，宗教方面捐助颇巨，1989 年达 1093 万元，较 1979 年增长近 27 倍。[①] 在他们的资助下，许多祠堂得以重建，举行隆重的祭祖活动，家族组织逐渐复兴。华侨还捐资组织"普渡""绕镜"等民俗活动，扮演"会首"等重要角色。除捐资外，华侨还向政府发挥其影响力，推动民间信仰复兴。1980 年，海外信众纷纷投书泉州市有关部门，要求重兴关帝庙，泉州市委统战部为此选派社会知名人士，组建筹委会，着手修复。

海外华侨热衷于民间信仰，在很大程度是由于他们有乡族情结。泉州流行谚语："番邦钱，唐山福。"反映华侨赴海外谋生的旅居心态，所谓"番邦"指外国，"唐山"代指故乡，闽南华侨虽在海外谋生，却以"荣旋于乡梓"为念，力图为乡族造福，近代以来，他们已是闽南区域社会发展的主要动力，通过倡办各种公益慈善事业，造福乡梓，提升声望。民间信仰在闽南区域社会扮演重要角色，宫庙的修建、仪式的举行、捐资者的多寡，在相当程度上折射其家族的地方控制力，故明清以来，华侨成为闽南地区宫庙的重要捐助者。

闽南华侨虽移民海外，仍然笃信家乡神祇，视其为精神寄托，祈求庇佑，并以其为纽带，联络同乡，增强异域谋生能力。新加坡最早的闽南同乡社团为恒山亭，后为天福宫取代，成为漳泉籍华侨的总机构和聚会场所。当时的亭庙组织还有凤山寺、金兰庙、清源真君庙，凤山寺为南安同乡组建；其他两庙庙众则包括南安、安溪、晋江三县人及其他闽南乡亲，而以南安人为多。[②] 因此有学者指出："就迁民过程来看，东南亚华人的帮派及宗乡社会的构成，似乎从神庙入手，从

---

① 此表所言的："宗教"，包括佛教、道教，但亦包括关帝庙、妈祖庙，泉州民间信仰颇盛，占相当比重。参见泉州市华侨志编纂委员会编《泉州市华侨志》，中国社会出版社 1996 年版，第 225—226 页。

② 泉州市华侨志编纂委员会编：《泉州市华侨志》，中国社会出版社 1996 年版，第 65 页。

而形成地缘、业缘、及洪门帮会组织，从而有血缘的组织，进而有综合性跨地域超同业的组织。"① 由于此种关系，宫庙、会馆、公所常常三位一体，成为华人社区主要聚议场所，发挥慈善、赈灾等重要功能。民间信仰作为整合海外华人社群的主要途径，对维系海外华人的身份认同和文化认同，发挥了不可替代的作用。新加坡华人群体即"利用妈祖信仰不断强化着先辈们同船共渡睦邻相亲的历史记忆，从而避开了社群内部的分化和疏离"②。

民间信仰亦是海外华人与祖国家乡的重要连系纽带，寄托其故土情结，故对家乡神事活动的开展、寺庙的兴修，给予鼎力支持。"文化大革命"期间，有"海外关系"者意味着可能与境外敌对势力发生联系的复杂可疑的人，"海外关系"成为人们避之唯恐不及的"污名"。③ 闽南侨乡与海外的联系几近断绝。改革开放后，中央政府改变政策，"将侨务工作与促进四化建设，实现统一祖国，扩大海外影响的目标联系起来"④。吸引华侨参与地方建设，推动经济发展，成为各级政府的工作重心。民间信仰对华侨群体的影响之大，若极力劝阻，势必不利于团结侨胞。故地方主政领导以务实的态度，权衡利弊，推进侨务工作。泉州关帝庙得以恢复，得益于该庙对"三胞"的影响力，正如主持修庙的人士所指出："它过去是三胞在海外的凝聚力和精神支柱，现在仍然是吸引他们向往故土，参拜祖庙巨大的磁力。这是通淮庙的特色和价值。"⑤ 因此其重建得到泉州市委领导的支持。

① 邱新民：《东南亚文化交通史》，新加坡亚洲研究学会、文学书屋 1984 年版，第586 页。

② 徐李颖：《新加坡妈祖信仰的"社群化"与"一体多面"性——对地缘、血缘和业缘性社群的个案考察》，《妈祖研究学报》2006 年第 2 期。

③ 范可：《"海外关系"和闽南侨乡的民间传统复兴》，载杨学嶙、庄国土主编《改革开放和福建华侨华人》，厦门大学出版社 1999 年版，第 156—157 页。

④ 庄国土：《1978 年以来中国政府对华侨华人态度和政策的变化》，《南洋问题研究》2000 年第 3 期。

⑤ 郑国栋：《泉州通淮庙的恢复与关帝崇拜现状》，载吴幼雄、李少园主编《通淮关岳庙志》，第 626 页。郑国栋为"泉州保护通淮关岳庙古迹董事会"常务副董事长。

除拥有广大华侨外，闽南地区也是台胞的重要祖籍地，明清时期，闽南民众在迁徙台湾的过程，常携带家乡神灵，在台湾建立寺庙，祭祀神灵，并以此为据点，通过乡缘组成开垦集团，使台湾的民间信仰具有较强的乡土观念。正因如此，神庙在台湾地域社会中扮演关键角色，发挥政治、经济、文化等诸多功能，堪称社区的中心。民间信仰在台湾的传承与演变，实质反映了区域开发与发展。民间信仰仍然在台湾有极其强大的影响力，呈现寺庙多、信徒广等特点。20世纪70年代，根据刘枝万先生调查，台湾地区的数量约3834座，而有庙超过一百座以上的神明仅有9种。其中王爷庙共有717座、妈祖庙317座、土地公327座、玄天上帝226座、关公192座、保生大帝140座、三山国王124座。① 而到了1978年，根据林衡道估计："台湾地区的数量约在9千座以上。"②

台湾民间信仰多从福建传承而来，福建湄洲岛妈祖、漳州保生大帝等祖庙均在台湾有数百座分灵、分香。（见表7-4）由于台湾宫庙崇尚道统，若通过迎神、敬香等活动，承接大陆祖庙法脉，其权威性将显著增强，香火更为鼎盛，此种信仰层面的交流，非政治势力所能阻挠。20世纪80年代，台湾两岸尚处于隔绝阶段，台湾民众通过各种渠道到湄洲朝圣，形成了"官不通民通，民通以妈祖为先"的局面，进而引起一系列连锁反应，推动了两岸经济文化关系的发展。③ 1987年，台湾大甲镇澜宫的董、监事们冒着巨大政治风险，到湄洲祖庙参加妈祖千年祭典，被视为两岸关系史的破冰之旅。④ 该年底，蒋经国宣布开放赴大陆探亲，大量台胞前往闽南朝圣。1988年3月，国内外有18万人前往湄洲纪念妈祖诞辰，其中台胞1.3万人。

---

① 李亦园：《宗教与神话论集》，立绪文化1998年版，第30页。
② 李亦园：《宗教与神话论集》，立绪文化1998年版，第29页。
③ 林国平：《妈祖信仰与两岸关系的互动》，《守望与传承——第四届海峡两岸闽南文化学术研讨会论文集》，2007年，第15页。
④ 注：大甲镇澜宫通过此次谒祖敬香，在台湾知名度大幅提升，影响力逐渐超过北港朝天宫，成为全台妈祖信仰的中心之一。

表 7 – 4　　　　　　　台湾拥有分香数量最多的福建神灵一览表

神灵	福建祖庙	在台分庙数量	在台开基或影响最大的宫庙
王爷	泉州富美宫等	677	台南鲲鯓王爷庙
妈祖	湄洲妈祖庙	800	北港朝天宫
观音	晋江安海龙山寺	441	台北艋舺龙山寺
关帝	泉州通淮关帝庙 东山铜陵关帝庙	193	台北行天宫 宜兰协天庙
保生大帝	龙海白礁慈济宫 同安青礁慈济宫	140	台南学甲慈济宫
清水祖师	安溪清水岩	83	台北艋舺清水岩

资料来源：林国平：《闽台民间信仰源流》，人民出版社 2013 年版，第 171 页。

　　侨胞、台胞的大批到来，使闽南地区获得大量外资，民营经济迅速发展。1986 年，来厦旅游的"三胞"、华侨和外国友人达 8.83 万人次，比 1980 年增长 2.45 倍。厦门市工农业总产值从 1980 年的 11.34 亿元增加到 27.07 亿元，增长 1.37 倍。产品出口总值 3.56 亿元，比 1980 年增产两倍多。① 1987 年，中央颁布政策，指出"厦门经济特区扩大到全岛，逐步实行自由港的某些政策，是为了发展我国东南地区经济，加强对台工作，完成祖国统一大业作出的重要部署"②。

　　改革开放初期（1982—1987），福建省政府将经济建设、对台工作、华侨工作列为地方工作的三大重点。而民间信仰是连接侨胞、台胞的重要纽带，对其投资热情有直接的影响。在 20 世纪 80 年代初期，面对闽南民间信仰迅速复兴，地方政府虽对此颇为重视，于 80 年代中期发动大规模的"反封建迷信运动"，并特别要求"划清允许'三胞'寻根问祖与群众滥建宗祠、坟墓的界限"，但由于"三胞"积极参与其中，如何划分，不伤害彼此感情，其执行存在极大难度。1987 年年底，

---

　　① 《关于加快厦门经济特区建设的报告》，厦门市档案馆馆藏档案：B036 – 001 – 1327 – 001。

　　② 《关于加快厦门经济特区建设的报告》，厦门市档案馆馆藏档案：B036 – 001 – 1327 – 001。

台湾当局开放大陆探亲，大批台胞前往福建朝圣迎香，民间信仰积极意义得以彰显。而闽南民众则能够把握政策，以"三胞"之名，开展民间信仰活动，因此20世纪80年代末期，地方政府注重对民间信仰的正面引导。而侨胞、台胞的大量投资，推动了地方经济的发展，使闽南民间力量崛起，有助于民间信仰复兴。

中华人民共和国成立之后，闽南地方政府实行特殊的政策，允许侨眷购买祭祀用品，使民间信仰有存在的政治空间，而对侨汇的依赖性、对海外亲人的牵挂，使民间信仰有存在的社会需求。巨额的侨汇，使民间信仰有存在的经济基础。"文化大革命"开展大规模的政治运动，侨眷与海外联系的减弱、政治身份的改变，使闽南民间信仰暂时受到压制。

改革开放后，闽南民间信仰迅速复兴，表现为宫庙的重修、祭祀活动的开展、参与信徒的日益增多。政府虽落实宗教自由政策，但对民间信仰的态度并未根本改变，但随着民间信仰对外功能的凸显，政策界定的模糊性，地方政府基于发展地方经济、推动两岸关系、团结海外侨胞的考量，以务实的态度，调适应对举措，引导民间信仰为社会经济建设服务。

五 余论

近代闽南"下南洋"成风，大量男子到东南亚等地谋生，通过艰苦奋斗，创业成功者颇多，成为当地举足轻重的社会力量。华侨身在海外，心系桑梓，他们通过定期汇款回家，成为近代闽南重要的经济来源，使侨眷生活水准显著高于一般民众，使侨乡形成独特的消费风尚。但大批男子赴海外谋生，闽南妇女不仅要承担家庭重任，还要从事田间生产，更要忍受长期分居的痛苦，形成颇有地域特色的社会分工与女性文化，衍生独特的社会风俗，使童养媳、收继子成为较为普遍的社会现象。华侨的返乡，还使南洋风气传入闽南，在建筑、日常生活上颇有体现，如番仔楼。闽南华侨除在海外资助革命外，还在家乡修公路、办学校、兴实业，开闽南风气之先。

晚清闽南慈善之风的兴起与时代背景有关，官府对基层社会控制的减弱、社会转型过程中问题的凸显，使民间慈善为社会所亟须，开埠之后商业贸易网络的拓展，交通、信息、媒介技术的革新，使慈善事业得以实现网络化，而闽南侨商群体的兴起，则使慈善事业获得更为有力的支撑。在各种因素交织下，林瑞岗成为晚清闽南慈善事业代表性人物，具有承前启后的特殊意义。

海外华人社会是"一个移植的汉人社会"①，是"唐山"在"番邦"的"延伸"，两地社会模式有诸多的相似性，民间信仰在其中扮演了重要角色，成为连接彼此的关键纽带。华侨对他乡的"侨居"心态，对荣归故里、造福桑梓的渴望，不仅构成两地特殊的互动模式，亦是决定侨乡变迁的重要驱动力。改革开放后，华侨重返故乡，长期压抑的思乡心理、对乡族职责的恪守，使其力图恢复心目中的"唐山"，以海外情景弥补家乡因浩劫而造成的文化缺失，故文化反哺效应得以发挥。

改革开放后，闽南地区民间信仰的复兴，是一种外驱型行为。近世以来，闽南成为海上丝绸之路的重要枢纽，对外交流频繁，民众大量迁徙台湾、东南亚等地，使闽南与海外的联系日益密切，民间信仰成为重要的连接纽带。改革开放后，"三胞"的鼎力支持，使闽南民间信仰迅速复兴。他们捐资兴办宫庙，参与神事活动，并向政府建言献策，群众藉此获得开展活动的空间。"三胞"的大量投资，使闽南经济发展迅速，民间力量不断壮大，为民间信仰复兴提供有力支撑，亦使其社会功能得以凸显。

---

① 叶春荣：《人类学的海外华人研究：兼论一个新方向》，《"中央研究院"民族学研究所集刊》第 75 期，1993 年，第 174 页。

第八章　海上丝绸之路与近世以来福建政区

区域开发是行政区域调整的重要驱动力，是当地社会变迁的集中反映，而行政区划的调整，在相当程度上塑造了民众的社会生活。正因如此，民众在区划调整中发挥着重要的作用。海上丝绸之路对近世福建社会影响深刻，在行政区划上颇有反映，本章拟从福厦城市格局变迁、海岛设县等角度，对此问题加以探讨。

第一节　海上丝绸之路与明清以来福厦城市格局变迁

明清以来，商品经济的发展深刻地影响了区域经济格局变迁。已有学者从宏观角度论述江南地区，尤其是对近代开埠后经济格局的变迁方面展开了相关研究，[①] 但较少将明清与近代相结合，通过经典个案，探讨海上丝绸之路对沿海城市格局的影响。本节以福建为例，分析明清以来，随着海上丝绸之路的发展，港口—腹地效应如何影响福建城市格局的变迁。

---

① 吴松弟：《中国近代经济地理格局形成的机制与表现》，《史学月刊》2009 年第 8 期。

一　福建地理概况及两大中心区域的形成

福建地处东南沿海，依山傍海，素有"八山一水一分田"之称。内腹地区为山地丘陵地带，陆地海岸线长达 3751.5 千米，水系密布，河流众多，主要有闽江与九龙江两大流域，其中闽北地区属于闽江流域，闽南地区属于九龙江流域，特殊的地理形势，使福建区域发展呈现二元核心的特点。

福州为闽省省会，介于 25°15′N—26°39′N，118°08′E—120°31′E，毗邻闽江，滔滔江水，横贯市区，汇入东海。四周群山环绕，东有鼓山，西有旗山，南有五虎山，北有莲花峰，地势自西向东倾斜，海拔多在 600—1000 米之间，为典型的河口盆地。福州盆地是由地质构造作用和海侵作用而逐渐形成的冲积平原。1800 年前，福州仍浸没于汪洋之中，群山隐约出现，故《山海经》云："闽中山在海中。"直至汉代，随着海水东去和闽江口向东延伸，福州平原始逐渐出露为陆地，但周围仍多沼泽、水湾。①

沧海为田，随之而来的是大规模的移民开发。秦汉时期，土著居民以冶山为城，建立闽越国，后遭剿灭，汉武帝"诏军吏皆将其民徙处江淮间。东越地遂虚"②。魏晋之际，北方动荡不安，士族南下，福州人口增多，唐元和年间，已是"廛闬阗阓，货贸实繁，人无流庸之"③。藉此为基，王审知统一福建，创设闽国。北宋时期，福州发展迅速，太平兴国五年（980）福州户数为 94475 户，④ 至崇宁六年（1102），已增至 211552 户，⑤ 成为全国经济重镇。

两宋时期，福州商业更盛，远蕃巨舶，通过内河港汊，直达城下安泰港，一派"海船千艘浪，潮田万顷秋"的繁荣气象，距城十余里

①　林汀水：《福州市区水陆变迁初探》，载氏著《历史地理论文选》，香港人民出版社 2005 年版，第 51 页。

②　（西汉）司马迁：《史记》卷二八《地理志八上》，中华书局 1999 年版，第 984 页。

③　《唐元和八年球场山亭记》，出土残碑，今置于福州市博物馆展览室。

④　（宋）乐史：《太平寰宇记》卷一百，中华书局 1999 年版，第 3 页。

⑤　（元）脱脱：《宋史》卷八十九《地理志五》，中华书局 1999 年版，第 1485 页。

的南台，则"寺楼钟鼓催昏晓，墟落云烟自古今"①，尚未被开发。元明时期，由于内河港汊不断淤塞，船舶多在南台停靠，福州经济中心南移，呈现哑铃式的发展特点。城内为督抚所在，官府云集，军队众多，士绅贵族多聚群而居，以三坊七巷为著。城外南台则逐渐成为商业区，"晓起鱼虾腥满市，帆樯无数泊南台"②，日渐繁荣。城西十里的洪塘，当闽江上下游之交通，为"各处市镇关隘所在"③，商业亦兴盛。

随着人口膨胀，清代福州对贸易依赖更甚，"终岁民食，常仰资于上游各郡。至于商贾负贩百货，则皆来自海洋"④。其贸易范围不断扩大，"始犹入淮浙，继乃入交广，今相率之吕宋、日本矣。春去夏返，岁以为常"⑤，成为东亚贸易体系的重要一环。

闽南地域开发相对较晚，直到唐代，随着北方民众南下，闽南地区才逐渐开发。至宋代时，泉州已成为重要的港口。至元代时，泉州已经超过广州，被马可·波罗（MarcoPolo）称为"世界东方第一大港"。由于地位重要，元朝政府曾于至元十六年（1279），在泉州增置泉州行省，后虽合并，仍将泉州作为福建行省省会，故时人称："泉，七闽之都会也。番货远物、异宝珍玩之所渊薮，殊方别域富商巨贾之所窟宅，号为天下最。"⑥福州发展之势虽不及泉州迅猛，已是全国丝绸的主要产区，产品远销海外。

明代初期，随着海禁政策的推行，海外贸易有所衰落，朝贡贸易

---

① （宋）陆游：《度浮桥至南台》，邹志方选注：《陆游诗词选》，中华书局 2005 年版，第 8 页。

② 福建省文史馆整理，郑丽生撰著：《郑丽生文史丛稿》（上），海风出版社 2009 年版，第 469 页。

③ 海外散人：《榕城纪闻》，载中国社会科学院历史研究所清史研究室编《清史资料》（第 1 辑），中华书局 1985 年版，第 21 页。

④ （乾隆）徐景熹修，鲁曾煜等纂：《福州府志》，《序》，第 5 页，福建省图书馆特藏部藏本。

⑤ （万历）喻政主修：《福州府志》卷五《山川下》，海风出版社 2001 年版，第 743 页。

⑥ （元）吴澄：《送姜曼卿赴泉州路录事序》，第 1197 册，《吴文正公集》卷二八，文渊阁《四库全书》，台湾商务印书馆 1986 年版，第 299 页。

成为主要的外贸形式。福州是省会，加上"地平衔西北，控瓯剑，注众溪之流，东南负大海，环以崇山，带以长江，气恒燠少寒"①。福州地理位置优越，因此朝廷设立"柔远驿"，招待琉球使者，作为中琉贸易的唯一港口，使福州在朝贡贸易中发挥了重要作用。郑和七下西洋，均须到长乐候风，再从闽江入海口五虎门出海，其舰队船只多在福州建造，船员也多在福州招募。与此同时，由于港口淤塞，泉州港逐渐衰落。成化八年（1472），福建市舶司由泉州迁置福州，进一步削弱泉州的地位，福州在省域的经济地位得到进一步强化，成为全省的政治中心、经济中心、文化中心。

嘉靖二年（1523），宁波爆发"争贡之役"，市舶司被裁，朝贡贸易体系受到动摇，闽南私人贸易得以兴起。以汪直为代表的江浙私商集团被明军消灭后，宁波的对外贸易地位受到进一步削弱，逐渐由直接贸易港口转为贸易中转港口。江南的物资途经宁波，运到闽南地区，再通过海运转销到日本、东南亚等地区。漳州月港凭借"乃海陆之要冲，实东西之门户"的重要地位脱颖而出，被视为"海上一大都会也"。据载："当其盛，则云帆烟橹辐凑于江皋，市肆街廛星罗于岸畔，商贾来吴会之遥，货物萃华夷之美，珠玑象犀家阗而户溢，鱼盐粟米泉涌而川流。诗书弦诵之声不绝，科名辉映于后。"② 月港不仅为全国商贸中心，而且为中外货物的交汇之处。

17 世纪中期以后，由于西方殖民者的侵扰，特别是荷兰的掠夺，加之明末清初战乱和"迁界"，月港的社会经济遭到毁灭性的打击。此外，月港的自然地理条件不理想，位于厦门港的内侧，海船必须通过厦门港驶进内河，港口不深，难以适应贸易的需要，③ 导致月港日益衰落，地位逐渐被厦门取代。至康熙初年（1661）"洋艘弗集于澄，监

① （明）林燫、潘颐龙修：（万历）《福州府志》卷四《舆地志四》，《域外汉籍珍本文库》《史部》（第三册），人民出版社 2012 年版，第 887 页。

② （明）谢彬：《邓公抚澄德政碑》，载（明）蔡国祯、张燮等纂，梁兆阳修（崇祯）《海澄县志》卷十七《艺文志二》，第 504 页。

③ 中国地理学会历史地理专业委员会、《历史地理》编辑委员会编：《历史地理》（第十辑），上海古籍出版社 1992 年版，第 128—132 页。

税归于厦岛"。

宋代厦门为嘉禾屿，属泉州府同安县。明洪武二十七年（1394）"厦门始建城"，隶属泉州府。由于"东抗台、澎，北通两浙，南连百粤"。地理位置显要，并具有良好的港口环境，厦门逐渐成为闽南地区的主要商埠。明末清初，郑氏海商集团以厦门为基地，设置思明州，发展对外贸易，开辟日本、东南亚的商业航线，一度垄断中国对外贸易，厦门成为全国重要的商埠。甚至英国东印度公司也派船前来，1678 年，其驻万丹总办事处下令"把厦门作为在中国的总商馆，台湾商馆也隶属它"[①]。

清廷收复台湾后，于康熙二十五年（1686），以泉州府同知分防厦门。雍正五年（1727 年），又以兴泉永道驻扎厦门。厦门被视为"海防首要地也"[②]，设立水师提标五营驻之，以军事要塞经营。由于闽南"濒海诸郡，田多斥卤；地瘠民稠，不敷所食"。尤其厦门"岛地不宜桑，女无蚕织"，"田不足于耕"，且"水田稀少，所耕多硗埆山园，无坡塘、江湖可以溉注"[③]。将军施琅、巡抚高世倬均奏请开洋，发展海外贸易。使得"富者挟资贩海，或得稇载而归；贫者为佣，亦博升斗自给"[④]。厦门"上接沙埕、下连南澳，据十闽之要会、通九译之番邦"[⑤]，得地利之便，专设海关，海外贸易兴盛，成为"斯大小帆樯之集凑、远近贸易之部会也"[⑥]。厦门商民"以贩海为利数，视汪洋巨浸如衽席。北至宁波、上海、天津、锦州，南至粤东，对渡台湾，一岁往来数次；外至吕宋、苏禄、实力、噶喇巴，冬去夏回，一年一次"[⑦]。

---

① ［美］马士：《东印度公司对华贸易编年史》（第一、二卷），区宗华译，中山大学出版社 1991 年版，第 46 页。

② （清）周凯纂修：（道光）《厦门志》卷《三兵制考》，道光十九年刻本，第 1 页。

③ （清）周凯纂修：（道光）《厦门志》卷十五《风俗记》，道光十九年刻本，第 5 页。

④ （清）周凯纂修：（道光）《厦门志》卷十五《番市略》，道光十九年刻本，第 1 页。

⑤ （清）孙云鸿：《嘉禾海道说》，（清）周凯纂修：（道光）《厦门志》卷二《分域略》，道光十九年刻本，第 5 页。

⑥ （清）孙云鸿：《嘉禾海道说》，（清）周凯纂修：（道光）《厦门志》卷二《分域略》，道光十九年刻本，第 5 页。

⑦ （清）周凯纂修：（道光）《厦门志》卷十五《风俗记》，道光十九年刻本，第 5 页。

获得丰富的利润，从业者甚多，仅"舵水人等藉此为活者，以万计"。伴随着海外贸易的兴盛，厦门"市井繁华、乡村绣错，不减通都大邑之风"①。

除远航贸易外，清代台湾开发，亦成为厦门城市发展的重要动力。康熙二十二年（1683）清廷收复台湾，明郑官吏、军属等被强制迁回内地，台湾地区只剩三到六万人，与此同时，朝廷严格限制大陆民众移民台湾，以确保安宁。但由于闽南人口快速增长，"田不足于耕"，民众纷纷以偷渡形式前往台湾垦荒，至乾隆年间，台湾人口已达百万之巨。由于台湾"当其初辟，地气滋厚，为从古未经开垦之土，三熟、四熟不齐"；盛产粮食，成为"内地一大仓储也"②。台湾成为闽南地区粮食的重要来源。因厦门为渡台正口，台湾粮食赖以转输，进一步推动了厦门的发展。

明清时期，伴随着海外贸易的发展和台湾的开发，厦门借助闽南传统船舶与航海技术的优势，迅速崛起，成为连接东海与南海的重要枢纽，环东海经济圈的重要商埠。但清廷主要将其视为"海防之首要地"，驻扎重兵，行政区划级别不高，"属同安县，为闽中通洋巨镇"③。福州则凭借省会优势地位，设立市舶司，发展海外贸易，并与台湾建立较为密切的联系，保持传统的优势。至开埠前，福州与厦门初步成为福建南北两大中心城市，标志着福建二元格局的初步形成。

二　近代开埠后福州厦门城市格局的嬗变

1842年，中英签订《南京条约》，福州、厦门成为首批对外开放商埠，各国商人接踵而来，对外贸易兴盛，推动了传统社会变迁。

福州开埠，与英人试图开展茶叶贸易有很大关系。然而种种原因，

---

① 杨国春：《鹭门形势记》，（道光）《厦门志》卷十五《风俗记》，第2页。
② （清）周凯纂修：（道光）《厦门志》卷六《台运略》，道光十九年刻本，第1页。
③ （清）朱仕玠：《小琉球漫志》，陈庆元主编，萧庆伟副主编：《台湾古籍丛编》（第4辑），福建教育出版社2017年版，第22页。

开埠之后，外贸不尽如人意。① 武夷茶叶仍主要通过"内河过岭行走"，输送到广州、江南，再转包外销。至 19 世纪 60 年代，受太平天国运动的影响，传统茶路被切断，在闽浙总督王懿德支持下，旗昌洋行开设新茶路，大宗红茶循闽江直运福州，出口欧美，仅在 1880 年，福州输出的茶叶即达 80 万担，年增长率为 2.5%。② 福州一跃成为国际茶叶贸易的中心之一。③

对外贸易兴盛，推动福州的都市化进程，南台成为"福州精华之区，阛阓宏通，商贾辐辏，花天酒地，富丽繁华"④。云集美孚、太古、三井等 70 余家洋行、24 所各类会馆、200 个各式商帮，店铺数以万计。地处闽江中流的中州岛，船舶云集，极为繁盛。故时人云："商业之繁盛，冠于全闽。"⑤ 与此同时，人口集聚效应明显，至光绪中叶，福州人口已达 65 万。⑥ 咸丰八年（1858）时任两广总督兼通商大臣黄宗汉上奏："兹查上海及福州夷商之开设行户，搭盖楼房，固已十倍于前，买卖至为热闹，宁波、厦门次之，推其原故，丝勣出自江浙，茶叶出自崇安，商贩之徒，皆乐于舍远就近，以省盘川关税。"⑦ 福州繁华程度可与上海相媲美。

然而，受印度茶、台湾茶的兴起，宁德三都澳开港等因素影响，加之火灾频发，"省城内外，每年火灾必有二三次，每次或千余间，或数百间不等"⑧，使福州商业深受打击，"茶市衰落，输入日增，江河

---

① 1844 年 7 月，福州正式对外开埠，但刘韵珂等地方大员暗中刁难，阻碍通商事务，以致开埠十余年，福州贸易额仅为 37 万元，1856 年、1857 年竟无一艘"番舶"光顾，旅居外商更是屈指可数。

② 姜修宪：《制度变迁与中国近代茶叶对外贸易——基于福州港的个案考察》，《中国社会经济史研究》2008 年第 2 期。

③ 程镇芳：《五口通商前后福建茶叶贸易商路论》，《福建师范大学学报》（哲学社会科学版）1991 年第 2 期。

④ 《福州近景》，《申报》1881 年 5 月 11 日，第 2 页。

⑤ 盛叙功编：《福建省一瞥》，商务印书馆 1927 年版，第 15 页。

⑥ 海关总税务司署：《通商各关华洋贸易总册》，光绪二十一年，福州口。

⑦ 《晋江黄尚书公全集》，《中国稀见史料：厦门大学图书馆稀见史料》（第二辑），厦门大学出版社 2010 年版，第 12 页。

⑧ 《闽省被灾赈恤情形疏》，《抚闽奏稿》，《丁禹生政书》卷一。

日下，几有不可挽救之势"①。《福建白话报》刊论："你看福州省城别的生意，都是非常冷淡，单单聚春园、亦乐天、碧兰亭各酒馆一天到晚就热闹非凡。"② 酒馆生意的兴盛，主要是由于官员应酬，凸显福州作为省会城市的政治性功能。

近代厦门开埠初期，有大量民众作为苦力被掠卖到美洲，此后由于各种原因，苦力贸易衰落。但由于人地矛盾凸显，有大批厦门人赴海外谋生，从19世纪90年代至20世纪30年代，"厦门净迁移人数累计达136万"③。故海关报告记载："厦人出洋最多，获利而归者，亦复不少，其嗜好繁华在外习惯，回华照常挥霍，百物因之腾贵，至使贫家日用所需较十年前竟增不止一半。"④ 华侨大批回归，推动厦门近代城市化。以鼓浪屿为例，1873年，"多有殷富华人由新嘉坡回厦，又居鼓浪屿者甚众，凡有洋人屋宇出售者，皆为购去，房产之值，由是增长"⑤。此后数年"鼓浪屿房地价值是年仍递增不已，殷富华人由小吕宋与台湾所到者，多建西式房屋为居，故房产日见其增，厦门亦然，不无可录也"⑥。至1899年，昔日仅有少数西人居住的鼓浪屿，"今则连闼比栉，为星嘉坡，爪洼，西贡，吕宋，暹罗，台湾等处归客所居，地价数倍于昔"⑦。

厦门"侨商既多富庶，识见亦颇开通，尤能广集资本，创办实业"。成为推动城市发展的重要动力。黄奕住"儿时因无赀，颇能自

---

① 盛叙功编：《福建省一瞥》，商务印书馆1927年版，第24页。

② 《福建白话报》，第一篇《论说》（申辰年九月初一日），《中国早期白话报汇编》（第5册），全国图书馆文献缩微中心2008年版，第32页。

③ 林星：《城市发展与社会变迁：福建城市现代化研究》，天津人民出版社2009年版，第280页。

④ 中国第二历史档案馆、中国海关总署办公厅：《中国旧海关史料》（1859—1948）（第48册），京华出版社2001年版，第354页。

⑤ 中国第二历史档案馆、中国海关总署办公厅：《中国旧海关史料》（1859—1948）（第24册），京华出版社2001年版，第210页。

⑥ 中国第二历史档案馆、中国海关总署办公厅：《中国旧海关史料》（1859—1948）（第26册），京华出版社2001年版，第206页。

⑦ 中国第二历史档案馆、中国海关总署办公厅：《中国旧海关史料》（1859—1948）（第48册），京华出版社2001年版，第354页。

奋。游爪哇、三宝垄，初以负贩自给。久之，善于居积，财日以裕"。于是在厦门设立日兴银号，并移家鼓浪屿，先办电话公司，次办自来水公司。此后又先后担任厦门市政会正、副会长，"辟新区，修路政，投资擘画，咸利赖之"①。他又但任厦门总商会正、副会长，设立斗南学校、慈勤女子中学于鼓浪屿，并捐助海内外、大中小各校数十万金。

除市政设施外，厦门市慈善设施也以华侨捐赠为主要来源。近代厦门溺婴现象严重，后创办育婴堂，"自壬戌迄辛未，短1.2万两有奇"。主事者适有南洋之行，"渡沪滨，逾暹、腊，募同乡之为寓公者，遂合资置产为久长计"。使育婴堂得以存续，至光绪八年（1882），"活女孩已七万余口矣"②。由于华侨贡献颇巨，时人谓之："本市市民，多远服贾输异域赀财，培祖国命脉，地方营建，时藉以集事，国计民生，胥利赖焉。"③

近代开埠，对福州、厦门均产生较大的影响。福州曾发展迅速，成为国际上重要商埠，但受茶叶贸易的衰落、火灾的频繁发生等因素的影响，城市发展陷入停滞。与此同时，厦门在开埠初期，以苦力贸易为主，发展较慢，但因海外华侨的归来，加快了城市的发展，公共建设较为完善。

三　近代福厦设市的变迁过程

1928年7月3日，南京国民政府颁布《市组织法》，规定"凡人口满20万以上之都市，得依所属省政府之呈请暨国民政府志特许建市"。在短短两年间，先后有苏州、杭州、宁波、安庆、南昌、武昌、开封、郑州、济南、成都、重庆、沈阳、梧州等成为省辖市。

1932年1月，福建省政府"以福州厦门两地均为东南沿海重要商端口"，"核与市组织法所定，均有设立普通市之必要"，于是拟定将福州公安局所辖之南台、城内两地为中心，再依山脉河流形势"东自

---

① （民国）《厦门市志》卷三十一《货殖传》，方志出版社1999年版，第427页。
② 叶文澜：《育婴堂记》，载（民国）《厦门市志》，方志出版社1999年版，第312页。
③ （民国）《厦门市志》，方志出版社1999年版，第423页。

魁岐、鼓山脚起，沿东岭汤岭、直达北岭，迤西绕白龙、保福至大腹山，越闽江、由怀安角入西南港，沿乌龙江、至峡兜止，为福州市区"，面积计三百余平方里。

厦门市以"厦门公安局所辖区域及思明县政府所辖之禾山、鼓浪屿两地"，合并为厦门市区，将思明县撤废，呈请行政院核准。此外省府复拟于上下游重要各县，如漳州、泉州、兴化、延平、邵武、建瓯三都各县设立市政局，以办理地方交通卫生公益等事。福建省政府通过这些举动"以期都市与乡村均臻繁荣"①。

1933 年 3 月，南京内政部批准福建省政府请求，将福州及厦门（包括禾山、鼓浪屿）两县，改为福州及思明两普通市，"特呈行政院备案，并呈请国府颁发印章"②。尽管两地建市均获得南京国民政府批准，然而实施过程中，命运迥异。厦门建市较为顺利，1933 年 7 月 7 日，福建省府令撤思明县政府，地方行政归市政筹备处。③ 1935 年 4 月，厦门市正式设立。而福州建市则较为曲折，1934 年 6 月 13 日，福建省政府议决，咨请撤福州设市案。④ 1936 年，福建省政府决定在福州市政府未成立之前先设福州市政委员会，1942 年 4 月成立福州市政筹备处，直至 1946 年，福州才正式建市。

福州设市波折重重，主要是由于外贸不畅，财政困难所致。杨树庄、蒋光鼐任福建省政府主席，亦认识到"福州为省会区域，关系重要，亦应同时设市，以期繁荣地方。唯市之设置，财政收入为其必要条件之一"⑤。然而由于福建省政局动荡，导致外贸困难，据《申报》报道："福建商埠，计有两处，在闽南为厦门，在闽北为福州，因闽北出产木、茶、纸、笋四项，均由福州出口，转运往国内外，而福州进口之洋货海味绸布苏广，大部分亦推销闽北。"闽北是福州的腹地与经

① 《闽省拟设两普通市 福州与厦门》，《申报》1932 年 12 月 19 日，第 7 版。
② 《福州、厦门改普通市》，《申报》1933 年 3 月 19 日，第 9 版。
③ 《思明议市将实现》，《申报》1933 年 7 月 10 日，第 9 版。
④ 《闽省府请撤销福州设市案》，《申报》1934 年 6 月 16 日，第 9 版。
⑤ 《福建省政府训令第 683 号》，《福建省政府公报》1933 年 1 月 30 日，第 287 期。

济命脉，然而由于战争："地方纷乱，人民逃亡，出产各品，固完全断绝，人民购买力量，亦大为减少"，福州商业受此影响，"遂陷于极度衰落，木茶纸笋各行栈，无利可赢，相率停业，绸布苏广各店铺，以不堪亏本，竞告倒闭，致钱庄所放款项有三分之一，不能收回，钱庄乃疑虑收回票张，停止放折，商场因银根紧涩，益形停滞，其威迫状况，大有不可终日之势"①。

经济不景气使福州政府机关"税收大受影响，不及原额之半"，而支出方面"则军费与振款，临时议增甚巨，且皆紧急万分，立待拨付，致财政界又打破均衡状态，复陷于窘境"，不仅省政府机关办公经费难以筹措，"至绝难延误之军费，九月份亦短少三万余元，无款可发"，省立学校经费难以拨发，教职员连日向教育厅催索，"仅允于节关发给五成"②。至1934年7月，福建省政府"因本年度财政预算短一百余万"③。财政如此困难，福州遂被迫放弃建市。

随着福建政局稳定，商业有所转机。1936年，福建省政府"又以福州地方日形发达，人口已超过三十万，地方收入，每月亦达二十余万元"，具备设市的基本条件，"而一切行政及各项设施，尚无统一机关，以总其成，致施政上发生许多困难，如财政方面，征收税款，有属于财政厅者，有属于省会公安局者，教育方面，中小学校，有属于教育厅者，有属于闽侯县政府者，事权纷歧，殊感不便"，因此决定从该年起，在福州市政府未成立之前，先设福州市政委员会："内分财政、工务、教育、公安四局、委员，名额由五人至七人，由省府委任，以一人为委员长，四人兼局长，委员长一席，以现任省会公安局长李进德最有希望。"对于该计划，福建省"正在积极筹备中，以便短期内成立"④。福建省政府重启福州建市进程，并予以高度重视，主要是基于市政管理的需要，设市为都市发展所必需，是统筹地方事务的关键

---

① 《福州商业可望转机闽北土产将大批运省应市》，《申报》1935年3月6日，第8版。
② 《闽省财政困状》，《申报》1933年10月8日，第10版。
③ 《闽将讨论弥补财政》，《申报》1934年7月16日，第1版。
④ 《福州将设委会漳泉建瓯四处亦各设市政处》，《申报》1936年6月1日，第14版。

所在。但囿于财政力量，福州难以立即建市，只能通过建立市政委员会的形式作为过渡。

筹备建市，需要有相当的资金作为支撑，除机构重组、人员薪酬、办公迁址，需要大量的行政费用外，市政工程亦是建设城市的重心所在，耗资甚巨。纵观民国时期，福州市政工程较为落后，以水电为例，[①] 至解放时，市区仍未通自来水，电力亦分区轮流供应，有人曾加以比较："以上海之文明，较之纽约，应差半个世纪，又以福州与上海比，亦落后五十年，此说虽不能十分精确，大体谅已相去不远。"[②] 经济基础薄弱，财政税收困难，是束缚福州建市的主要原因。

反观厦门，设市过程颇为顺利，从中央批准到正式建市，厦门仅仅经历两年。若从设市条件来看，福州似乎更为有利，1933 年，福州"人口有三十三万、地方税收入年约百余万元"，厦门"人口共二十一万、（禾山、鼓屿两区合并在内）地方税收入年亦三十余万元"[③]。厦门人口、税收均略逊于福州，却能顺利建市，主要与以下因素有关：1. 华侨的支持。民国厦门华侨数量众多，他们积极捐资，参与市政管理。如黄奕住，力谋地方公益，先办电话公司，次办自来水公司。他任市政会正、副会长，辟新区，修路政，投资擘画，咸利赖之。[④] 而陈嘉庚等人，创办厦门大学、集美学村，更为厦门城市的发展提供人才支持。2. 城市形态的差异。福州为省会城市，为省政府驻地所在，省属政府机构繁多，公务人员庞杂，需要相当行政费用。此类开销多仰给于福州地方税收。在财政资源有限的条件下，若福州建市，势必扩大行政队伍，使省政府财政更为困难，因此若地方经济不景气，省政府对设市支持有限。而厦门并非省会所在，避免省市财政资源分配的冲突，故得以顺利建市。3. 城市发展速度不同。随着茶叶贸易衰落，福州与外界接触渐少，受近代化冲击有限，风气闭塞，时人指出："我

① 《入超的城市》，《申报》1949 年 5 月 11 日，第 1 张第 4 版。
② 《疏散声中闲话福州》，《申报》1949 年 2 月 1 日，第 2 张第 5 版。
③ 《闽省拟设两普通市 福州与厦门》，《申报》1932 年 12 月 19 日，第 7 版。
④ （民国）《厦门市志》卷三十一《货殖传》，方志出版社 1999 年版，第 427 页。

们福建本来是个通商最早的口岸，论起风气，该是先开的了，为什么到如今，还共各省比较不过呢？这却也有几层缘故，第一是商业不兴。第二是水陆路交通不便，所以开通的只有老底子那一部分人，其余的仍旧闭塞。"① 民国时期，福州凋敝更甚。商业上，粮食仰赖闽北及南洋的接济，许多日用品须从上海输入，"是一个在贸易上入超的城市"。工业上，只有一些简单的轻工业和手工作坊，"没有大工厂，除了一个电力公司的烟囱之外，找不到第二家有烟囱的工厂了"。工商不景气，就业市场狭窄，"劳力显得特别低廉"，许多人"只得出省工作去"，留在福州眷属"靠着汇回来的款子生活"，汇费昂贵，② 加之辗转多时，所以"大部分福州市民却过着极苦生活"。而厦门"侨商既多富庶，识见亦颇开通，尤能广集资本，创办实业"。在侨商的推动下，直接推动厦门市经济的发展，以水电为例，自来水公司："厦商集资承办蓄水池在曾厝垵上李社，由德商西门子承造，规划宏大，工程坚固，实所罕见，兴筑于民国十三年，完成于民国十五年，公司全部资本共二百四十万元。"电力公司："完全商办性质，名曰电灯电力股份有限公司，创设于民国元年，资本为一百四十万元。"③ 得益于经济的良好发展，使城市集聚效应明显。"厦市面积原仅三十七万余方丈，住民亦寡，清季为八万九千五百余人，民国十六年人口激增达十二万七千四百余人，市区日仄，民居日蹙，非展拓新区，不足资回旋。计开区三十有五处，约一百二十万余方丈。"④

　　总之，近代福州、厦门建市过程经历颇为不同，两地同时获得南京国民政府批准建市，但福州建市过程前后长达十五年，期间几度兴废，颇为曲折。厦门建市则较为顺利，前后仅经历两年。究其原因，在于两地对外联系的紧密与否，福州虽然人口多、面积大，但随着茶叶贸易的衰落，对外贸易难有发展，城市发展陷入停滞之中，财政困

① 《缘故（一）》，《福建白话报》，"申辰年九月初一日"，第9页。
② 当时从北京、上海汇一千元到福州，手续费三百五十元，且辗转多时。
③ （民国）《厦门志》卷五《建置序》，方志出版社1999年版，第67页。
④ （民国）《厦门志》卷五《建置序》，方志出版社1999年版，第64页。

难，使省政府运作难以维系，因此建市过程波折重重。而厦门得益于大量闽南侨胞，他们不仅直接推动市政服务，还创办实业，推动厦门城市不断发展，财政收入较为充裕，为市政府建立提供坚实保障，与此同时，厦门并非省会所在，避免省市在地方资源的冲突，得以较为顺利建市。建市的曲折过程反映两地城市化水平的不同，是两地城市格局地位嬗变的重要标志。

四 中华人民共和国成立后福州、厦门城市地位的沉浮

中华人民共和国成立初期，福州、厦门两座城市成为全省经济重心，汇聚省内主要的工商企业，而内陆地区则较为贫瘠，工业基础薄弱，工厂数量较少，经济形态以农林为主。随着台海形势更趋复杂，两岸进入军事对峙时期。福建地处前线，战略地位极为敏感，其城市格局深受影响。省会福州受到对岸飞机频频空袭。1955 年 1 月 20 日，蒋机轰炸台江，导致 4000 余间房屋被毁，3 万多民众无家可归。20 世纪 60 年代，随着我空军力量的增强，防空体系的建立，蒋机侵袭次数减少，但威胁仍未彻底解除。

厦门与大小金门岛隔海相望，除受到蒋机空袭外，还时常遭到敌炮射击。与此同时，台湾军舰还时常游弋，攻击渔民、商船，骚扰沿海岛屿。除此之外，国民党还不断派遣特务，对福建沿海地区实行渗透破坏，甚至出动军队，发动大规模突袭作战。海陆空的全方位军事攻击，大规模军队进攻和小股特务渗透相结合，使福州、厦门等沿海地区受到严重破坏，笼罩在战争阴影下。

为防止战争爆发，1964 年，根据中央有关指示，福建开展"小三线"建设，将许多沿海工厂转移到闽西北内陆地区，以建立战略后方。福州电线厂、厦门电机厂陆续迁出。工厂内迁，不仅带来资金、设备，更促进人才流动与信息交流，推动了当地经济的转型。与此同时，国家投资也向南平倾斜，相继成立纺织厂、化纤厂等骨干企业，建立较为完备的工业体系，闽北逐渐成为省内重工业基地，经济地位日渐崛起。

除南平外，三明也迅速崛起。三明原名三元县，新中国成立初，仅是县级行政区划，全县人口仅有 3 万多人，1956 年三元县与明溪县合并，成立三明县，隶属南平专署。其经济形态主要以农林为主，工业仍停留在小作坊阶段，在省内较为落后。1957 年，根据中央要求各省"必需因地制宜地建立中小型钢铁厂"的会议精神。福建决定兴建钢铁重工业基地，最初选址在福州铜盘和厦门海沧，后因地处海防前线而被否决。三明因地处内陆山区，地广人稀，又恰为鹰厦铁路通过之处，交通便利，因此最终被确定为重工业基地建址。1958 年，三明钢铁厂等省重点项目动工兴建，从各地抽调干部、技术人员、工人，使当地人口激增。为协调基地建设事宜，该年 1 月，经国务院批准，三明市正式成立，成为地市级行政区划。此后，由于沿海形势紧张，许多先进企业均在三明兴建。如 20 世纪 60 年代初，省政府筹备设立塑料厂，生产设备均从国外进口，原本准备办在福州，因为战备关系，改设三明。"小三线"建设开展后，又先后从福州、厦门、漳州等地将农药厂、制药厂、齿轮厂等企业迁至三明，进一步巩固其全省工业重镇的地位。其工业比重仅次于福州，且高于厦门。

除受两岸关系影响外，侨务政策也深刻影响闽南地区的发展。新中国成立初期，由于闽南地区华侨数量众多，侨汇仍然是维系闽南资金的重要来源，政府对华侨采取较为宽容的态度。以晋江为例，"解放十年来华侨用于办学兴医、修桥造路等方面的公益事业达到7061850元"①。因此政府对侨眷的民间信仰予以特殊照顾，以利于扩大爱国统一战线。福建省工商行政管理局曾发电指示："华侨若特殊需要的神香、锡箔等迷信焚化品，可到当地侨联出具证明，到指定经营单位购买。"② 然而随着政治气氛的紧张，闽南与海外的联系不断削弱。尤其

---

① 《十年来华侨举办公益事业统计表》，福建省档案馆馆藏档案：0149 - 001 - 0040 - 0012。

② 《关于神香锡箔等迷信焚化品对华侨的特殊需要问题的请示报告》，福建省档案馆馆藏档案：134 - 001 - 0352 - 0049。

"文化大革命"期间，有"海外关系"者意味着可能与境外敌对势力发生联系的复杂可疑的人，"海外关系"成为人们避之唯恐不及的"污名"。① 闽南侨乡与海外的联系几近断绝。

改革开放后，随着两岸局势的缓和，福建沿海区位优势得以发挥，成为引领福建经济发展的地区。福州、厦门、泉州迅速崛起，成为全省经济重心，南平、三明等内陆地区因欠缺地缘优势，发展相对缓慢，与沿海地区的经济差距扩大。

为进一步推动对外开放，中共中央和国务院决定在深圳、珠海、汕头和厦门设立经济特区。1985年又开放了长江、珠江、闽南3个三角洲地带。1988年，厦门正式获批为全国第五个计划单列市。1994年5月，所有计划单列市被正式确定为副省级城市。所谓计划单列市即指"让一些大城市在中国国家计划中实行单列，享有省一级的经济管理权限，而不是省一级行政级别"。计划单列市的成立，不仅使厦门城市地位提升，而且自主权增大，享有省一级的经济管理权限，获得更为宽松的发展环境，便于经济快速转型和扩展，并且能够节余更多的利润，用于城市公共设施建设，享受更多的政策支持，这是厦门三十多年间能够飞跃发展的关键所在。

改革开放后，厦门之所以能迅速复兴，被中央赋予诸多优惠政策，得益于侨台优势。优越的地理位置，与海外的密切联系，使厦门成为改革开放的前沿。改革开放初期，百废待兴，急需外资，而华侨成为吸引资金的重要来源。因此中央政府改变政策，"将侨务工作与促进四化建设，实现统一祖国，扩大海外影响的目标联系起来"②。吸引华侨参与地方建设，推动经济发展，成为各级政府的工作重心。改革开放初期，海外华侨大规模归乡，仅在1985年6月，厦门市就接待外宾、

① 范可：《"海外关系"和闽南侨乡的民间传统复兴》，载杨学嶙、庄国土主编《改革开放和福建华侨华人》，厦门大学出版社1999年版，第156—157页。
② 庄国土：《1978年以来中国政府对华侨华人态度和政策的变化》，《南洋问题研究》2000年第3期。

华侨、港澳台胞 40713 人，比上年同期增长 85%。[①] 1986 年，来厦旅游的"三胞"、华侨和外国友人达 8.83 万人次，比 1980 年增长 2.45 倍。厦门市工农业总产值从 1980 年的 11.34 亿元增加到 27.07 亿元，增长 1.37 倍。产品出口总值 3.56 亿元，比 1980 年增产两倍多。[②] 因此当年中央的特区布局也有这方面的用意，像深圳市与香港的互动，珠海市与澳门的互动，汕头市与侨界的互动，汕头是著名的侨乡，厦门市对台的互动，考虑到它们的区位作用、人文联系等因素。

反观福州，改革开放后，福州成为首批 14 个对外开放的沿海港口城市之一，充分发挥沿海与侨乡的优势，经济取得较大的发展，尤其在 1990 年、1993 年、1994 年，福州 GDP 增长分别突破 100 亿元、200 亿元、400 亿元，经济飞速发展，但福州的行政地位并未能有较大提升，1994 年、2001 年、2006 年，福建省政府曾三次向中央上报将福州升格为副省级城市，未能获批，是华东沿海省会城市中唯一没有被确定为副省级的城市。

中华人民共和国成立后，福州、厦门仍为福建的中心城市，随着台海局势的严峻、对外联系的减弱、"小三线"建设的开展，沿海地区等地的产业转移到内腹地区，推动南平、三明等地区的崛起，但也造成福州、厦门城市发展缓慢，地位有所下降，尤其是厦门，经济曾一度被三明赶超。改革开放后，随着对外经济联系的紧密、华侨大量的回归，福州、厦门均获得飞速发展，尤其是厦门凭借侨台优势，被作为首批经济特区，又列为计划单列市，不仅享受财政上的诸多优惠，更使得城市行政级别得以提升，列入副省级城市。福州亦被列为首批沿海对外开放城市，对外贸易迅速发展，但由于之前基础薄弱，侨台优势未能比厦门明显，因此始终未能成为副省级城市，影响力受到相当影响。

---

① 《外宾华侨港澳台胞来厦人数骤增》，《厦门日报》1985 年 7 月 21 日，第 1 版。
② 《关于加快厦门经济特区建设的报告》，厦门市档案馆馆藏档案：B036 - 001 - 1327 - 001。

五 结语

明清以来，福州、厦门的城市格局发生较大演变。福州作为福建省会，长期为福建中北部地区的核心城市，是全省的政治中心与文化中心。厦门得益于海上丝绸之路的发展，于明末清初逐渐崛起，取代漳州月港，成为闽南重要商埠。步入清代，随着台湾的开发，厦门与东南亚、台湾的联系日益密切，发展迅猛，但仍然隶属于同安。近代，福州和厦门同时开埠，随着茶叶贸易的兴盛，福州曾经成为全球重要商埠，但仅持续数十年。厦门则与东南亚联系日益紧密，得益于侨胞的投资，发展迅猛。民国时期，福州和厦门虽然同时获得南京国民政府批准建市，但福州设市曲折重重，厦门设市则较为顺利，标志着两座城市地位的沉浮。新中国成立之后，福州、厦门两座城市发展较为缓慢，但在改革开放后均得到迅速发展，尤其是厦门，被列为经济特区，成为计划单列市。而福州虽经几度申请，却始终未能成为副省级城市。

第二节 海上丝绸之路与海岛县设立研究
——以福建省四县为中心

民国初期，福建沿海海坛（平潭）、思明、金门、东山等海岛先后设县，数目之多，频率之密集，在近代福建较为罕见，在全国颇为典型。本节勾勒四县建立的过程，分析其背后的原因，探讨其建县成效，指出四岛设县是东南海疆开发的结果，地方民意在其中也发挥了重要作用。另外，在政权更迭的特殊时期，建县程序得以简化也是四岛成功设县的原因。海岛四县的建立，有助于政府加强对海岛的管理，使地方民众受益，在一定程度上巩固了东南海防，具有重要意义。

一 引言

传统海疆治理史研究，多注重从海禁松弛、海寇缉捕等方面研究，较少从新县设立角度论述。事实上，新县设立对于区域史研究具有重要意义。谭其骧先生指出："县乃历代地方行政区划之基本单位。州郡置罢，分并无常，境界盈缩不恒，县则大致与时俱增，置后少有罢并，比较稳定……后世的道、路、行省，初创时皆辖境极大，历久而逐渐缩小，略如州郡之比。县则历代标准大致相似，虚置滥设者较少。一地方至于创建县治，大致即可以表示该地开发已臻成熟；而其设县以前所隶属之县，又大致即为开发此县动力所自来。故研求各县之设治时代及其析置所自，骤视之似为一琐碎乏味的工作，但就全国或某一区域内各县作一综合的视察，则不啻为一部简要的地方开发史。"[1] 目前对新县析分的研究多集中在明清与现代，[2] 较少涉及民国时期，[3] 尤其对民国海岛县的设置，论述甚少。开展此方面研究，有助于推进海疆治理史研究。

中华民国成立后，短短四年内，福建海坛（平潭）、思明、金门、东山四岛先后设县，其设县密度之频繁，数目之多，较为典型。民国时期，我国共设立六个海岛县，除上述福建四县外，其余两县分别为广东南澳县和浙江玉环县。

就福建地区而言，民国时期福建共新设九县，除上述四县外，其他五县分别为华安县（1928 年设）、三元县（1940 年设）、水吉县（1940 年设）、柘荣县（1945 年设）、周宁县（1945 年设），[4] 而终清一代，福建先后设立屏南县（1735 年设）、霞浦县（1734 年设）、福鼎县（1739 年设）三县，主要集中于闽东地区，沿海岛屿未见设县，

　　① 谭其骧：《浙江省历代行政区域——兼论浙江各地区的开发过程》，《长水集》（上），人民出版社 2009 年版，第 403—404 页。
　　② 谢湜：《清代江南苏松常三府的分县和并县研究》，《历史地理》第 22 辑，上海人民出版社 2007 年版；胡恒：《关于清代县的裁撤的考察——以山西四县为中心》，《清史研究》2011 年第 2 期；程森：《雍正年间山西民众"闹县"与县级政区调整——以临晋分县为例》，《清史研究》2014 年第 1 期；徐文彬：《社会史视野下的政区分合——以松政县两度分合为例》，《中国历史地理论丛》2013 年第 2 期。
　　③ 目前主要有：徐建平《民国时期的政区调整与民意表达——以二十世纪二十年代江宁县反对废县运动为例》，《历史地理》第 33 辑，上海人民出版社 2016 年版。
　　④ 参见《中国行政区划通史·中华民国卷》，复旦大学出版社 2007 年版，第 80 页。

因此民国初期福建省海岛设县，在全省乃至全国，具有典型性，是海疆治理研究的典型样本。

二 福建四岛设县的过程

福建是沿海省份，海岛资源丰富，共有海岛 2214 个，海岛数量位居全国第二，其中面积大于 500 平方米的海岛 1321 个。① 较大的岛屿有海坛岛（267.13 平方千米）、东山岛（220.18 平方千米）、厦门岛（110.80 平方千米）、金门岛（151.66 平方千米）、琅岐岛（64 平方千米）、紫泥岛（47 平方千米）、南日岛（46 平方千米）。中华民国成立后，面积最大的四岛先后设县，在我国海疆治理中具有重要意义。

在四岛中，海坛（平潭）岛最先设县。它是福建第一大岛，全国第五大岛②。面积为 267.13 平方千米，在四岛中率先设县。海坛岛位于福建省东部沿海，南近南日岛，北望白犬、马祖列岛，东濒台湾海峡，西隔海坛海峡，与福清市、长乐市相望。③ 明代，海坛岛属福清县管辖。清雍正八年（1730），福清县丞移设该岛。嘉庆三年（1798），析置平潭海防厅，辖海坛岛及周边岛屿，属福州府管辖。鉴于其战略位置重要，清廷于平潭设置海坛水师，由总兵统领。

1912 年，南京临时政府成立后，电令各省厅州一律改县，"闽中业已照办"，"惟平潭曾经叙官局、民政司先后议决，改设分防委员"④。平潭民众以"职权太轻，不足维持治安"，推选林仲耆、陈鹤章、陈颂祺等八人，拟具《设县理由十三端》，赴福州请愿。福建省总督府遂交给省议会公同讨论，"佥以县制沿革不同，要视户口、钱粮、

---

① 根据国家海洋局发布的《2015 年海岛统计调查公报》（2016 年 11 月），我国共有海岛 11000 余个，海岛总面积约占我国陆地总面积的 0.8%，浙江省（37%）、福建省（20%）、广东省（16%）位居全国前三。

② 前四大岛为台湾岛、海南岛、崇明岛、舟山岛。

③ 中华人民共和国民政部、中华人民共和国建设部：《中国县情大全·华东卷》，第 922 页。

④ 黄履思纂修：(民国)《平潭县志》卷三《大事志》，民国十二年铅印本，第 21 页。

地域为标准"。平潭各岛星罗棋布，"与福清久隔水洋，久已各自为治，如强令隶属福清，候风候潮，往返诸多不便，况阖厅口数逾十二万，管辖岛屿广袤，达一千二百余里，经征钱粮三千二百有奇，虽不足比较繁中各县，而相时度势，不能不允其所请"。同意将平潭"改设简县，以利民生"①。议案通过时，同知张士佶尚在平潭任内，遂将其改充县知事。

厦门岛随后设立思明县。厦门岛"近接漳、泉，远通南洋群岛"。与澎湖、台湾隔海相望，为"华南贸易要港，内地转运枢纽，华侨出入必经之门户也。海岸线为88.81里"②。宋代厦门为嘉禾屿，属泉州府同安县。明洪武二十七年（1394）"厦门始建城"，隶属泉州府。明末清初，郑氏海商集团以厦门为基地，设置思明州，发展对外贸易，开辟日本、东南亚的商业航线。③ 清廷收复台湾后，于康熙二十五年（1686），以泉州府同知分防厦门。雍正五年（1727），又以兴泉永道驻扎厦门。厦门被视为"海防首要地也"④，为福建水师提督驻辕所在，但行政区划仍然隶属同安县。

明清时期，闽南"濒海诸郡，田多斥卤；地瘠民稠，不敷所食"⑤。尤其厦门岛"地不宜桑，女无蚕织"，"田不足于耕"，且"水田稀少，所耕多硗埆山园，无陂塘、江湖可以溉注"⑥。将军施琅、巡抚高世倬均奏请开洋，发展海外贸易，使"富者挟资贩海，或得稛载而归；贫者为佣，亦博升斗自给"⑦。厦门"上接沙埕、下连南澳，据十闽之要会、通九译之番邦"⑧，得地利之便，专设海关，海外贸易兴

---

① 黄履思纂修：(民国)《平潭县志》卷三《大事志》，民国十二年铅印本，第22页。
② 厦门市地方志编纂委员会办公室整理：(民国)《厦门市志》，方志出版社1999年版，第2页。
③ ［美］马士：《东印度公司对华贸易编年史》（第一、二卷），区宗华译，中山大学出版社1991年版，第46页。
④ (清)周凯纂修：(道光)《厦门志》卷三《兵制考》，道光十九年刻本，第1页。
⑤ (清)周凯纂修：(道光)《厦门志》卷八《番市略》，道光十九年刻本，第1页。
⑥ (清)周凯纂修：(道光)《厦门志》卷十五《风俗记》，道光十九年刻本，第5页。
⑦ (清)周凯纂修：(道光)《厦门志》卷八《番市略》，道光十九年刻本，第1页。
⑧ (清)周凯纂修：(道光)《厦门志》卷二《分域略》，道光十九年刻本，第5页。

盛，成为"大小帆樯之集凑、远近贸易之部会也"①。厦门商民"以贩海为利数，视汪洋巨浸如衽席。北至宁波、上海、天津、锦州，南至粤东，对渡台湾，一岁往来数次；外至吕宋、苏禄、实力、噶喇巴，冬去夏回，一年一次"②。获得丰富的利润，从业者甚多，仅"舵水人等藉此为活者，以万计"③。

中华民国成立后，应厦门士绅之请，思明军政府参事会选派代表黄鸿翔、黄廷元赴省政务院，向时任福建省总督孙道仁呈请设县，获得批准，1912 年 4 月 18 日设县，辖区包括厦门岛、金门岛和烈屿及大嶝、小嶝。原同安县知事陈文纬（紫垣）出任思明县知事。鉴于郑成功曾经在厦门岛设置思明州，遂沿用其名，为思明县，又于 9 月 20 日升格为思明府，但在 1913 年 3 月 30 日再度改为县。④

与此同时，金、厦两岛民众几乎同时请愿设县。金门岛与厦门岛毗连，彼此联系密切。清《厦门志》即指出："金门与厦门相唇齿，虽富庶不及，而地之险要尤甚。其山川则有太武雄峻高耸，为贾舶往来之标准；其险则有料罗塔脚，为商贾所停泊，渡台贩洋之所自。于厦门为外捍，无金门则厦门孤悬海岛。"⑤ 因此清廷亦于金门设立水师镇，任命总兵统辖军务。中华民国成立后，思明县派"分治员"驻金门办理政务。较之厦门，金门岛设县过程颇为曲折，直至 1913 年，应新加坡华侨请求，福建巡按使许世英向北洋政府内政部请示，获批将思明县析置金门县，设县知事，以金门岛原有区域置县，辖大、小金门，大、小嶝岛及周边岛屿，分为六都、十保、一百六十六乡。

铜山在四岛中最晚设县。该岛面积约 220 平方千米，"东望澎湖，

---

① （清）孙云鸿：《嘉禾海道说》，（道光）《厦门志》卷二《分域略》，道光十九年刻本，第 5 页。

② （清）周凯纂修：（道光）《厦门志》卷十五《风俗记》，道光十九年刻本，第 5 页。

③ （清）杨国春：《鹭门形势记》，（清）周凯纂修：（道光）《厦门志》卷十五《风俗记》，道光十九年刻本，第 2 页。

④ 李禧：《紫燕金鱼室笔记》，中国广播学院出版社 1995 年版，第 83 页。

⑤ 《周序》，（清）林焜熿：《道光金门志》，《台湾文献丛刊》（第 80 册），台湾大通书局 1984 年版，第 1 页。

南滨大海，西接诏安、南澳、北蔽云霄、漳浦，当闽省之交冲，为内地之屏障，察其形势，实海上重镇"①。明洪武年间即设置卫所，建城驻兵。清代亦设置铜山水师，由参将统率，以"益所以重国防而固疆域"②。清康熙年间，铜山一度划归云霄厅管辖，后又复归诏安，设立巡检司，由县佐管理。民国成立后，巡检司与参将先后被废，铜山岛的行政地位下降，对地方社会发展颇为不利。1915 年 6 月 25 日，许世英巡视该岛，"绅、商、学界马兆麟等禀讯设治，以便人民"，许氏"拟援金门新设县治之例，增设县治，划拨漳浦县之古雷岛以益之"③，获得北洋政府批准。1916 年 5 月 1 日，东山县正式成立，县城在铜山，辖铜山所、五都、古雷，为避免与江苏铜山县同名，故改名为东山县。

福建设县四岛，均为福建面积较大之岛屿，且清代多设为军镇，驻扎水师，实行军事化管理。民国建立后，四岛在短时间内先后设县，历程虽有所不同，但存在共性，凸显其区域性特点。四岛由军镇向县制的转变，反映地方开发愈发成熟。

三 福建四岛建县的原因

民国初期，福建海坛（平潭）、思明、金门、东山四岛在短期内迅速建县，除与特殊的时代背景有关外，还与当地民众力量、社会经济发展水平等因素密切相关。

（一）时局的变动

清代对新县设置有严格的规定，地方官员提出建县要求，须经过省级官员研究讨论，再报给朝廷定夺。如清代古田析置屏南县，先由古田知县赵琳于雍正九年（1731）向省宪"议请分县"，经"遍议各宪，反复暨议，凡阅四载，至十二年始定"。再令古田新知县朱乐楷实

---

① 《巡按使许世英呈请增设东山县全文》，福建省东山县地方志编纂委员会整理：《民国东山县志》，1987 年，第 81 页。

② 《巡按使许世英呈请增设东山县全文》，福建省东山县地方志编纂委员会整理：《民国东山县志》，1987 年，第 81 页。

③ 《巡按使许世英呈请增设东山县全文》，福建省东山县地方志编纂委员会整理：《民国东山县志》，1987 年，第 82 页。

地考察，制定具体析置方案后，由时任闽浙总督赵玉麟，于雍正十二年（1734），将此事"汇入酌核海疆情形事案内具题"，得到雍正帝同意，并"赐以嘉名，为屏南县"①。整个分县的决策过程，牵涉古田县令、省级大员、中央皇帝三级。程序复杂，中间经过省级官员反复讨论，历时数载，其难度可见一斑。

中华民国建立后，时局未稳，中央政府对地方控制乏力，尤其南北和谈期间更是如此。1911 年 11 月 9 日，福建宣布独立，组建军政府统管省务，百废待兴，军事、财政成为当务之急，新县设置程序得以简化，毋需呈报中央政府。如平潭原先经福建省叙官局、民政司议决，设立分防委员，经民众请愿后，福建省总督府交给省议会讨论，平潭县遂得以设立。思明县的建立亦是如此，"厦门自华洋分府改为民政厅后，厦绅决议脱离同安改设思明县"。向都督孙道仁申诉后，思明县遂于 1912 年 5 月 18 日正式成立。不久福建省议会"以厦门系通商巨埠，为各国观听所系"，又欲将其改为思明府，9 月 14 日，"将思明府印信由省民政司颁行到道，转交陈府知事紫垣起用矣"②。10 月 29 日思明县正式升为思明府。思明县的设置及升格，均由福建省议会决定，甚至连印信亦由福建省民政司颁发，而非中央授予，反映特殊时期地方政权对行政区划的影响之大。

（二）政区设置的关联性

新县设置后，会产生连锁反应。1913 年，袁世凯当选大总统后，加强集权，行政区划调整须报经中央批准，但金门岛、铜山岛民众以此前海坛岛和思明岛获准建县为由，要求设县。如金门与厦门同时申请建县，但厦门率先获批，金门却遭"缓议"，金门民众甚为不平，指出"夫金厦两岛，固同为闽南重镇也"，地位相当，"乃何以厦门则官厅林立，金门则一官不留？岂金门人民独非国民份子而可以弃之如遗乎？国家义务则应同担，人民权利则难共享"③。他们强调行政区划要

---

① （乾隆）《屏南县志》，屏南县地方志编纂委员会，1989 年，第 29 页。

② 《府印到厦》，《申报》1912 年 9 月 24 日，第 2 张。

③ 《金门改设县治原案》，许如中：《新金门志》，"金门县政府"，1959 年，第 492 页。

一视同仁，以示民权公平，"若歧视我金民，不与国民平等优待，听金门变为荒岛，不设专官"①，将使金门民众大量流入异乡。

　　许世英向中央呈请设置东山县，亦将其与先前设置的海岛县加以比较，指出："沿海各岛，如平潭、金门、思明、南澳、皆先设治。铜山地势重要，不亚平潭，全县人口，虽较思明为少，而面积相比，视金门、思明、南澳为大，皆先设治，铜山地势重要，不亚平潭。全县人口，虽较思明为少，而面积相比，视金门、思明、南澳为大，与平潭相伯仲。"他"拟请援金门新设县治之例，增设县治"②，恳请中央政府批准。新县设置，除提升地方行政区划级别外，还能够强化政府对地方的控制，为民众在司法、治安、赋税、办事等方面提供便利，尤其是海岛民众，受到地理环境限制，与官府交涉不便，故积极争取设县。

　　（三）地方开发的成熟

　　新县能否成立，关键取决于地方的开发程度。人口、面积、税收是设县的重要考量因素。"金以县制沿革不同，要视户口、钱粮、地域为标准。"③清代中后期，随着人口的增长，海外贸易的开展，福建沿海岛屿得到开发。如平潭"明代潭民，曾移内地。清历康熙，复迁本治，疾病兵荒，风沙灾异，户口凋零，连番徙避"④。随着战乱平定，"盛世滋生，于今畅遂。户万三千"，至光绪年间"阖潭一万二千三百一十九户，男丁大小共四万二千四百三十二配，妇女大小共二万六千四百二十口"⑤，商业较为兴盛。至 1912 年该岛"村落虽仅数百，而户口极其繁盛"。全岛二十一区"统计十二万四千六百有奇"⑥。就税

　　①　《金门改设县治原案》，许如中：《新金门志》，"金门县政府"，1959 年，第 493 页。

　　②　《巡按使许世英呈请增设东山县全文》，福建省东山县地方志编纂委员会整理：《民国东山县志》，1987 年，第 82 页。

　　③　《平潭改为县理由十三端》，黄履思纂修：（民国）《平潭县志》卷三《大事志》，民国十二年刻本，第 22 页。

　　④　宋廷模编：《平潭厅乡土志略》第八章《户口志》，光绪三十二年抄本，第 32 页。

　　⑤　宋廷模编：《平潭厅乡土志略》第 8 章《户口志》，据清光绪三十二年抄本，第 32 页。

　　⑥　《平潭改为县理由十三端》，黄履思纂修：（民国）《平潭县志》卷三《大事志》，民国十二年刻本，第 23 页。

收而言，平潭虽然土质较差，难以种植粮食作物，"钱粮实额七千余元"，但盛产海产、盐，各类税收盐厘、五捐杂税、船牌照费、常关税"统共应额十万余金有奇"①。较之福建各县，并不逊色。

明清时期，随着海外贸易兴盛，厦门设有海关等机构，其"市井繁华、乡村绣错，不减通都大邑之风"②。繁华程度超过同安。即使相对闭塞的铜山岛，与云霄、漳浦、厦门、金门、石码、漳州、汕头、香港、温州、宁波、乍浦等处，均有船舶往来，运载货物，商务尚称繁盛。其"全岛人口约七、八万之间，业工商于南洋者亦近万人以上"③。

（四）海防重要性凸显

清代平潭、厦门、金门、铜山，被视为重要的战略要地，设立水师，维护海上秩序。《平潭县志》如是记载："闽之门户，又以平潭为要区，内而襟带浙粤，外而控制台澎。平潭定江南，半壁之海无不定矣。"④ 时人即指出"海中扼要，南澳、中左、金门、铜山同一体。譬如造舟，一牢百牢、一漏百漏"⑤。厦门作为"海防首要地也"⑥，设立水师提标五营驻之，以军事要塞经营。金门"尤为厦咽喉；踞上流，足控制台、澎，而与海坛、铜山、南澳各水师互相犄角"⑦。19世纪中叶，"西欧各国海上东来，撞开中国国门，刺激了近代中国海洋性因素的生成与培育，对中国国家构建产生了深远影响"⑧。欧美国家的到来，海疆危机凸显。清政府日益重视海防重要性，将

---

① 《平潭改为县理由十三端》，黄履思纂修：(民国)《平潭县志》卷三《大事志》，民国十二年刻本，第23页。

② (清) 杨国春：《鹭门形势记》，(道光)《厦门志》卷十五《风俗记》，第2页。

③ 《巡按使许世英呈请增设东山县全文》，福建省东山县地方志编纂委员会整理：《民国东山县志》，1987年，第81页。

④ (民国)《平潭县志》卷十六《武备志》，第160页。

⑤ 戴冠：《上经略南澳书》，(清) 林焜熿纂：道光《金门志》卷二，《台湾文献丛刊》(80)，台湾大通书局1984年版，第8页。

⑥ (道光)《厦门志》卷三《兵制考》，第1页。

⑦ 《章序》，(清) 林焜熿纂：道光《金门志》，《台湾文献丛刊》(第80册)，台湾大通书局1984年版，第5页。

⑧ 郭渊：《海疆危机与近代中国的国家构建》，《中国边疆史地研究》2012年第3期。

"海防""塞防"并重。社会海权意识开始觉醒，海洋领土观念开始形成。

福建作为沿海重要省份，近代海军的发源地，与各国交流频繁，多次受到列强侵略，地方民众具有更为强烈的海权危机意识。如海坛岛"迫近台、澎、毗连浙越，且为东西洋轮船必经之道"，战略地位重要，万国公会设立牛山灯楼，成为台湾海峡重要的航路标识。马江战役，法军曾想在海坛岛观音澳、竹屿口等港口屯兵，因清军防守严密而未遂。甲午中日战争，日本侵占台湾后，福建海疆危机更为严峻。海防亟待加强，海岛成为国防中心所在，关系海权得失，海洋安危。然而中华民国成立后，旧有水师多被裁撤，而改设巡警，控制力减弱，不仅难以有效围剿海盗，更使海防隐患重重。因此平潭民众在申请建县时即指出"前事不忘，后事之师，未雨绸缪，可缓乎"①。通过海岛设县，提升对地方的控制力，以此巩固海防。

（五）涉外冲突增多

近代开埠后，福建海岛成为对外交流的重要前沿，洋商、传教士、外交人员接踵而来。传教士活动更为频繁。如在平潭，"惟天主教盛行，全岛人民，信天主教约六千人，信耶稣者约八千人"。教案是近代中外冲突的焦点，是多起重要事件的导火索。而且平潭民风"惟喜健讼，民事以户婚、田土、钱债为多，刑事以斗殴为多"②，更容易诱发民众与教会矛盾，故"平潭名教多不相安，若天主美以美间等教堂洋房、医馆、交错于十二甲中，民教诉讼案无虚日，往往事起仓猝，非地方官即时弹压、保护，祸无底止"③。因此有必要通过设县，调解涉外纠纷，预防外交冲突。

除此之外，避免与台湾渔民纠纷，亦是福建海岛设县的重要考量因素。日本占据台湾后，窥觊福建，台湾民众身份较为特殊，大陆民

---

　　① 黄履思修：《平潭改为县理由十三端》，（民国）《平潭县志》卷三《大事志》，民国十二年铅印本，第 25 页。

　　② 许世英：《闽海巡记》，第 78 页。

　　③ 黄履思修：（民国）《平潭县志》卷三《大事志》，民国十二年铅印本，第 24 页。

众与之发生纠纷，若处理不当，容易成为日本入侵的借口。如铜山岛"相距澎湖，仅二百四十华里，衣带之水，一苇可航"。常有台湾渔民在铜山海域捕渔，"台民业渔，乡愚无知，互相争执，县佐望轻，不足以资镇慑，设有不慎，贻祸无穷"①。因此许世英认为铜山"亦宜设治者也"。

民国初年特殊的政治形势，平潭、厦门设县程序得以简化，进而产生连锁效应，使数县得以在短时期建立。清代海岛的开发、近代海权意识的崛起、涉外纠纷的增多，也使政府亟须在海岛设立新县，以此强化对地方的控制，有效调解诸多纠纷，杜绝恶性事件发生。在各种因素交织下，使福建四岛先后设县，

四　社会各阶层对海岛建县的反应

明清时期新县设立，通常是一个由上至下的过程，在官员主导下进行。官府设置新县，主要是为了加强地方控制，确保税收征收，维护社会稳定，但行政成本亦会由此增加，故官府对于新县设置，须经过层层讨论，考量收益与成本，程序较为烦琐。新县设置后，如果未达到预期的效果，亦会被裁撤。

民国时期，对于平潭、厦门、金门、铜山四个海岛申请建县，政府官员态度较为复杂，使四县设置较为曲折。南京临时政府成立后，下令由厅改县，广东南澳、浙江玉环因此顺利建县。但此令在福建未得到有力贯彻，平潭原为海防厅，却只设分防委员，厦门亦未能改厅设县。金门士绅曾两次联名向福建省府呈请设县，最初获得民政长汪声铃首肯，但汪调任后，"适值护理民政长刘次源，厉行简政之初，故从缓议"②。所谓厉行简政，就是精简人员，在如此状况下，势难建立新县。

---

① 《巡按使许世英呈请增设东山县全文》，福建省东山县地方志编纂委员会整理：《民国东山县志》，1987 年，第 81 页。

② 《金门改设县治原案》，许如中：《新金门志》，"金门县政府"，1959 年，第 492—493 页。

面对官员保守的态度，以士绅为代表的地方民众在新县设置过程中发挥重要作用。如平潭未能由厅改县，民众推选林仲薲、陈鹤章、陈颂祺、林德荫、蔡士杰、吴寿鹤、吴宪章、林树声八人到福州向都督呈情。① 思明县的设立，也是在地方士绅黄鸿翔、黄廷元等人的推动下实现。金门县的设置过程较为曲折。地方士绅林乃斌等人两度向省呈请添设县治，均未获批准。后新加坡华侨黄安基、陈芳岁以金门会馆名义，联名电呈福建巡按使许世英请愿金门设立县治，才使金门县顺利建立。② 东山岛设县缘起，主要是福建省巡阅使许世英"选据绅、商、学界马兆麟等禀讯设治"。可见，四岛成功设县，得益于地方士绅的大力推动。③

　　地方民众积极申请设置新县，主要是为了维护地方利益。他们向官府陈明建县对地方发展的必要。如平潭民众即指出该岛孤悬海外、交通不便，且有海盗出没，若不设县，不利于处理公务、征收赋税、调节民事纠纷，即使发生命案，"因为阻滞，莫能诣县请验，致使强族灭尸，凶犯逃窜，甚且藉命株连，祸患莫了"。后果极为严重，且"不足压制，洋匪必益猖狂"，将导致"船商裹足不前，生计即将断绝"，"不特平潭十余万人民生命财产，遂归灭绝，即闽粤沿海居民，亦将受其影响"。希望官员"乞熟图之"④。铜山的设县理由与平潭相似，当地士绅马兆麟"禀讯设治，以便人民"。许世英"周咨博访，众论佥同"，又经考察确认"铜山实有设治之必要"。因为该岛"风浪险恶，交通极梗。而诉讼一事，尤为困难，犯证之搜解，禀状之陈递，因无轮船，动需时日。因之于人民，不诉之于县宫，而诉于私门。而公亲亦或不为，传案获犯，而讼狱久延，致滋拖延。此由司法一方面言之

---

　　① 此八人中，林仲薲为附生，曾担任福建省谘议局议员，平潭建县担任平潭商会会长、陈鹤章为平潭自治会会长（1910 年成立）、林德荫为省议会会员、蔡士杰为平潭农务分会会长（宣统元年成立），均为社会各界的代表。

　　② 转引自吴华《新加坡华族会馆史》，新加坡南洋学会 1975 年版，第 81 页。

　　③ 马兆麟为举人，曾担任铜山南溟书院院长，是清末民初著名的画家。

　　④ 黄履思：《平潭改为县理由十三端》，黄履思纂：（民国）《平潭县志》卷三《大事志》，第26 页。

宜设治也"①。新县设置，能够使民众在纳税、司法、治安等方面享有便利，避免路途奔波之苦，故民众克服官府压力，积极争取。

民众向官府陈情时，灵活运用策略，与之博弈，推进建县进程。金门民众在申请设县受阻后，直言"若歧视我金民，不与国民平等优待，听金门变为荒岛，不设专官"，"则我无告之民，亦惟有各率妻孥，为爵为鱼，去其固有之业渊，流离海外，亦岂忍以身家性命，寄托于无官府之地方，一任盗贼鱼肉，强蛮陵夷，以自生自灭哉?"②以此警示官员，得以通过非常途径，在极短时期内建县。

较之明清时期，民众在设县过程中的影响之所以凸显，一方面是随着海岛开发的成熟，地方文教事业渐趋发达，形成士绅阶层。在清末地方自治运动中，此类社会知名人士多出任商会、农会、自治会的会长，成为社会各界的代表。除此之外，还与近代地方政治制度变革有关。清代效仿西方政治制度，推行所谓的"君主立宪"，各省设置谘议局，"慎选公正明达官绅，由各属合格绅民，公举贤能为议员"③。研讨地方重要事务。南京临时政府成立后，各省谘议局改组成省议会，仍然是受理地方民意的主要机关。平潭、厦门未能顺利改厅为县，经民众向省府呈情后，遂由省议会商讨。有的请愿代表如平潭林仲翥本身就是省谘议局议员，故有助于发挥影响力，推动议案通过。

值得注意的是，金门岛、铜山岛申请设县过程中，海外侨胞起了决定性作用，这主要与近代移民运动有关。清末，海外华侨崛起，成为重要的社会群体，对地方官员影响甚大。尤其民国鼎革之际，社会秩序混乱，百业待兴，海外华侨财力雄厚，更受官员倚重。清代金门"地不足于耕，其无业者，多散之外洋，如吕宋、实叻、交留八等处，岁以数百计，得归者百无二一焉"。华侨成为金门重要的社会群体，据

---

① 《巡按使许世英呈请增设东山县全文》，福建省东山县地方志编纂委员会整理:《民国东山县志》，1987年，第81页。

② 《金门改设县治原案》，许如中:《新金门志》，"金门县政府"，1959年，第493页。

③ 故宫博物院明清档案部汇编:《清末筹备立宪档案史料》，中华书局1987年版，第667页。

许世英所记"金门户约三万，人约七万。出洋营业者，约三万人以上。每年侨商输入，统计约三百万元"①。一些华侨经商致富，成为社会名流。故民国《金门县志》记载："故甲第鼎盛于前明，武功彪炳于清代，即同光以降，逮于民国，复多以侨商起家，致陶朱猗顿之富。"②一些金门华侨还参与孙中山领导的革命事业。武昌首义前，孙中山到印尼雅加达宣传革命思想，将自治社改为寄南社，金门华侨洪焜胜、冯启明、张璋怀、董诸仪等皆踊跃参加，洪焜胜任古达马汝同盟会支会会长，筹款接济东京党人，民国创立后回国，担任金门自由党理事长。二次革命时，他被孙中山任命为革命党婆罗洲支部长，并于民国七年荣获三等嘉禾章。③ 华侨在金门地方社会影响如斯，故其上书省府建县，颇受重视。

铜山岛情况此相似，"全岛人口约七、八万之间，业工商于南洋者亦近万人以上"。华侨在人口中占相当比例，但由于未能设置县治，导致教育较为落后，"惟知识闭塞，安于鄙陋，学校太少。全岛儿童，虽未调查，以户口计之，当达一万，学生仅二百二十人，比较为百分之二。失学者多，进步不易"。铜山海外华侨的发展亦深受影响，"不特工商业不发达，即侨居于南洋各岛者，亦不能如龙溪、晋江、同安、思明各侨商建伟大实业"。因此许世英设想："若改设县治，推广教育，启迪民钮，其发展当未可限量。此由教育、实业两方言之亦宜设治者也。"通过设县发展华侨海外事业，亦可印证华侨对地方社会的影响。

五 福建四海岛建县的成效

新县设立后，常受到诸多因素影响，遭到裁撤。福建海岛四县尽管在朝代鼎革之际成立，因符合地方发展需要，对地方社会发展裨益甚多，其政区总体较为稳定。

---

① 许世英：《闽海巡记》，第114页。
② （民国）《金门县志》卷二《山海》，上海图书馆抄本，第1页。
③ 金门县志编修委员会编：《金门县志》（第九册），金门县志编修委员会1992年版，第375页。

在四县中，变化最大者为思明县，设县仅十余年，即升格为市。1928 年 7 月 3 日，南京国民政府颁布《市组织法》，规定"凡人口满 20 万以上之都市，得依所属省政府之呈请暨国民政府之特许建市"。1932 年 1 月，福建省政府"以福州厦门两地、均为东南沿海重要商端口"，"核与市组织法所定，均有设立普通市之必要"，于是拟定以"厦门公安局所辖区域及思明县政府所辖之禾山、鼓浪屿两地"，合并为厦门市区，将思明县撤废，呈请行政院核准。① 经南京政府内政部与行政院审核，1933 年 7 月 7 日，福建省府令撤思明县政府，地方行政归市政筹备处。② 1935 年 4 月，厦门市正式设立。思明变县为市，主要因其为闽南经济中心、工商业发达，侨商众多且财力雄厚，故得以顺利升格。

东山县建立后，多次要求拓展幅员。1932 年，东山县政府因其辖境较之周边诏安、漳浦、云霄等县狭小，"诏邑现辖面积约多五倍。此外如漳浦广于东邑四倍，云霄广于东邑二倍不等"，导致其财政收入薄弱，"其县省、县两库收入，以丁赋粮米为大宗。全邑丁赋年仅一千七百余两，全邑粮米年只二百九十石，此外省库正款，足资拨用者仅六百余元"。财政收入严重匮乏，以致"小学省库补助每月一百三十三元，区区之款，历任县长均难筹拨"。县财政收入如此贫乏，"对于仓储、自治、警卫、建设、教育、卫生，凡百要政，奚能推行？"全县警察只有二十人，以致海盗滋生，难以维护治安，而且盗匪时常在东山、漳浦、诏安各县交界处流窜，"此捕彼窜"，难以稽查。③ 因此东山县政府请求将漳浦县所辖杜浔乡、云霄县所辖陈岱乡和礁尾乡、诏安县所辖霞湖乡、竹港乡等划归东山县，以拓展辖境，增强财政实力，提升治安，巩固国防。东山所要求划拨各乡，均地处大陆沿海，毗邻古雷半岛，与原来诸县有长期的隶属关系，由于爆发"十九路军事件"，该提议未能实行。全面抗战爆发后，东山县再度要求将漳浦杜浔乡划

① 《闽省拟设两普通市 福州与厦门》，《申报》1932 年 12 月 19 日，第 7 版。
② 《申报》1933 年 7 月 10 日，第 9 版。
③ 《呈复改划本县县界原文》，福建省东山县地方志编纂委员会整理：《民国东山县志》，1987 年，第 414 页。

归漳州，倡议者省参议员高玉魁（东山籍）认为"此事关系东山全县生存，问题甚大"①，两县为此展开激烈争夺，甚至诉之中央行政院，最终"缓议"。1953 年，古雷民众通过福建省人民代表大会，提请"为行政及交通的便利，将本县四区（古雷半岛）划归漳浦县辖案"，认为"古雷区共有五个乡，位于东山东北部，离东山县城远隔一大海，开会往来、通讯等都很不方便，如遇特大风雨，困难更多。古雷与漳浦大陆毗邻，人民政府每进行一工作，都是漳浦县辖之乡较早开展，古雷较远，因此群众感到现在有两个人民政府，工作进行不顺利"②。要求将古雷半岛划归漳浦，获得批准，东山成为完全的海岛县。

金门设县，主要为避免民众大量流失东南亚，故官员予以高度重视，使该岛迅速建县。然而建县之后，金门民众仍大规模外流。民国四年（1915），全县人口总数为 79357 人，至民国十八年经过十四年人口数锐减百分之四十（见表 8 - 1）。

表 8 - 1 　　　　　　　　　金门人口的变化

年代（年份）	总人数/人	男性/人	女性/人
道光十二年（1832）	62492	36942	25550
民国四年（1915）	79357	44141	35216
民国九年（1920）	75599	44392	31207
民国十八年（1929）	46467	25005	21462
1950 年	61146	—	—

据："金门主计室"年报整理：《金门历年人口数的统计表》，参见叶钧培、黄奕展《金门族谱探源》，万卷楼图书公司 2001 年版，第 6 页。

金门民众大量迁徙东南亚，与国内外形势有密切关系。1912—

---

① 《高玉魁陈述漳浦之杜浔区应划归东山管辖理由》，福建省档案馆馆藏档案：0136 - 006 - 0058 - 0032。

② 《为行政及交通的便利，请将东山县古雷半岛划归漳浦县管辖案的审查意见》，福建省档案馆馆藏档案：0136 - 006 - 0058 - 0032。

1930 年，南洋群岛商业"有如日丽中天"，而国内"则初创之局，政治建设，地方治安，间多未臻完善，盗贼蠡起，劫掠时闻，岛民既感不安"，相较之下，南洋更易谋生，而且"当时出国既无需任何手续，南洋群岛亦无入境之限制，交通便利，来往自由，只需若干费用，购买船票，即可乘风破浪，放洋而去"①。因此东山民众大规模移民海外。

平潭县建立后，其政区较为稳定。1915 年，许世英对该县印象颇佳，"巡视各县，惟平潭与南安为最，亦可喜也"②。但此后数十年间，平潭人口下降幅度较大。1912 年，该县人口为 124600 人，1922 年减至 89363 人，1936 年增至 100870 人，1949 年又减至 99639 人。③ 但相较东山，平潭政区调整较小。1939 年，平潭县主动提出将辖内大扁岛划归福清县管辖，因为该岛"孤峙隔海甚远，平时并无贸易关系，是以舟楫不相往来"。如果有事需要往返，特地雇舟一艘，"倘有紧急公事往来，遇着海面飓风怒涛，势必坐视误公"。保甲制推行后，该岛行政机制虽较为健全，"然而距离县治太远，人民往往下情不能上达，而职区亦有鞭长莫及之慨"④。但该请求未获批准。直到 1956 年，大扁岛方正式划归福清县管辖。

六 结语

中华民国成立后，福建平潭、思明、金门、铜山等海岛先后建县，数量之多，规模之大，不仅在福建行政区划史上罕见，在全国亦具有代表性。海岛四县在短时期内成立，得益于清代海上丝绸之路的发展，海岛开发不断深入，人口持续增长，与外埠商业联系密切，海岛具备建县所必须的条件。另一方面，时局变动之际，地方势力崛起，中央政府控制力的减弱，使设县权限下移，相关程序简化，有助于新县的

---

① 金门县文献委员会：《金门县志》卷七《华侨志》，1960 年，第 96 页。
② 许世英：《闽海巡记》，第 119 页。
③ 根据平潭县志之整理。
④ 《福建省政府关于平潭大扁岛划归福清县管辖的指训令（附平潭县大扁岛形势图）》，福建省档案馆馆藏档案：0011－007－004932.

设置。

政府对于海岛设县，将面积、人口、治安、国防、涉外纠纷作为重要的考量因素，追求行政成本与综合收益平衡，故未予大力支持。地方民意在设县过程中发挥重要作用，作为民众的代表，地方士绅积极向党政官员陈情设县，推动政府设置新县。清末民初民主意识的传播、民意机构的设置，有助于地方精英在设县决策过程中扩大影响。

海岛县设置后，受特殊的自然环境影响，政区并未完全稳定。思明县商业兴盛，人口众多，很快升级为市。东山县面积狭小，经济较为贫乏，难以承担行政成本，且粮食难以自给，力图通过拓展陆地辖区，以维系运转，但最终非但未能如愿，反失去陆地辖区——古雷，凸显海岛行政区划与自然区划契合，非行政力量能完全主导。

新县的设立，主要是为了加强地方治理能力。就此而言，平潭、厦门、金门、铜山四岛通过设县，顺应民意，使地方民众受惠甚多，客观上推动了海岛的开发，维系地方社会的稳定，避免涉外冲突的扩大化，在一定程度上巩固了海岛的战略地位，对维护我国东南海权起到了积极作用。因此四县设立后，虽边界多有调整，但多能存续，凸显县级行政区划对区域发展的重要影响。民国初期，平潭、厦门、金门、铜山四岛设县，反映了我国东南海岛开发的渐趋成熟与国家政权力量的不断深入，影响深远，意义重大。

余　言

　　本书探讨海上丝绸之路与近世福建区域变迁的内在关系。首选梳理海上丝绸之路与福建的历史渊源，指出福建海上丝绸之路始于汉唐，盛于宋元，明清仍然延续，近代开埠后，传教士、洋商接踵而来，西风东渐，推动福建近代化历程。通过海上丝绸之路，近世福建与江南等地有着密切的经济联系，与东南亚、日本、朝鲜、琉球、印度等地商业往来频繁，互通有无。特殊的地理位置是福建在海上丝绸之路发挥重要作用的原因。

　　通过海上丝绸之路，福建的茶叶、瓷器、丝绸等产品，输送到域外，换回香料、木料、珠宝等物资，推动福建区域的开发，尤其对闽南地区尤其明显，闽北、闽西等内陆山区，亦深受此影响。随着开发的深入、经济的商品化、经济作物的大量种植，影响生态环境，加剧了福建人地矛盾，粮食危机凸显，衍生溺婴等恶俗并长期流行。迫使更多人以贩洋为生，带动造船、运输等相关行业的发展。明清时期，尽管朝廷厉行海禁，但迫于生计，福建民众仍大量冒险出海，衍生"倭寇之乱"，迫使福建地方官员奏请开放海禁，以维系社会稳定。近代，大量福建民众移民东南亚、日本，华侨群体的崛起，对福建区域社会的发展做出巨大的贡献，尤其是侨汇更成为侨乡民众的重要经济来源。概而言之，海上丝绸之路稳定与否是维系近世福建民生的关键所在。

　　海上丝绸之路的发展，使番薯、玉米、南瓜、烟草等南美作物引入福建，极大地推动了社会变迁，其中最为典型者为番薯。福建海商从东南亚引进后，由于其产量高、易种植，得到官府的倡导，迅速在福建普及，成为民众抵御灾害的粮食作物，使福建人口数量迅速增加，推动区域开发的不断深入，加速福建人口的迁徙。南美新式作物对近世福建社会的影响不仅仅反映在经济层面，更渗透到民众的日常生活中，形成颇具特色的番薯文化、吸烟习俗。

海上丝绸之路的发展，对福建民风影响深刻，形成契兄、契弟等风俗，孕育闽文化的海洋性，推动妈祖等民间信仰的形成与传播，并衍生诸多相关的社会习俗，与此同时，番商与福建汉人通婚，繁衍生息，使异域风情融入民众的日常生活中，形成独特的人文景观。通过海上丝绸之路，佛教、伊斯兰教、基督教、印度教先后传入，铸就泉州文化多元一体的特征。长期的海上贸易，使闽南文化富有冒险性、叛逆性，其代表性人物为思想家李贽，其思想反映了早期全球化进程中泉州的地域社会变迁。

海上丝绸之路的发展，促进中西文化的交流碰撞，使福建开风气之先，孕育一批高瞻远瞩、富有济世情怀的精英群体。明代李贽思想惊世骇俗，倡商言利，反对礼教制度，颇具革命性。晚清，闽南商人通过海外贸易致富后，积极参与慈善事业，依托海外贸易网络，获得华侨支持，创办慈善机构，修桥造路、赈灾扶贫，保障桑梓安宁。而福州精英群体则负有强烈的使命感和责任感，活跃于政治、经济、军事、科技等诸多领域，不仅对福建影响深刻，更对近代中国贡献颇巨。

海上丝绸之路的发展，在相当程度上推动了福建城镇体系建设，是近世福建区域社会的反映。明代中后期，随着民间走私贸易的兴起，漳州月港成为中国主要对外贸易港口，并带动漳州地区的开发，使海澄等县得以设立。明清之际，厦门开始崛起，逐渐与福州并列成为福建南北核心城市，甚至在民国时期率先建市，其发展如此迅速，主要得益于海上丝绸之路的发展，使其成为东南沿海的商业重镇，尤其在近代，华侨群体更在市政建设中发挥重要作用。海上丝绸之路的发展，还促进海疆的开发，使得民国初年，福建四海岛在短期内得以设县。

近世海上丝绸之路，使福建从偏僻的蛮荒之地，成为日益富饶的海滨邹鲁，对福建民众的影响颇深，改变了福建的经济结构，并带动福建的消费风尚，塑造福建文化的独特性。换言之，海上丝绸之路是近世福建社会变迁的重要驱动力，福建亦推动海上丝绸之路的不断发展，就根本而言，福建滨海多山的地理，是两者互动的关键所在。

一

较之福建，广东海上丝绸之路在汉唐时期即已兴盛，宋元时期却有所衰落，明清时期才重新恢复，两地发展轨迹颇有不同，且明清时期，中央政府对广东海外贸易实行开放贸易政策，① 尤其乾隆时期，广州成为全国唯一对外开放口岸，因此广东民间走私贸易未如福建兴盛，且宋元时期，广东粮食危机并不严重，广米大量输送福建，直到明代中后期才有所减少。因此广东民众对海上丝绸之路的依赖相对较低，贩番、下南洋之风略逊福建。明代广东的海盗，主要来自福建地区。且由于地缘因素，广东与中南半岛的国家联系较为紧密，其贸易路线较少延伸至朝鲜、日本，其在南洋活动未如福建频繁。

反观浙江，其海上丝绸之路的发展轨迹与福建较为相似，均兴于汉唐，盛于宋元，传承于明清。明代宁波之乱后，福建、浙江市舶司均遭裁撤，两地均饱受倭寇荼毒，汪直以双屿为据点，发展海上走私贸易，形成庞大的海商集团，与此后福建郑氏海商集团颇为相似。但浙江地理环境较为优越，杭嘉湖平原位于长江中下游，土地肥沃，素有"鱼米之乡"之称，是中国经济重镇，人地矛盾远不如福建突出，其发展海上贸易更主要表现为商业性流动，而未如福建，是生存型驱动，因此汪直海商集团覆灭后，江南物资先运到福建，再通过福建海商集团转运出口，其贩洋、下南洋之风远不如闽粤之盛，且从贸易航线来看，浙江主要与日本、朝鲜贸易密切，而福建与日本的经济联系，

---

① 黄启臣：《广东海上丝绸之路史》，广东经济出版社 2003 年版，第 360 页。

主要以琉球为中介。

可见，福建海上丝绸之路的发展，有其鲜明的地域性特点，地理环境迫使民众有强烈的贩洋需求，且国家政策在其中发挥着重要作用，其贸易形式和贸易路线均有着显著的特点，这些特殊性进而影响区域社会，塑造出不同的地域文化。即使在福建内部，此种地域文化分异亦较为明显。闽北地处内陆山区，以发展农业为本，民风淳朴，民众安土重迁，以耕读为荣，民间信仰庙宇相对较少，而闽南沿海地区，重视商业，民众以贩洋为荣，颇有冒险、闯荡精神。两地差异如斯，正是海上丝绸之路在不同地理空间影响程度不同的反映。

三

海上丝绸之路推动近世福建社会变迁。商业的繁荣，使商人阶层的地位得以崛起，冲击传统的士农工商社会结构。如宋元时期，番商在泉州颇为活跃，协助地方官员参与诸多地方公共工程，在地方上颇有影响力，甚至连地方士子亦难奈其何。海商背景的蒲寿庚家族长期掌管市舶司，控制泉州长达数十年。元末亦思巴奚兵乱之中，海商林间扶危济困，在泉州极具影响力。明末，郑氏海商集团崛起，逐渐掌握福建军政大权，尤其是收复台湾之后，郑氏建立政权，凭借海利，与清廷抗衡二十余年。近代开埠后，闽南商人在地方社会的影响力与日俱增，尤其是侨商，更是深受地方官员的仰赖对象。从地方发展脉络来看，商人群体对近世福建社会贡献巨大，颇具活力，故深受青睐。

海上丝绸之路还将福建纳入早期全球化进程。明代中后期，随着新航路的开辟，地理大发现，早期全球化进程开启。福建通过海上丝绸之路，融入世界经济大潮流中，以丝绸、陶瓷、茶叶等产品，到东南亚换回欧洲殖民者从南美掠夺的白银，推动国内币制改革，而福建物产传入欧洲，亦受到欧洲社会的欢迎。海外贸易带动福建经济商品化，提升商人阶层的地位，铸就文化的包容开放，推动社会的转型，而这些正是近代化的主要特征。李贽思想之所以能独树一帜，正是明末社会转型的反应。而晚清福建对外开埠，西风东渐，更是进一步密切了福建与欧美国家的联系。

福建作为海上丝绸之路的重镇，与内陆农耕社会的变迁存在诸多差异。民众以海为生，海外贸易的兴衰直接决定福建区域的稳定。长期的中外交流，使福建民众能领时代风云，倡导变革，重视商业，富有闯荡精神。尽管基于农耕文明的明清统治者出于统治稳定的需要，奉行重本轻末政策，推行海禁，但仍无法阻止福建民众贩洋，更导致社会秩序紊乱。概而言之，海上丝绸之路是近世福建社会变迁的主要驱动力，而近世福建社会变迁亦推动海上丝绸之路的发展，福建的地理环境是主要的决定因素，而官府的政策在其中发挥了重要的作用。

参考文献

一 古代文献

（宋）徐兢：《宣和奉使高丽图经》，丛书集成初编本，商务印书馆 1936 年据知不足斋丛书排印。

（宋）赵汝适著，杨博文校释：《诸蕃志》，中华书局 2008 年版。

（宋）洪迈：《夷坚志》，中华书局 1981 年版。

（元）汪大渊著，苏继庼校释：《岛夷志略校释》，中华书局 1981 年版。

（明）谢肇淛：《五杂俎》，中华书局 1959 年版。

（明）王世懋：《闽部疏》，中华书局 1985 年版。

（明）何乔远撰，厦门大学历史系古籍整理研究室《闽书》校点组点校：《闽书》，福建人民出版社 1985 年版。

（明）叶春及：《惠安政书》，福建人民出版社 1987 年版。

（明）黄仲昭修纂：《八闽通志》，福建人民出版社 1989 年版。

（明）黄淮、杨士奇编：《历代名臣奏议》，上海古籍出版社 1989 年版。

（明）黄省曾：《西洋朝贡典录》，中华书局 2000 年版。

（明）许孚远撰：《敬和堂集》，齐鲁书社 1997 年版。

（明）谢肇淛：《谢肇淛集》，江苏古籍出版社 2003 年版。

（明）顾祖禹撰，贺次君、施和金点校：《读史方舆纪要》，中华书局 2005 年版。

（明）巩珍等：《西洋番国志　郑和航海图　两种海道针经》，中华书局 2005 年版。

（明）胡广等：《明实录》，广陵书社 2017 年版。

（明）何乔远撰，张家庄、陈节点校，福建省文史研究馆整理：《镜山全集》，福建人民出版社 2015 年版。

（明）王应山纂修，陈叔侗、卢和校注：《闽大记》，中国社会科学出版社 2006 年版。

（明）何乔远：《镜山全集》，福建人民出版社 2015 年版。

（明）周瑛、黄仲昭：《重刊兴化府志》，福建人民出版社 2007 年版。

（明）刘尧诲：《刘尧诲先生全集》，《四库全书存目丛书》集部第 128 册。

（明）马欢著，万明校注：《明本〈瀛涯胜览〉校注》，广东人民出版社 2018 年版。

（明）巩珍著，向达校注：《西洋番国志》，中华书局 1961 年版。

（明）黄克缵：《数马集》，商务印书馆 2019 年版。

（明）费信著，冯承钧校注：《星槎胜览校注》，中华书局 1954 年版。

《崇祯海澄县志》，崇祯六年（1633）刻本，

徐光启：《农政全书》，上海古籍出版社 2010 年版。

《大明会典》，《续修四库全书》第 789 册，上海古籍出版社 1995 年版。

（明）朱纨：《甓余杂集》，《四库全书存目丛书》集部第 78 册。

（明）张岳：《嘉靖惠安县志》，上海古籍书店 1963 年版。

（清）卞宝第：《闽峤𬨎轩录》，福建师范大学图书馆藏铅印本。

（清）卞宝第：《卞制军政书》，福建师范大学图书馆藏刻本。

（清）德福编：《闽政领要》，福建省师范大学古籍部馆藏刻本。

（清）佚名编：《闽省时务策论》，福建省师范大学古籍部馆藏铅印本。

（清）福建人：《闽警》，福建省图书馆古籍部馆藏铅印本。

（清）佚名编：《福建水灾赈捐推广请奖章程》，福建省图书馆古籍部馆藏刻本。

（清）魏敬中总纂：《福建通志》，台北华文书局，1968 年影同治十年刊本。

（清）梁章钜撰，陈铁民点校：《浪迹丛谈·续谈·三谈》，中华书局 1981 年版。

（乾隆）《莆田县志》，光绪五年（1879）补刊本，民国十五年（1926）重印本。

（清）赵翼：《檐曝杂记》，中华书局1982年版。

（清）陈衍纂：《福建通志》，《文渊阁四库全书》第527册，台湾商务印书馆1983年版。

（清）陈寿祺：《重纂福建通志》，光绪二十年（1894）刻本。

（清）陈盛韶：《问俗录》，书目文献出版社1983年版。

（清）陈康祺：《郎潜纪闻》，中华书局1984年版。

（清）鲁鼎梅主修，王必昌主纂：《德化县志》，福建省德化县地方志编纂委员会整理，1987年。

（清）周亮工：《闽小记》，上海古籍出版社1985年版。

（清）施鸿保：《闽杂记》，福建人民出版社1985年版。

（清）郭柏苍、胡枫泽校点：《闽产录异》，岳麓书社1986年版。

（明）顾炎武：《天下郡国利病书》，上海古籍出版社2012年版。

（清）曹士桂撰，云南文物普查办公室编校订：《宦海日记校注》，云南人民出版社1988年版。

（清）孙尔准：《孙文靖公奏牍》，《近代中国史料丛刊三编》（第61辑），文海出版社有限公司1991年版。

（清）吴文镕：《吴文节公遗集》，上海古籍出版社1995年版。

（清）徐松撰，刘琳、刁忠民、舒大刚等校点：《宋会要辑稿》，上海古籍出版社2014年版。

（清）徐继畬：《徐继畬集》，山西高校联合出版社1995年版。

（清）刘兆麒撰：《总制浙闽文檄》，见刘俊文主编《官箴书集成》（第二册），黄山书社1997年版。

（宋）楼钥：《攻媿集》，文渊阁《四库全书》本。

（清）鲁曾煜：乾隆《福州府志》，乾隆十九年（1754）刊本。

（清）张廷玉：《明史》，中华书局1974年版。

（清）佚名编：《福建省例》，台北大通书局1997年版。

（清）高澍然：《抑快轩文集》，广陵书社1998年版。

（清）周棨：《闽行日记·闽行续记》，北京国家图书馆编：《历代日记丛钞》（第 68 册），学苑出版社 2006 年版。

（清）俞樾：《闽行日记》，北京国家图书馆编：《历代日记丛钞》（第 87 册），学苑出版社 2006 年版。

（清）怀荫布：《泉州府志》，民国十三年补刻本。

（清）左宗棠撰，刘泱泱等校点：《左宗棠全集》，岳麓书社 2011 年版。

中华书局编：《清实录》，中华书局 2008 年版。

朱杰人等主编：《朱子全书》，上海古籍出版社 2010 年版。

张燮：《东西洋考》，中华书局 1981 年版。

庄成修：《安溪县志》，厦门大学出版社 2012 年版。

（元）周致中：《异域志》，中华书局 1981 年版。

（元）汪大渊：《岛夷志略校释》，苏继庼校释，中华书局 1981 年版。

（宋）周达观原：《真腊风土纪》，夏鼐校注，中华书局 1981 年版。

（明）向达整理：《郑和航海图》，中华书局 1981 年版。

（明）阮旻锡：《海上见闻录》，福建人民出版社 1982 年版。

（清）彭孙贻：《靖海志》，《台湾文献丛刊》第 35 种，台北大通书局 1987 年版。

（清）江日昇：《台湾外纪》，台北文化图书公司 1983 年版。

（清）徐鼒：《小腆纪年》，《台湾文献丛刊》第 134 种，台北大通书局 1987 年版。

（明）邓钟：《筹海重编》，明嘉靖十四年刻本。

（清）蓝鼎元：《鹿洲全集》，厦门大学出版社 1995 年版。

（清）陈伦炯撰，李长傅校注，陈代光整理：《海国闻见录校注》，《东洋记》，中州古籍出版社 1985 年版。

（清）王大海：《海岛逸志》，香港学津书店 1992 年版。

（清）周凯等修纂：《厦门志》，道光十九年刊本，鹭江出版社 1996 年版。

（清）黄柏龄编：《九日山志》（修订本），上海辞书出版社 2006 年版。

（清）陈盛韶：《问俗录》，书目文献出版社 1983 年版。

（清）陈棨仁、龚显曾：《温陵诗纪》。

二 民国文献

陈达：《南洋华侨与闽粤社会》，商务印书馆 1938 年版。

陈文涛编：《福建近代民生地理志》，远东印书局 1929 年版。

福建省政府秘书处统计室编：《福建省统计年鉴》（第一回）（合订本），
　　1937 年版。

何敏先：《福建纵横》，教育图书出版社 1946 年版。

胡朴安编著：《中华全国风俗志》，河北人民出版社 1988 年版。

林昂等：乾隆《福清县志》，福清县志编纂委员会，1987 年点校本。

林传甲总纂：《大中华福建地理志》，中国地学会，1919 年。

台湾总督府外事部编：《福建のこと》，台北印刷株式会社，1941 年。

卢世延编：《福建经济地理讲义》，福建省县政人员训练所，1935 年。

盛叙功编：《福建省一瞥》，上海商务印书馆 1927 年版。

王孝泉：《福建财政史纲》，福建省县政人员训练所，1935 年。

魏应骐编：《福州歌谣甲集》，广州：国立中山大学语言历史研究所民俗
　　学会丛书，1928 年。

张遵旭：《福州及厦门》，福建省图书馆馆藏铅印本，1916 年。

郑林宽：《福建华侨汇款》，福建省政府秘书处统计室，1940 年。

［日］东亚同文会：《支那省别全志（第十四卷·福建省）》，东亚同文汇
　　发行，1920 年。

三 资料汇编

《北京图书馆藏家谱丛刊》［闽粤（侨乡）卷］，北京图书馆出版社 2000
　　年版。

《闽南侨批大全》（第 1 辑），福建人民出版社 2016 年版。

《闽南侨批大全》（第 2 辑），福建人民出版社 2018 年版。

陈峰：《厦门海疆文献辑注》，厦门大学出版社 2013 年版。

陈支平主编：《台湾文献汇刊》，九州出版社、厦门大学出版社 2004

年版。

陈志明、张小军编：《福建暨闽南研究文献选辑》，香港中文大学香港亚太研究所 1999 年版。

[美] 丁荷生、[新] 许源泰：《新加坡华文铭刻汇编 1819—1911》，广西师范大学出版社 2017 年版。

方宝川、谢必震编：《琉球文献史料汇编》（明代卷、清代卷），海洋出版社 2014 年版。

福建博物院编：《福建考古资料汇编 1953—1959》，科学出版社 2011 年版。

福建省档案馆汇编：《福建侨批档案文献汇编》，国家图书馆出版社 2017 年版。

福建省地方志编纂委员会编：《福建省历史地图集》，福建省地图出版社 2004 年版。

福建省气象局、中国气象局研究所合编：《华东地区近五百年气候历史资料》，福建人民出版社 1978 年版。

福建省泉州海外交通史博物馆编：《泉州湾宋代海船发掘与研究》（修订版），海洋出版社 2017 年版。

福建省图书馆辑：《民国时期福建华侨史料汇编》，国家图书馆出版社 2016 年版。

福建师范大学历史系：《鸦片战争在闽台史料选编》，福建人民出版社 1982 年版。

耿素丽选编：《民国华侨史料汇编》，国家图书馆出版社 2011 年版。

国家图书馆：《民国华侨史料续编》，国家图书馆出版社 2017 年版。

贺长龄、盛康编：《清朝经世文正续编》第 2 册，广陵书社 2011 年版。

蒋维锬、郑丽航辑纂：《妈祖文献史料汇编 第 1 辑 碑记卷》，中国档案出版社 2007 年版。

林金枝、庄为玑：《近代华侨投资国内企业史资料选辑（福建卷）》，福建人民出版社 1985 年版。

谭其骧主编：《中国历史地图集》，地图出版社 1996 年版。

《厦门大学图书馆藏稀见史料》（第1辑），厦门大学出版社2010年版。

向达校注：《两种海道针经》，中华书局1961年版。

姚贤镐：《中国近代对外贸易史资料1840—1895》》，中华书局1962年版。

于浩辑：《稀见明清经济史料丛刊》（第1辑），国家图书馆出版社2009年影印本。

郑振满、[美]丁荷生编纂：《福建宗教碑铭汇编：泉州府分册》，福建人民出版社2003年版。

郑振满、[美]丁荷生编纂：《福建宗教碑铭汇编：漳州府分册》，福建人民出版社2019年版。

中国第二历史档案馆、中国海关总署办公厅：《中国旧海关史料》（1859—1948），京华出版社2001年版。

中国第一历史档案馆：《康熙朝满文朱批奏折全译》，中国社会科学出版社1996年版。

中国第一历史档案馆：《光绪朝朱批奏折》，中华书局1995年版。

中国海外交通史研究会、福建省泉州海外交通史博物馆：《泉州海外交通史料汇编》，1983年。

[荷]包乐史（LeonardBlusse）等订补，袁冰凌、[法]苏尔梦（Claudi-neSalmon）校注：《公案簿》，厦门大学出版社2004年版。

四　近今著作

曹永和：《台湾早期历史研究》，联经出版事业公司2006年版。

曹永和：《中国海洋史论集》，联经出版事业公司2000年版。

常建华：《清代的国家与社会研究》，人民出版社2006年版。

陈博翼：《限隔山海：16—17世纪南海东北隅海陆秩序》，江西高校出版社2019年版。

陈国栋：《东亚海域一千年：历史上的海洋中国与对外贸易》，山东画报出版社2006年版。

陈国强等主编：《闽台岁时节日风俗》，厦门大学出版社1992年版。

陈国强主编：《闽陈埭回族史研究》，中国社会科学出版社 1991 年版。

陈炎：《海上丝绸之路与中外文化交流》，北京大学出版社 1996 年版。

陈支平：《近 500 年来福建的家族社会与文化》，生活·读书·新知三联书店 1991 年版。

陈志明、丁毓玲、王连茂主编：《跨国网络与华南侨乡：文化、认同和社会变迁》，香港中文大学香港亚太研究所 2006 年版。

陈遵统等编纂：《福建编年史》，福建人民出版社 2009 年版。

戴鞍钢：《港口·城市·腹地上海与长江流域经济关系的历史考察（1843—1913）》，复旦大学出版社 1998 年版。

戴一峰：《区域性经济发展与社会变迁：以近代福建地区为中心》，岳麓书社 2004 年版。

杜杜·迪安主编：《中国与海上丝绸之路》：福建人民出版社 1994 年版。

杜瑜：《海上丝绸之路史话》，社会科学文献出版社 2011 年版。

范可：《认同文化与地方历史人类学的理论探讨与经验研究》，社会科学文献出版社 2018 年版。

范可：《在野的全球化：流动、信任与认同》，知识产权出版社 2015 年版。

费孝通：《文化的生与死》，上海人民出版社 2009 年版。

福建省泉州海外交通史博物馆编：《泉州湾宋代海船发掘与研究》，海洋出版社 1987 年版。

复旦大学历史地理研究中心主编：《港口—腹地和中国现代化进程》，齐鲁书社 2005 年版。

傅衣凌：《明清农村社会经济》，生活·读书·新知三联书店 1980 年版。

傅衣凌：《明清时代商人及商业资本》，人民出版社 1956 年版。

傅衣凌、杨国桢主编《明清福建社会与乡村经济》，厦门大学出版社 1987 年版。

郭志超，林瑶棋主编：《闽南宗族社会》，福建人民出版社 2008 年版。

郭志超：《闽台民族史辨》，黄山书社 2006 年版。

黄纯艳：《造船业视域下的宋代社会》，上海人民出版社 2017 年版。

晋江流域考古调查队：《福建晋江流域考古调查与研究》，科学出版社2010年版。

瞿同祖：《清代地方政府》，法律出版社2003年版。

蓝达居：《喧闹的海市：闽东南港市兴衰与海洋人文》，江西高校出版社1999年版。

李伯重：《火枪与账簿：早期经济全球化时代的中国与东亚世界》，生活·读书·新知三联书店2016年版。

李金明、廖大珂：《中国古代海外贸易史》，广西人民出版社1995年版。

李庆新：《濒海之地——南海贸易与中外关系史研究》，中华书局2010年版。

李庆新：《明代海外贸易制度》，社会科学文献出版社2010年版。

李庆新主编：《海洋史研究》（第13辑），社会科学文献出版社2016年版。

李孝悌、陈学然：《海客瀛洲：传统中国沿海城市与近代东亚海上世界》，上海古籍出版社2017年版。

李亦园：《东南亚华人社会研究》，台北正中书局1985年版。

李亦园：《一个移殖的市镇》，台北正中书局1985年版。

梁其姿：《面对疾病：传统中国社会的医疗观念与组织》，中国人民大学出版社2012年版。

廖大珂：《中国传统海外贸易》，海天出版社2019年版。

林枫、范正义：《闽南文化述论》，中国社会科学出版社2008年版。

林国平、钟建华：《漳州民间信仰与闽南社会》，中国社会科学出版社2016年版。

林惠祥：《文化人类学》，东方出版社2013年版。

林惠祥著，蒋炳钊编：《天风海涛室遗稿：纪念林惠祥先生百年诞辰》，鹭江出版社2001年版。

林金水主编：《福建对外文化交流史》，福建教育出版社1997年版。

林庆元：《福建近代经济史》，福建教育出版社2001年版。

林仁川：《大航海时代私人海上贸易的商贸网络》，鹭江出版社2019

年版。

林汀水：《福建历史经济地理论考》，天津古籍出版社 2015 年版。

林汀水：《历史地理论文选》，香港人民出版社 2005 年版。

林拓：《文化的地理过程分析——福建文化的地域性考察》，上海书店出版社 2004 年版。

刘登翰编著：《过番歌文献资料辑注》，鹭江出版社 2018 年版。

刘义杰：《〈顺风相送〉研究》，大连海事大学出版社 2017 年版。

罗肇前：《福建近代产业史》，厦门大学出版社 2002 年版。

麻国庆主编：《山海之间从华南到东南亚》，社会科学文献出版社 2014 年版。

邱永志：《"白银时代"的落地：明代货币白银化与银钱并行格局的形成》，社会科学文献出版社 2018 年版。

桑彬、赵立彬主编：《转型中国的近代中国》，社会科学文献出版社 2010 年版。

施坚雅主编：《中华帝国晚期的城市》，中华书局 2000 年版。

苏惠苹：《众力向洋：明清月港社会人群与海洋社会》，厦门大学出版社 2018 年版。

苏基朗：《刺桐梦华录：近世前期闽南的市场经济 1946—1368》，浙江大学出版社 2012 年版。

李国祁：《中国现代化的区域研究：闽浙台地区 1860—1916》，台北"中央"研究院近代史研究所 1982 年版。

梁其姿：《施善与教化——明清的慈善组织》，河北教育出版社 2001 年版。

谭其骧：《长水集》，人民出版社 1987 年版。

唐力行：《商人与文化的双重变奏》，华中理工大学出版社 1997 年版。

唐力行主编：《国家、地方、民众的互动与社会变迁》，商务印书馆 2004 年版。

唐文基：《16 至 18 世纪中国商业革命》，社会科学文献出版社 2008 年版。

唐文基主编：《福建古代经济史》，福建教育出版社 1995 年版。

唐晓峰：《人文地理随笔》，生活·读书·新知三联书店 2005 年版。

万明：《中国融入世界的步履：明与清前期海外政策比较研究》，故宫出版社 2014 年版。

万明主编：《晚明社会变迁：问题与研究》，商务印书馆 2005 年版。

汪毅夫：《闽台缘与闽南风——闽台关系、闽台社会与闽南文化研究》，福建教育出版社 2008 年版。

汪征鲁：《福建史纲》，福建人民出版社 2003 年版。

王庚武：《南洋华人简史》，水牛图书出版事业有限公司 2002 年版。

王建革：《传统社会末期华北的生态与社会》，生活·读书·新知三联书店 2009 年版。

王健：《利害相关：明清以来江南苏松地区民间信仰研究》，上海人民出版社 2010 年版。

王利华：《中国历史上的环境与社会》，生活·读书·新知三联书店 2007 年版。

王连茂：《刺桐杂识》，海洋出版社 2018 年版。

王铭铭：《刺桐城：滨海中国的地方与世界》，生活·读书·新知三联书店 2018 年版。

王铭铭：《村落视野中的文化与权利——闽台三村五论》，生活·读书·新知三联书店 1997 年版。

王铭铭：《社区的历程：溪村汉人家族的个案研究》，天津人民出版社 1997 年版。

王铭铭、王斯福：《乡土社会的秩序，公正与权威》，中国政法大学出版社 1997 年版。

王日根：《明清海疆政策与中国社会发展》，福建人民出版社 2006 年版。

王先明：《近代绅士——一个封建阶层的历史命运》，天津人民出版社 1997 年版。

王振忠：《明清徽商与淮扬社会变迁》，生活·读书·新知三联书店 1996 年版。

王振忠：《明清以来徽州村落社会史研究——以新发现的民间珍稀文献为中心》，上海人民出版社 2011 年版。

王振忠：《日出而作》，生活·读书·新知三联书店 2010 年版。

吴传均主编：《海上丝绸之路研究》，科学出版社 2006 年版。

吴春明：《中国东南土著民族历史与文化的考古学观察》，厦门大学出版社 1999 年版。

吴巍巍：《西方传教士与晚清福建社会文化》，海洋出版社 2012 年版。

吴文良：《泉州宗教石刻》，科学出版社 1957 年版。

游子安：《善与人同——明清以来的慈善与教化》，中华书局 2005 年版。

谢必震：《明清中琉航海贸易研究》，海洋出版社 2004 年版。

谢湜：《山海故人：明清浙江的海疆历史与海岛社会》，北京师范大学出版社 2020 年版。

徐茂明：《江南士绅与江南社会》，商务印书馆 2004 年版。

徐天胎：《福建民国史稿》，福建人民出版社 2009 年版。

徐晓望：《中国福建海上丝绸之路发展史》，九州出版社 2017 年版。

杨国枢：《中国人的心理与行为：本土化研究》，中国人民大学出版社 2004 年版。

杨国桢：《东溟水土》，江西高校出版社 2003 年版。

杨国桢：《闽在海中——追寻福建海洋发展史》，江西高校出版社 1998 年版。

杨国桢：《明清中国沿海社会与海外移民》，高等教育出版社 1997 年版。

杨国桢主编：《中国海洋文明专题研究》，人民出版社 2016 年版。

杨齐福：《科举制度与近代文化》，人民出版社 2003 年版。

杨庆堃：《中国社会中的宗教》，范丽珠译，上海人民出版社 2007 年版。

杨彦杰：《福建通史》（近代卷），福建人民出版社 2006 年版。

犹他家谱学会、沙其敏、钱正民编：《中国族谱地方志研究》，上海科学技术出版社 2003 年版。

余光弘、冯莎、杨洁琼主编：《闽南蔡坂人的社会与文化》，厦门大学出版社 2016 年版。

曾玲:《新加坡华人宗乡文化研究》,中国社会科学出版社 2018 年版。

曾少聪:《东洋航路移民——明清海洋移民台湾与菲律宾比较研究》,江西高校出版社 1998 年版。

翟学伟:《中国社会中的日常权威:关系与权力的历史社会学研究》,社会科学文献出版社 2004 年版。

张建民、鲁西奇主编:《历史时期长江中游地区人类活动与环境变迁专题研究》,武汉大学出版社 2011 年版。

张仲礼:《东南沿海城市与中国近代化》,上海人民出版社 1996 年版。

章巽:《我国古代的海上交通》(第 2 版),商务印书馆 1986 年版。

郑培凯、陈国成:《史迹·文献·历史:中外文化与历史记忆》,广西师范大学出版社 2008 年版。

郑振满:《民间信仰与社会空间》,福建人民出版社 2003 年版。

郑振满:《乡族与国家——多元视野中的闽台传统社会》,生活·读书·新知三联书店 2009 年版。

中国航海学会、泉州市人民政府编:《泉州港与海上丝绸之路》,中国社会科学出版社 2002 年版。

仲伟民:《茶叶与鸦片:十九世纪经济全球化中的中国》,生活·读书·新知三联书店 2010 年版。

周长楫,周清海:《新加坡闽南话概说》,厦门大学出版社 2000 年版。

朱浒:《地方性流动及其超越——晚清义赈与近代中国的新陈代谢》,中国人民大学出版社 2006 年版。

朱维干:《福建史稿》,福建教育出版社 1986 年版。

庄为玑等编著:《海上丝绸之路的著名港口——泉州》,海洋出版社 1989 年版。

庄为玑、郑山玉主编:《泉州谱牒华侨史料与研究》,中国华侨出版社 1998 年版。

邹逸麟:《椿庐史地论稿》,天津古籍出版社 2005 年版。

[法] 费尔南·布罗代尔:《菲利普二世时代的地中海和地中海世界》,商务印书馆 1998 年版。

［法］吕西安·费弗尔著，朗乃尔·巴泰龙合作，高福进、任玉雪、侯洪颖译，高福进校：《大地与人类演进：地理学视野下的史学引论》，上海三联书店 2012 年版。

［法］莫里斯·弗里德曼著、刘晓春译：《中国东南的宗族组织：福建与广东》，上海人民出版社 2000 年版。

［加］卜正民：《为权力祈祷：佛教与晚明中国士绅社会的形成》，张华译，江苏人民出版社 2005 年版。

［马来西亚］林忠强等主编：《东南亚的福建人》，厦门大学出版社 2006 年版。

［美］杜赞奇：《文化、权力与国家——1900—1942 年的华北农村》，王福明译，江苏人民出版社 1996 年版。

［美］林达·约翰逊：《帝国晚期的江南城市》，成一农译，上海人民出版社 2005 年版。

［美］施坚雅主编：《中国农村的市场和社会结构》，叶光庭等译，中华书局 2000 年版。

［日］滨下武志：《中国、东亚与全球经济：区域和历史的视角》，王玉茹等译，社会科学文献出版社 2009 年版。

［日］滨下武志：《近代中国的国际契机——朝贡贸易体系与近代亚洲经济圈》，朱荫贵、欧阳菲译，中国社会科学出版社 1999 年版。

［日］夫马进：《中国善会善堂史研究》，伍跃、杨文信、张学锋译，商务印书馆 2005 年版。

［日］三木聪：《明清福建农村社会の研究》，北海道大学出版会 2002 年版。

［日］桑原骘藏：《蒲寿庚考》，陈裕菁译订，中华书局 2009 年版。

［日］桑原骘藏：《唐宋元时代中西通商史》，冯攸译，河南人民出版社 2018 年版。

［日］桑原骘藏：《蒲寿庚考》，陈裕菁译，中华书局 2009 年版。

［日］桑原骘藏：《唐宋贸易港研究》，杨鍊译，山西人民出版社 2015 年版。

［日］松浦章：《海上丝绸之路与亚洲海域交流：15 世纪末—20 世纪初》，大象出版社 2018 年版。

［日］松浦章：《清代海外贸易史の研究》，京都：朋友书店 2002 年版。

［新加坡］吴振强：《厦门的兴起》，詹朝霞、胡舒扬译，厦门大学出版社 2018 年版。

［意大利］马可·波罗：《马可波罗行纪》，冯承钧译，上海书店出版社 2001 年版。

［英］科大卫：《近代中国商业的发展》，周琳、李旭佳译，浙江大学出版社 2010 年版。

五　期刊论文

陈博翼：《明代中后期东南寇盗与地方社会秩序》，《区域史研究》2020 年第 1 期。

陈春声：《信仰空间与社区历史的演变——以樟林神庙系统的研究为中心》，《清史研究》1999 年第 2 期。

陈奉林：《日本的海上丝绸之路研究：成就、趋势及其启示》，《上海师范大学学报》（哲学社会科学版）2013 年第 6 期。

陈高华：《元代泉州舶商》，《中国史研究》1985 年第 1 期。

陈铿：《清代台湾的开发与福建社会经济的发展》，《福建学刊》1989 年第 6 期。

陈尚胜：《东亚海域前期倭寇与朝贡体系的防控功能》，《中国边疆史地研究》2013 年第 1 期。

陈尚胜：《明代海防与海外贸易——明朝闭关与开放问题的初步研究》，《中外关系史论丛》（第三辑），1987 年。

陈文石：《明嘉靖年间浙福沿海寇乱与私贩贸易的关系》，《"中央研究院"历史语言研究所集刊》第三十六本（上），1965 年。

陈支平：《明代"海上丝绸之路"发展模式的历史反思》，《中国史研究》2019 年第 1 期。

范邦瑾：《唐代蕃坊考略》，《历史研究》1990 年第 4 期。

范金民：《明清海洋政策对民间海洋事业的阻碍》，《学术月刊》2006 年第 2 期。

黄纯艳：《中国古代官方海洋知识的生成与演变——以唐宋为中心》，《学术月刊》2018 年第 1 期。

黄宽重：《从中央与地方关系互动看宋代基层社会演变》，《历史研究》2005 年第 4 期。

黄启臣：《清代前期海外贸易的发展》，《历史研究》1986 年第 4 期。

黄启臣：《中国在贸易全球化中的主导地位——16 世纪中叶至 19 世纪初叶》，《福建师范大学学报》（哲学社会科学版）2004 年第 1 期。

黄盛璋：《明代后期船引之东南亚贸易港及其相关的中国商船、商侨诸研究》，《中国历史地理论丛》1993 年第 3 辑。

黄文斌：《明末清初马六甲华人甲必丹事迹探析》，《南洋问题研究》2018 年第 2 期。

姜波：《从泉州到锡兰山：明代中国与斯里兰卡的交往》，《学术月刊》2013 年第 7 期。

姜波：《海上丝绸之路：环境、人文传统与贸易网络》，《南方文物》2017 年第 2 期。

李伯重：《中国海外贸易的空间与时间——全球经济史视野中的"丝绸之路"研究》，《北京大学学报》（哲学社会科学版）2021 年第 2 期。

李立民：《明清时期的民间"海上丝路"》，《历史档案》2020 年第 2 期。

李旻、李果，"Quanzhou Archaeology：A Brief Review"，*International Journal of Historical Archaeology*，第 6 卷，2002 年第 1 期，

李俏梅、肖彩雅：《华肆有番佛：泉州的泰米尔商人寺庙》，《海交史研究》2021 年第 4 期。

栗建安：《从水下考古的发现看福建古代瓷器的外销》，《海交史研究》2001 年第 1 期。

林敦奎：《晚清福建水灾概述》，《福建论坛》1993 年第 5 期。

林枫：《明清福建商帮的性格与归宿——兼论中国封建社会的长期延续》，《中国经济史研究》2008 年第 2 期。

林汀水：《略谈泉州港兴衰的主要原因》，《厦门大学学报》（哲学社会科学版）1984 年第 1 期。

林汀水：《明清福建的疫疠》，《中国社会经济史研究》2005 年第 1 期。

林汀水：《明清福建经济作物的扩种问题》，《中国社会经济史研究》2000 年第 4 期。

刘进宝：《"丝绸之路"概念的形成及其在中国的传播》，《中国社会科学》2018 年第 11 期。

刘晓：《镇戍八闽：元福建地区军府研究》，《历史研究》2017 年第 2 期。

刘迎胜：《丝绸之路的缘起与中国视角》，《中国社会科学》2016 年第 2 期。

刘迎胜：《元末福建沿海战乱与亦思巴奚义军的组建》，《海交史研究》2020 年第 4 期。

麻国庆：《文化、族群与社会：环南中国海区域研究发凡》，《民族研究》2012 年第 2 期。

马波：《清代闽台地区主要灾种的时空特征及其与人类活动的关系述论》，《中国历史地理论丛》1997 年第 2 期。

马娟：《元代杭州的穆斯林移民》，《民族研究》2018 年第 1 期。

聂德宁：《危机与机遇：18 世纪末至 19 世纪初中国帆船的东南亚贸易》，《南洋问题研究》2013 年第 3 期。

聂德宁：《元代泉州港海外贸易商品初探》，《南洋问题研究》2000 年第 3 期。

聂德宁：《中国与新加坡的早期贸易往来》，《近代史研究》1997 年第 1 期。

聶德宁：《明清之际福建的民间海外贸易港口》，《中国社会经济史研究》1992 年第 4 期。

普塔克、罗燚英：《亚洲海峡的地理、功能和类型》，李庆新主编：《海洋史研究》2011 年第 2 期。

钱江：《古代亚洲的海洋贸易与闽南商人》，《海交史研究》2011 年第 2 期。

秦国经：《从清宫秘档看清廷招抚郑氏集团的历史真相》，《清史研究》
  2001 年第 1 期。

沈丹森，"The Formation of Chinese Maritime Networks to Southern Asia,
  1200—1450"，*Journal of the Economic and Social History of the Orient*，卷
  49，2006 年。

[日] 斯波义信、庄景辉：《宋代福建商人的活动及其社会经济背景》》，
  《中国社会经济史研究》1983 年第 1 期。

宋燕鹏：《宗族、方言与地缘认同——19 世纪英属槟榔屿闽南社群的形
  塑途径》，《海洋史研究》2020 年第 2 期。

苏尔梦：《从梵钟铭文看中国与东南亚的贸易往来》，《海洋史研究》
  2012 年第 1 期。

汤开建、彭蕙：《爪哇与中国明朝贸易关系考困》，《东南亚纵横》2003
  年第 6 期。

唐力行：《从区域史研究走向区域比较研究》，《上海师范大学学报》（哲
  学社会科学版）2008 年第 1 期。

田汝康：《郑和海外航行与胡椒运销》，《上海大学学报》（社会科学版）
  1985 年第 2 期。

万明：《明代海疆治理与危机应对——以两部〈闽海纪事〉为线索》，
  《中央民族大学学报》（哲学社会科学版）2001 年第 3 期。

王日根：《民国初年福建晋江商人恢复族葬及其意义——黄秀烺古檗山庄
  的个案分析》《中国社会经济史研究》2016 年第 1 期。

王日根：《郑氏与明清王朝对汀漳泉海域社会控制权的争夺》，《华中师
  范大学学报》（人文社会科学版）2017 年第 1 期。

王卫平：《清代江南地区的育婴事业圈》，《清史研究》2000 年第 1 期。

王业键、陈春声：《十八世纪福建的粮食供需与粮价分析》，《中国社会经
  济史研究》1987 年第 2 期。

王振忠：《历史社会地理研究刍议》，《中国历史地理论丛》2005 年第
  4 期。

王振忠：《琉球汉文文献与中国社会研究》，《海洋史研究》2017 年第

1 期。

王振忠:《闽南贸易背景下的民间日用类书——〈指南尺牍生理要诀〉研究》,《安徽史学》2014 年第 5 期。

王振忠:《契兄、契弟、契友、契父、契子——围绕着日本汉文小说〈孙八救人得福〉的历史民俗背景解读》,《汉学研究》第 18 卷第 1 期,2000 年。

王振忠:《清代琉球人眼中福州城市的社会生活——以现存的琉球官话课本为中心》,《中华文史论丛》2009 年第 4 期。

王振忠:《18 世纪唐通事眼中的中日贸易与长崎社会——新见抄本〈琼浦闲谈〉研究》,《学术月刊》2022 年第 5 期。

韦庆远:《论康熙时期从禁海到开海的政策演变》,《中国人民大学学报》1989 年第 3 期。

温海清:《元代福建行省置废变迁再考》,《历史地理》第 26 辑,上海人民出版社 2012 年版。

吴松第:《宋代福建人口研究》,《中国史研究》1995 年第 2 期。

吴滔:《清代江南社区赈济与地方社会》,《中国社会科学》2001 年第 4 期。

夏鼎:《两种文字合璧的泉州也里可温(景教)墓碑》,《考古》1981 年第 1 期。

夏明方:《论 1876 至 1879 年西方新传教士的对华赈济事业》,《清史研究》1997 年第 2 期。

谢必震:《古代福建沿海居民的海神信仰》,《福建师范大学学报》(哲学社会科学版)1998 年第 2 期。

谢必震:《略论福州港在明代海外贸易中的历史地位》,《福建学刊》1990 年第 5 期。

谢必震:《明赐琉球闽人三十六姓考述》,《华侨华人历史研究》1991 年第 1 期。

谢必震:《明清时期的中琉贸易及其影响》,《南洋问题研究》1997 年第 2 期。

谢湜：《宋元时期太湖以东地域开发与政区沿革》，《史林》2010 年第
　　5 期。

熊昌锟：《近代福州的茶叶出口与外国银元的流入》，《中国社会经济史
　　研究》2017 年第 4 期。

徐天胎：《福建历代之饥馑》，《福建文化》第 1 卷第 3 期。

徐晓望：《关于泉州蕃商蒲寿庚的几个问题》，《福建论坛（人文社会科
　　学版）》2013 年第 4 期。

徐晓望：《论中国海上丝绸之路在中国东南的起源》，《历史教学（下半
　　月刊）》2016 年第 3 期。

杨国桢：《海洋世纪与海洋史学》，《东南学术》1994 年第 4 期。

杨国桢：《人海和谐：新海洋观与 21 世纪的社会发展》，《厦门大学学
　　报》（哲学社会科学版）2005 年第 3 期。

杨际平、谢重光：《陈元光"光州固始说"证伪——以相关陈氏族谱世
　　系造假为据》，《厦门大学学报》（哲学社会科学版）2015 年第 3 期。

曾玲：《宗乡社团的推动与新世纪以来的新加坡华人文化》，《华侨华人
　　历史研究》2018 年第 3 期。

张侃：《从月港到十字门：漳州海商严启盛再研究》，《闽台文化研究》
　　2013 年第 1 期。

张先清、李婉婉：《"世藩"的船：郑氏家族的海外活动——以 17 世纪
　　马尼拉海关记录为中心》，《学术月刊》2022 年第 2 期。

章巽：《真谛传中之梁安郡今泉州港作为一个国际海港的最早记载》，
　　《福建论坛》1983 年第 4 期。

赵轶峰：《明代经济的结构性变俗》，《求是学刊》2016 年第 2 期。

郑振满：《国际化与地方化：近代闽南侨乡的社会文化变迁》，《近代史
　　研究》2010 年第 2 期。

周秋光、曾桂林：《近代慈善事业与中国东南社会变迁（1895—1949）》，
　　《史学月刊》2002 年第 11 期。

庄景辉：《略论元代泉州的繁盛及其原因》，《福建学刊》1989 年第 1 期。

庄为玑、庄景辉：《泉州宋船香料与蒲家香业》，《厦门大学学报》（哲学

社会科学版）1978 年 Z1 期。

［韩］李瑾明：《南宋时期福建一带的海贼和地域社会》，姜锡东、李华瑞主编：《宋史研究论丛》（第六辑），河北大学出版社 2005 年版。

［日］斯波义信：《商业在唐宋变革中的作用》，张天虹译，《文史哲》2009 年第 3 期。

六　外人著作

江树生译注：《热兰遮城日志》第 1 册，"台南市政府" 2002 年印行。

［日］桑原骘藏：《蒲寿庚考》，陈裕菁译，中华书局 1954 年版。

［日］中岛楽章：《南蛮・红毛・唐人——十六・十七世紀の東アジア海域》，京都：思文阁出版，2013 年。

［日］岩生成一：　《朱印船貿易史の 研究》，东京：吉川弘文馆，1985 年。

［日］村上卫：《海洋史上的近代中国：福建人的活动与英国、清朝的因应》，社会科学文献出版社 2016 年版。

［日］林春胜、林信笃编，浦廉一解说：《华夷变态》，东京：财团法人东洋文库，1958 年。

［澳］安东尼・瑞德：《东南亚的贸易时代：1450—1680 年》，吴小安、孙来臣译，商务印书馆 2010 年版。

［阿拉伯］伊本・胡尔达兹比赫：《道里邦国志》，中华书局 1991 年版。

Gustave Ecke, *Paul Demiéville*, *The twin pagodas of Zayton*: *A study of later Buddhist sculpture in China photographs and introduction by G. Ecke. Iconography and history by P. Demiéville* (Harvard – Yenching Institute monograph series, v. 2), Cambridge, Mass.: Harvard University Press, 1935.

D. Maland, *Europe in the Sixteeth Century*, London: Macmilian, 1973.

Artur Attman, *America Bullion in the European World Trade*, *1600 – 1800*, Goteborg, 1986.

M. N. Pearson, *The New Cambridge History of India*: *The Portuguese in India*, Vol. 1, London: Cambridge: Cambridge University Press, 1994.

Angela Schottenhammer (ed.), *The Emporium of the World : Maritime Quanzhou , 1000 – 1400* , Leiden : E. J. Brill , 2001.

Hugh R. , Clark , *Community , Trade , and Networks : Southern Fujian Province from the Third to the Thirteenth* , London : Cambridge University Press , 1991.

附录一 《疏通海禁疏》

（明）许孚远

案照先准兵部咨为申严海禁，并御倭未尽事宜，以弭隐患事。内开凡有贩番诸商，告给文引者，尽行禁绝，敢有故违者照例处以极刑，官司有擅给文引者，指名参究等，因题奉圣旨是，着该抚按官严加禁缉，犯者依律究治，钦此钦遵，备咨在卷。该臣入境以来，节据沿海商民纷纷告通海禁，臣奉钦依，不敢轻议，但慰谕遣还，听候查处。随据福建按察司巡视海道佥事余懋中呈，据海澄县番商李福等连名呈称："本县僻处海滨，田受咸水，多荒少熟，民业全在舟贩，赋役俯仰是资。往年海禁严绝，人民倡乱，幸蒙院道题请建县通商。数十年来，饷足民安。近因倭寇朝鲜，庙堂防闲奸人接济硝黄，通行各省禁绝商贩。贻害澄商，引船百余只，货物亿万计，生路阻塞，商者倾家荡产，佣者束手断飱，阖地呻嗟，坐以待弊〔毙〕等情。批据漳州府海防同知王应乾呈称，查得：漳属龙溪、海澄二县，地临滨海，半系斥卤之区，多赖海市为业。先年官司虑其勾引，曾一禁之，民靡所措，渐生邪谋，遂致煽乱，贻祸地方。迨隆庆年间，奉军门涂右佥都御史议开禁例，题准通行，许贩东西诸番。惟日本倭奴，素为中国患者，仍旧禁绝。二十余载，民生安乐，岁征税饷二万有奇，漳南兵食，藉以充裕。近奉文禁绝番商，民心汹汹告扰。本职目击时事、击时事，窃计其为地方隐患者有四：夫沿海居民，凭藉海滨，易与为乱。往者商舶之开，正以安反侧杜乱萌也。乃今一禁，彼强悍之徒俯仰无赖，势必私通，继以追捕，急则聚党通海，据险流突，如昔日之吴曾林何变且中起。此其患一。东西二洋，商人有因风涛不齐，压冬未回者。其在吕宋尤多。漳人以彼为市，父兄久住，子弟往返，见留吕宋者盖不下数千人。一旦舟楫不通，归身无所，无论弃众庶以资外夷，即如怀土之思既切，又焉保其不勾引而人寇也，此其患二。迩者关白阴蓄异谋，幸有商人陈申朱均旺在番探知预报，盛为之防，不至失事。今既绝通商之路，非惟商船不敢下水，即如宣谕哨探之船亦无由得达。设或夷酋有图不轨如关者，胡由得而知之？此其患三。漳南沿海一带，守汛兵众数千，年费粮赏五万八千有奇。内二万则取足于商税，若奉禁无徵，军需缺乏，势必重敛于民。民穷财尽，势难取给。此其患四。"睹兹四患、身当其责者，安得不为之思患预防哉！职以为禁不便，复之便；急复之为尤便。原禁绝之意，不过以硝黄之故。今欲革此端，必须严申禁约：每遇商舶将开，责取里邻保结，委官盘验；如有作奸犯科，置之重刑。其民间，亦不许私相买卖。如是，则畔端自杜矣。若缘此而禁绝商路，不几于因噎而废食乎！乞念边海民生之重，详请弛禁，复旧通商等因，到道转呈到臣。该臣会同巡按福建监察御史陈子贞（言）"东南滨海之地以贩海为生，其来已久，而闽为甚，闽之福兴泉漳，襟山带海；田不足耕，非市舶无以助衣食。其民恬波涛而轻生死，亦其习使然，而漳为甚。先是，海禁未通，民业私贩，吴越之豪，渊薮卵翼，横行诸夷，积有岁月，海波渐动。当事者尝为厉禁。然急之而盗兴，盗兴而倭入"。嘉靖之季，其祸蔓延，攻略诸省，荼毒生灵，致烦文武大师，殚耗财力，日寻干戈，历十有余年，而后克底定。于是隆庆初年，往任抚臣涂泽民用鉴前辙，为因势利导之举，请开市舶，易私贩而为公贩，议止通东西二洋，不得往日本倭国。亦禁不得以硝黄，铜铁违禁之物夹带出海。奉旨允行几三十载，幸大盗不作，而海宇晏如。迩因倭犯朝鲜，声言内犯，部臣用言者议题申严海禁，禁之诚是也。然民情趋利如水赴壑，决之甚易，塞之甚难。今使远近豪潜住海滨，日夜思遥，儒夫贩子，千百为群，谋生无路，渝渝此谁，其势将有所回测，而又有压冬未回之船，有越贩耀罪之夫，其在吕宋诸番者不可以数计，岂能永弃骨肉没身岛夷，一旦内外勾连，煽乱海上，萧墙之忧，真有不可胜言者，岂能永弃骨肉没身岛夷，一旦内外勾连，煽乱海上，萧墙之忧，真有不可胜言者。故臣等以为通之便。无已则于通之之中。申禁之之法。日本例不得往。无论巳。凡走东西二洋者，制其船只之多寡，严其往来之程限，定其贸易之货物，峻其夹带之典刑，重官兵之督责，行保甲之连坐，慎出洋之盘诘，禁番夷之留业，厚举道之赏格，蠲反诬之罪累。然而市舶诸人，不恬然就约束而顾身家者，未之有也。臣又访得是中同安、海澄、龙溪、漳浦、诏安等处奸徒，每年于肆伍月间告给文引，驾使鸟船，称往福宁卸载，北港捕鱼，及贩鸡笼淡水者，往往私装铅硝等货潜去倭国。徂秋及冬，或来春方回。亦有藉言潮惠广高等处籴买粮食，径从大洋人倭。无贩番之名，有通倭之实。此皆所应严禁。然禁之当有法，而绝之则难行。何者？彼其贸易往来，籴谷他处，以有余济不足，皆小民生养所需，不可因剧而废履者也。不若明开市舶之禁，收其权而归之上，有所予而有所夺，则民之冒死越贩者固将不禁而自止。臣闻诸先民有言：市通则寇转而为商，市禁则商转而为寇。禁商犹易，禁寇实难，此诚不可不亟为之虑。且使中国商货通于暹罗、吕宋诸国，则诸国之情尝联属于我，而日本之势自孤。日本动静虚实亦因吾往来诸国，侦得其情。可谓先事之备。又商船坚固，数倍兵船，临事可资调遣之。商税二万不烦督责，军需亦免搜括之劳。市舶一通，有此数利。不然，防一日本而并弃诸同，绝商贾之利，启寇盗之端，臣窃以为计之过矣。臣又访得铅硝等货，接济夷，其途非一。在广东香山澳、佛郎机，番装贩最多，又有奸商在长芦、兴济等处予行匿载，取便过倭。竝宜一体设法严禁。若夷国之柬埔寨，多产铅硝，暹罗亦有之。倭奴每岁发船至交趾、吕宋地方买运而去，此义非禁令之所能及。此又非禁令之所能及。然则接济者不尽番舶。而番舶于通之之中寓禁之之法。岂得肆为接济乎？或者谓沿海商民，假之利权，往来番国，异日将有尾大不掉之患。夫使处置得宜，制御有术，虽番夷不足虑，而况吾民。如其不然，事变无常，殆不知其所。至虞倭奴一日狂逞，恐遂归咎市舶，则往事可鉴。昔犯浙直闽广近犯鲜辽曾不系海禁之开塞，臣等又不必过为规避也。

资料来源：陈子龙：《敬和堂集·疏通海禁疏》，《明经世文编》卷四〇〇，中华书局 1962 年版。

附录二 《请开洋禁疏》

（明）何乔远

南京工部右侍郎臣何乔远，为乞开海洋之禁，以安裕国事：臣备员南署，节阅邸报，见有闽中开洋之议。祇诵明旨，未见详奏。臣闽人也，敢言海事。窃见闽地窄狭，田畴不广，又无水道可通舟楫，上吴越间为商贾。止有贩海一路，可以资生。万历间开洋市于漳州府海澄之月港，一年得税二万余两，以充闽中兵饷，无所不足。至乎末年海上久安，武备废弛，逐致盗贼纵横，劫掠船货。兼以红毛一番，时来逼夺，当事者逐有寸板不许下海之令，至以入告，而海禁严矣。然海滨民众多生理无路，兼以天时旱涝不常，饥馑洊臻，有司不能安抚存恤。致其穷苦益甚，入海从盗。其始尚存一二亡命为之首长，既而啸聚渐繁，羽翼日盛。海禁一严，无所得食，则转掠海滨。海滨男妇束手受刃，子女银物尽为所有，而萧条惨伤之状，有不可胜言者矣。自郑芝龙招抚之后，颇留心为我保护地方。近者海氛稍靖，此政开洋之一会也。失今不行，海滨之民无所得食，势必复为盗。

臣请言开洋之利。盖海外之夷，有大西洋，有东洋。大西洋则暹罗、柬埔寨、顺化、哩摩诸国道，其国产苏木、胡椒、犀角、沉檀、片脑诸货物，是皆我中国所需。东洋则吕宋，其夷佛郎机也。其国有银山出银，夷人铸作银钱，独盛我中国。人若往贩大西洋，则以其所产货物相抵，若贩吕宋，则得其银钱而已。是两夷人者，皆好服用中国凌缎杂缯。其土不蚕，惟借中国之丝为用。湖丝到彼，亦自能织精好段匹，錾幽如花如鳞，服之以为华好。是以中国湖丝百斤，值银百两者，至彼悉得价可二三百两。而江西之瓷器，臣福建之糖品、果品诸物，皆所嗜好。佛郎机之夷虽名慧巧，顾百工技艺皆不如我中国人。我人挟一技以往者，虽徒手，无所不得食。是佛郎机之夷代为中国养百姓者也。此东、西二洋之夷，多永乐间太监郑和先后招徕入贡之夷，恭谨信顺，与北虏狡悍不同。至若红毛番一种，其夷名加留巴，其国去吕宋稍远，向岁羡佛郎机市我得利，强我人贩彼中，我人惮其险远，而佛郎机亦恶其争彼货物，教我人绝之，而红毛番始为难于海上矣。要其人狞顽，唯利是嗜，不畏死而已，而其信义颛一之性，初未尝负我钱物，且至其国者，大率一倍获数十倍之利。囊虽被我大创，顾未尝我怨，至今往来我近海地不绝也。

自我海禁既严，泉州、彭湖之外，有地名台湾者。红毛番入据其地，我奸民为接济，而佛郎机见我禁海，亦时时私至鸡笼、淡水之地，我奸民之出物，官府曾不得一钱之用，而利益尽归于奸民矣。夫与其利归奸民，而官府不得一钱之用，而熟若明开之，使上下均益，而奸民亦有所容乎！且始惟以海贼横劫贩船，故禁一船不许下海，贼既不得志于海，而反为暴于海滨之民。度商船之遇贼也，十不二三耳，且其船俱带有火药器械，连舟宗而行，贼来殊死斗，其不济者常少。贼来海滨，则男妇束手受刃，子女银物尽为所有，视商船所失相万矣。臣伏念万历年间，税以二万余也，立法之始则然也。今天下之民日众，图生日多，若洋禁一开，不但闽人得所衣食，即浙、直之丝客，江西之陶人，与诸他方各以其土物往者，当莫可算。原汉司马迁所谓"走死地如"者也。如是，则四方之民并获生计。且往者既多，积渐加税，度且不止二万余，但可充闽中兵而已。臣见中国之财，天产地毛，悉以输东、西二北边之用，其款虏者一出，而不复返。天生大利在海外之国，而一切闭绝之，但见有出孔无入孔，使奸民窃窃自肥，而良民坐受其困，殊为可惜。此其故虽有先后诸臣建议，臣意庙廊之上，未知其详且便之若此也，故敢为皇上披陈。

倘以臣言可采，则洋税给引，或仍旧开于海澄县之月港，或开于泉州府同安县之中左所，即使泉、漳两府海防官监督，而该道为之考核，若有贪墨显迹，申明纠治。而郑芝龙既有保护地方之意，责其逐捕海上，如三年内盗贼不生，人船无害，即行大加升赏。《礼经》所云："四方来集，远乡皆至。上无乏用，百事乃遂。"此古帝王生财之大道也。臣具疏临遣，旋接邸报，户部覆圣旨："这开洋通商事宜，该部既称不便，着照常禁饬。钦此。"臣知朝廷无反汗之理，欲止不言，合臣一人之言，合臣泉、漳二府士民之言也。未论裕国，盖弭盗安民，莫先此举，仍再乞敕下。臣本省抚按，广拘泉、漳士民之言，著为一定之论，布而行之，以为永利。臣本求去之人，何苦为此烦渎，实以欲靖地方，必开小民衣食之路，闭之者乃所以酿祸，而开之者正所以杜萌也。臣不胜仰望待命之至。

资料来源：何乔远：《镜山全集》，福建人民出版社 2015 年版，第 674—676 页。

附录三 《论南洋事宜书》

（清） 蓝鼎元

　　南洋诸番不能为害，宜大开禁纲，听民贸易，以海外之有余补内地之不足，此岂容缓须臾哉！昔闽抚密陈，疑洋商卖船与番，或载米接济异域，恐将来为中国患。又虑洋船盗劫，请禁艘舶出洋，以省盗案，迂谬书生，坐井观天之见，自谓经国远猷，以嘉谟入告我后左矣！圣祖虑患殷深，恐万一或如所言，因询问九卿，下及闲散人等，盖心疑其说之未必是。欲得熟悉海外情形者，一言证之也。乃当时九卿，既未身历海外，无能熟悉，闲散人等，又不能自达至尊，故此事始终莫言，而南洋之禁起焉，非圣祖意也。

　　夫惟知海国情形，乃可言弛张利害，海外诸番，星罗棋布，朝鲜附近，神京守礼法。东方之国日本，最为强大，其外皆尾问，问序番，稍降则为琉球，大小岛屿，断续二千里，外皆万水朝东，亦无他国。南洋番族最多，吕宋、噶罗吧为大，文莱、苏禄、麻六甲、了机、宜哑齐、柔佛、马承、吉里问等数十国，皆渺小不堪，罔敢稍萌异念。安南、占城势与两粤相接。此外有柬埔寨、六坤、斜仔、大泥诸国，而暹罗为西南之最。极西则红毛西洋，为强悍莫敌之国，非诸番比矣！红毛乃西岛番统名，其中有英圭黎、千丝蜡、佛兰西、荷兰、大西洋、小西洋诸国，皆凶悍异常。其舟坚固不畏飓风，炮火军械精于中土，性情阴险叵测，到处窥觇，图谋人国，统计天下海岛诸番，惟红毛、西洋、日本三者可虑耳！噶罗吧本巫来由地方，缘与红毛交易，遂被侵占为红毛市舶之所。吕宋亦巫来由分族，缘习天主一教，亦被西洋占夺，为西洋市舶之所。日本明时作乱，闽广江浙，皆遭蹂躏。至今数省人民，言倭寇者尚心痛首疾。南洋数十岛番，则自开辟以来，未尝侵扰边境，贻中国南顾易患，不过货财贸易，通济有无，今日本不禁，红毛不禁，西洋天主教布满天下，且以广东澳门为彼盘踞聚族之区，而独于柔顺寡弱，有利无害之南洋，必严禁而遏绝之，是亦不可以已乎？

闽广人稠地狭，田园不足于耕，望海谋生十居五六，内地贱菲无足重轻之物，载至番境，皆同珍贝。是以沿海居民，造作小巧技艺，以及女红针黹，皆于洋船行销，岁收诸岛银钱货物百十万，入我中土，所关为不细矣。南洋未禁之先，闽广家给人足，游手无赖，亦为欲富所驱，尽入番岛，鲜有在家饥寒，窃劫为非之患。既禁以后，百货不通，民生日蹙，居者苦艺能之罔用，行者叹致远之无方，故有以四五千金所造之洋艘，击维朽蠹于断港荒岸之间，驾驶则大而无当，求价则浩而莫售，拆造易小如削栋梁，以为只裂锦绣，以为缕，于心有所不甘。又冀日丽云开或有弛禁复通之候，一船之敝废，中人数百家之产，其惨目伤心，可胜道耶！沿海居民，萧索岑寂，穷困不聊之状，皆因洋禁。其深知水性，惯熟船务之舵工水手，不能肩担背负以博一朝之食。或走险海中，为贼驾船，图目前糊口之计，其游手无赖，更靡矿之，群趋台湾，或为犯乱。辛丑台寇陈福寿之流，其明效大验也。天下利国利民之事，虽小必为，妨民病国之事，虽微必去。今禁南洋有害而无利，但能使沿海居民，富者贫，贫者困，驱工商为游手，驱游手为盗贼耳，闽地不生银矿，皆需番钱，日久禁密，无以为继，必将取给于楮币皮钞，以为泉府权宜之用，此其害匪甚微也。

开南洋有利而无害，外通货财，内消奸宄，百万生灵仰事俯畜之有资，各处钞关，且可多徵税课，以足民者裕国，其利甚为不小。若夫卖船与番载米接济，被盗劫掠之疑，则从来无此事者也。内地造一洋船，大者七八千金，小者二三千金，能卖价值几何？商家一船造起，便为致富之业，欲世世传之子孙，即他年厌倦不自出，尚岁收无穷之租赁，谁肯卖人。况番山材木，比内地更坚，商人每购而用之，如鼎嘛桅一条，在番不过一二百两，至内地则直千金。番人造船，比中国更固，中国数寸之板，彼用全木，数寸之钉，彼用尺余。即以我船赠彼，尚非所乐，况令出重价以买耶！

闽广廪米无多，福建不敷尤甚。每岁民食，半藉台湾，或佐之以江浙。南洋未禁之先，吕宋米时常至厦，番地出米最饶，原不待仰食中国，洋商皆有身家，谁自甘法纲尝试。而洋船所载货物，一担之位，收船租银四五两，一担位之米，所值几何？舍其利而犯法，虽至愚者不为也。

历来洋船从无在洋被劫，盖以劫船之盗，皆在海边，出没岛澳，离岸百十里，极远止二三百里，以外则少舟行，远出无益。且苦飓风骤起，无停泊安身之处，洋船一纵，不知其几千里。船身既大，可任风波，非贼船所能偕行，若贼于海滨行劫，则上下浙广商船已可取携不尽，何必洋船。即与洋船相遇，而贼船低小，倚之且若高楼，非梯不能以上。一船之贼，多不过二三十人，洋船人数极少百余，且不俟与贼力战，但挽舵走据上风，可压贼船而溺之，何行劫之足虑，

方今圣主当阳九围绥静，凡有血气，咸同一家，而独于南洋弱小效顺之诸番，禁不与通来往。内外臣工或知而不言，殊非忠君爱国怀远宁迩惠养黎元之道。草莽愚生，所旁观而窃叹也！

不熟悉环海情形，不足以破迂儒主见，通篇就其言而破之，明目张胆为书生长多少气魄，王景略扪虱而谈当世之务，见此应亦叹服矣！

资料来源：（清）蓝鼎元：《鹿洲初集》，参见沈云龙主编《近代中国史料丛刊续编（第四十一辑）》，（台北）文海出版社 1976 年版，第 113—123 页。

附录四 《洋税考》

嘉靖中，有佛郎机船载货泊浯屿，漳龙溪八、九都民及泉之贾人往贸易焉。巡海道至，发兵攻夷船，而贩者不止。总督闽浙都御史朱纨获通贩者九十余人，悉斩之，而海禁严。三十六年，海寇许老、谢策等突至月港，大杀掠。明年冬，诱倭寇三千人再抵月港，散劫八、九都，往来浯屿间。寇累岁不息，土人乘机为叛，号二十四将，沿海骚然。四十三年，巡海道周贤宣计讨平之。其明年，奏设海澄县治。

隆庆初年，巡抚福建涂泽民题请开海禁，准贩东西二洋。通政唐顺之有云："国初，浙、福、广三省设市舶司。在浙江者，专为日本入贡，带有货物，许其交易。在广东者，则西洋番舶之辏，许其交易而抽分之。若福建既不通贡，又不通舶，而国初设立市舶之意，漫不可考矣。舶之为利也，譬之矿然。封闭矿洞，驱斥矿徒，是为上策。度不能闭，则国收其利权而自操之，是为中策。不闭不收，利孔漏泄，以资奸萌啸聚其间，斯无策矣。今海贼据浯屿、南屿诸岛，公然番舶之利；而中土之民，交通接济，杀之而不能止，则利权之在也。宜备查国初设立市舶之意，毋泄利孔，使奸人得乘其便。"其于海禁利害晰如也。

然市舶之与商舶，其说稍异。市舶者，诸夷舶泊吾近地，与内地民互为市，若广之濠镜澳然。商舶则土著民酿钱造舟，装土产，径望东西洋而去，与海岛诸夷相贸易；其出有时，其归有候。广洋巨浸，船一开骊，四望惟天水相粘无畔岸。而海人习知海道者，率用指南针为其导向。相传有航海针经。针或单用，或指两辰间，以前知某洋岛所在。约更时当行水路几许，打量水深浅几托（方言几刌为几托），海中岛屿作何状，某洋礁险宜慎，或风云气候不常，以何法趋避之。异时海贩船十损二、三，及循习于常所往来，舟无恙若安澜焉。盖海滨民射利精如此。

东洋若吕宋、苏禄诸国，西洋暹罗、占城诸国及安南、交趾，皆我羁縻属国无侵叛，故商舶不为禁（东洋有吕宋、屋同沙瑶、玳瑁、宿雾文来、南旺、大港、呐哔啴、磨荖英、笔架山密雁、中邦、以宁、麻里吕、米六合、高药武运、福河仑、岸塘、吕蓬；西洋有下港、暹罗、旧港、交趾、柬埔寨、丁机宜、顺塔、占城、马六甲、顺化、大泥、乌汀礁林、新州、哑齐、葛喇吧、彭西宁、陆坤、占陂、高趾州、篱木、高堤里邻、吉连单、柔佛、吉宁邦日隶、安丁义里、迟闷、苏禄、班隘；又有鸡笼、淡水，不系东西洋船数），而特严禁贩日本者，比于通番接济之例。

先是海澄未置县时，有靖海馆，以通判一员司巡缉，其后请设海防同知，易靖海馆为海防馆。万历二年，巡抚刘尧诲题请舶税充饷，岁以六千两为额，委海防同知专督理之，刊海税禁约一十七事（时海防同知沈植条陈）。其禁压冬议，以为过洋之船，以东北风去，西南风回，虽回缓亦不过夏。惟自倭回者，必候九、十月间风汛，且日本无货，只有金银。凡船至九、十月方回又无货物者，明系展转交倭，纵有给引，仍坐以通倭罪；同综及澳甲等许其举首给赏之。于时凡贩东西二洋、鸡笼、淡水诸番及广东高、雷州、北港等处商渔船引俱海防官为管给，每引纳税银多寡有差，名曰"引税"（东西洋每引纳税银三两，鸡笼、淡水及广东引纳税银一两，其后加增东西洋税银六两，鸡笼、淡水税银二两；万历十八年，革商渔文引，归沿海州县给发，惟番引仍旧）。每请引百张为率，随告随给，尽即请继，原未定其地，而亦未限其船。十七年，巡抚周采议将东西二洋番舶题定只数，岁限八十八只，给引如之。后以自变量有限，而私贩者多，增至百一十引矣。

其征税之规，有水饷，有陆饷，有加增饷。水饷者，以船之广狭为准，其饷出于船商。陆饷者，以货之多寡计值征饷，其饷出于铺商。

又虑有藏匿，禁船毋辄起货，以铺商所接买货物应税之数给号票，令就船完纳而后许鬻卖焉（西洋船面阔一丈六尺以上者，征饷银五两，每多一尺，加银五钱。东洋船颇小，量减西洋十分之三。陆饷：胡椒、苏木等货计值银一两者，征饷银二分。鸡笼、淡水名曰小番，地近船小，每船面阔一尺，征水饷银五钱，陆饷亦如东西二洋之例）。加增饷者，东洋中有吕宋，其地无出产，番人率用银钱（钱用银铸造，字用番文，九六成色，漳人今多用之）易货，船多空回，即有货亦无几，故商贩回澳，征抽水、陆二饷外，属吕宋船者，每船另追银百五十两，谓之加增（后各商苦难输纳，万历十八年量减，止征一百二十两）。每年至五六月、七八月间，风汛届期，各商船回至海外，俱由南澳、浯铜诸水寨及岛尾、濠门、海门各巡检司信地经过，随报府县及海防馆逐程拨船护送防寇掠，其实稽察隐匿饷税者云。

自万历四年，饷溢额至一万两，刊入章程录。至十一年，累增至二万两有余。二十一年，报倭警，禁止通贩，而海滨民苦为生难，辄违禁私下海，或假借县给买谷捕鱼之引故越贩。于是巡抚许孚远深念之，恐复为变如嘉靖时，出示招谕，凡留贩人船，不论从前有引无引、日远日近，俱准驾回照例报官纳饷，一切私通及压冬情罪悉宥免。是时越贩商人胡台、谢楠等二十四船，闻抚绥令，皆驾船回澳报饷，与正引之商一例征纳。二十二年，饷骤益至二万九千余两。然则海民趋利之情，与商舶通塞之利病，其大略可睹矣。

其后当事者疑税饷多寡，海门馆所报不尽实，始议仿各处关税之例，岁委各府佐贰官一员轮管之，示清核毋专利窟。而泉州以兵饷告匮，分巡兴泉道建议于泉州中左所设官抽饷，如漳之海防例，令漳民贩西洋，泉民贩东洋，毋相搀越。事并下府议。时漳民纷争不便，乃具详言："本府属县岁派额饷数少，民又多逋，军需往往告匮，即隆庆间开设海澄舶税，仅数千金，万历间增至一万两，以此佐之，犹且不敷，动请司饷济给，考之累年，各请发司饷二万两，往牒具在也。迨十三年以后，舶税增至二万余两，兼以概府尺土半廛凡属官者，靡不括以充饷，即铁炉、牛行、渡船、网税，搜无遗利，始免仰给司帑，然亦必县饷、舶税尽数征完，方克有济。查见在十县饷额共三万七千七百九十余两，凑舶税二万余两，大都在六万上下，而水陆官兵月粮、修船、置器、犒赏诸费，岁不下六万两。如万历二十一年禁海饷绌，则括府县帑藏及借诸站剩等银支用，岂有赢余积藏于库哉？漳、泉均为海郡，兵饷并属吃紧，饷在漳则漳利，饷在泉则泉利，其便均也，漳饷匮则请在漳，泉饷匮则请在泉，其不便亦均也。今欲以东西洋分属漳、泉，割漳饷以赡泉兵，不惟漳之兵食无所措给，从此私贩之徒缘为奸利、不漳不泉、东影西射、公然四出、不可究诘者，又当什百于昔日。本府筹之未见善画，在彼府计其无弊何如耳。"惟是榷税不专责于海防官，听上裁，于是漳、泉分贩议罢不行，而题请改设饷馆，给关防。

会上方大榷天下关税。二十七年，中贵人衔命至闽，凡山海关津之税，毕搜罗以进内帑，而舶税归内监委官征收矣（时议委三司首领一员与内监委官协管）。于正税外派办进方物费不赀，重以委官需索，土人狡谲无忌惮者投充为巡拦，恣扰害，漳民情用汹汹焉，赖有司调停安辑之，不为变。

而是时漳、泉民贩吕宋者，或折阅破产，及犯压冬禁不得归，流寓异土，筑庐舍，操佣贾杂作为生活，或娶妇长子孙者有之，人口以数万计。而同安人张嶷者，缪奏言海有机易山，与福建相近，地产金，若采取，可得成金无算。有诏遣中贵人委官往勘视。而吕宋番闻之，大恐；以中国将略取夷地，诸流寓人皆内应也。于是尽坑杀漳、泉民之在吕宋者以二万人。事闻，张嶷以欺罔首祸置极刑。

三十四年，有旨封闭天下矿洞，其各直省税课，令所在有司照常征解。命甫下，海内忻忻有更生之望。而所在税监仍奏请转解税课及办进上土产方物，且言税归有司，于地方无所事事，乞召回。于是旨纷出，先后互异：税银准解工部，又总解税监分进内库；土产方物准折办，又敕该监照旧办进。其布政司银既汇解，而税监者又欲州县有司径解及代办方物；有司莫知所从，事纷然久之。布政司乃具咨呈户部请画一，而部咨回复，以藩司一邦之主，若金花税粮等银，何莫不由藩司，而州县敢于经解乎！近者南赣巡抚题奉明旨："各处税课都着类总解税监分解应用。"是"各处"者，指各直省言也；"类总解监"者，明令布政司类总也，若由州县径解，当云"各解"，何须"类总"为乎？土产方物乃税监芹曝之诚，非有司贡献之礼，抚臣既题准折办及措处加平等费，续奉明旨照旧办进，并未有有司备办之旨，谨始虑终，正在今日。该省抚按亟当移会该监，备将历来明旨开导其详，使知"类总"二字，旨意昭然，径解之举，终属悖谬矣。

自是议稍定，当事复申前饷馆委官之议。以海澄洋税原议轮委各府佐贰征收，但外府之官远来住札非便，而增设供应人役，所费亦繁，不若于本府佐贰五员内岁委一员管理，事无专属，既于原议不悖，且于事体为宜。议允行本府官承委，岁一更代云。

先是投矿税为羽翼者探知海夷有别种，号红毛番，饶财宝，擅给中使文移招谕以来，船泊彭湖。其人非东西洋种人，发纯赤，强而多力，以船为家，于海岛诸港门贩鬻为生涯。其船宏壮甚，出没海洋怒涛中亡所损，为兵器自护卫，若佛郎机铳、发贡铳之属亦甚具。其交易颇以信义，怒辄杀人，海岛中诸夷恒畏避之。利中国罗绮、缯布、器皿诸货。诸奸人唊以利，谓漳之南澳、彭湖岛可以市舶。红夷者以为信，至凡数船。事闻，抚按行守巡道议，以市舶必不可许，且奏下兵部，覆疏请明旨诘责中使，令所在守将督信地兵严拒之。红夷船始去。而漳泉间射利者意觖觖，以为此不费航海而坐收远夷珍宝利百倍，若之何失之！呜呼！其亦不思甚矣哉！夷性无常，非我族类，而海边恶少民尤习狙诈，无事犹将勾引接济，为寇攘地，况日夕与豺狼处，非欺负货物，激怒夷而至为变，则将为阴阳播弄，唊夷以玉帛子女而为之向导；患之至也，其何日之有！若嘉靖中倭寇藉入贡蹂躏宁、绍间，皆起于市货不售，土人贪戾无行者为构，诱煽乱祸，蔓延至不可解。殷鉴不远，为闽计可复尔耶！

或曰：红夷性朴直，非狡倭比。是又不然。独不闻广香山之有澳夷乎？其初亦寻常贩易，今结聚日众，盘据濠镜澳，诸作奸犯科者悉亡命藏匿其中，筑崇城百雉，阸险防兵，势驶迫于省会，若瘿之附项、疽之附骨，治之不可，养之日深，当事者厪以为忧矣。今之红夷，其疆鹜出澳夷上。迩年与澳夷争市舶地，相贼杀广之海上，澳夷辄不胜，而高峻其城郭以防御之。其人魁伟者，殆防风氏之骨专车焉，可玩其狡不如倭而垂涎以为利薮，此奸人之以国为尝者也。

红毛番本名米粟果，佛郎机与国也。其国当中国之背，晨昏昼夜皆相反，去此四万余里。由西洋来者转大浪山，大险远；由东洋来者，至末利加国半年程，更造舟，又逾半年程至吕宋，或径达中国。末利加有石矶阻海，如南之万里石塘也。佛郎机于诸夷多所款服，又内据香山，得中国贿帛，雄富诸番。米粟果性贼嫉，尚雠杀，海外夷与佛郎机俱畏之。常至中国望南澳广东，及掠岛屿人为向导，俱不得达。万历癸卯，泊下港，劫舟商，投择书两台内监。五月，自泊舟彭湖求互市。内监遽上闻，愿征饷数十万。事下两台，力持为不可。亟命督府驱之。先遣檄与其酋，且侦舟。舟长五十丈，横广六、七丈，五桅，上皆以铁为网，外漆打马油，其光可鉴。夷人皆深目长鼻，赤须朱发，长躯七、八尺，能华言华字。读檄讫，投帽于地，恚曰："中国疑我耳！我金钱满艘，岂遽去哉！"导檄者遍视舟。至中舱，奉天甚谨。又出一画轴，皆华人衣冠，与其酋像群坐，曰："此吾祖也。曾与中国人结兄弟甚好，今乃相忘！"又至舵后观铜盘，略如中华罗经，大径数尺，译言照海镜，识此可海上不迷。又悬自鸣钟，日夜司更，不击自鸣。其舟内设三层，壮者居上，稚子居下，皆有家室。层设铳三十六枚，外向三层皆然，名"麦穟铳"。其中桅之下置大铳，长二丈，中虚如四尺车轮，云"发此可洞裂石城，震数十里。中国人逼我时，烈此自沈耳，不愿为虏也！"其言语桀黠多类此。往复数次，竟欲求彭湖为香山，且中有主之者也。已闻舟师大集，有献火舟策者，十一月乃徙去。然海上奸民私贸易，夷已捆载归矣。

第今东南隐患，又不但此。顷抚臣奏言："闽地斥卤硗埆，田不供食，以海为生、以洋舶为家者，十而九也。况今军需国课半取给于市舶，岂能禁之不去？但奸民有假给由引、私造大船、越贩日本者矣，其去也以一倍而博百倍之息，其来也又以一倍而博百倍之息。愚民蹈利如鹜，其于凌风破浪，直偃息视之。违禁私通，日益月盛。有暗结婚姻，有私受夷职，甚者或卖船以资敌。我无晋魏绛之五利，而彼饶中行说之三窟，长此安穷？况今琉球告急，属国为俘，而沿海奸民扬帆无忌，万一倭奴窃据，窥及鸡笼、淡水，此辈或从而勾引之，门庭之寇，可不为大忧乎！请申饬沿海清查由引，严禁压冬，不许私造违式大船，及以引饷事权归海道管核便。"疏下兵部覆，如议行。而沿海民大黠猾及凭借有势力者，借东西洋由引而潜趋日本，时时有之，禁虽严，未全戢。

论曰：海舶非正赋也，而志之赋役何居？嘉隆之际，月港之乱，余不忍闻焉。自设县弛海以来，使穰穰者骛于利，潜销磨其不逞，吾又得操其什一，以资军匮，庸讵非算乎？顾今东西洋利寖薄，贾人侵假而阑入倭境，又重设额外之征，横征敛以困辱之。兽穷则逸，鸟穷则攫，况轻悍习乱者，其又曷不至焉！呜乎！谨衣袽者念之哉！

资料来源：袁业泗：万历《漳州府志》卷九《洋税考》，第23、25页。

附录五 《吧国缘主碑记》

　　昔宋绍兴辛未，尚书定肃颜公之始建祖东宫也，捐俸奏请，德云懋矣。至淳熙己巳间，承事郎唐臣公复为恢廊其制，基址壮丽，费以巨万。盖未尝不叹其善述定肃公之志，而隆神庥于无穷也。辛丑播迁，庙成荒墟，公之子姓复捐募重建成，营立殿阁，架构粗备，未获壮观。赖吧国甲必丹郭讳天榜、林讳应章、诸君子捐资助之，一旦乐睹其成，焕然聿新，虽默鉴有神，启佑无疆，然颂功德而扬盛举者，当不在二公之下矣。是宜勒石志之，以垂不朽。

　　赐士弟吴钟撰书。

　　甲必丹：

郭讳天榜舍银陆拾两　　　林讳应章舍银叁拾两

王讳应瑞舍银拾捌两　　　黄讳廷琛舍银叁拾两

郭讳居鼎舍银叁拾陆两　　马讳国章舍银陆拾两

蔡讳宗龄舍银陆拾两　　　林讳元芳舍银拾式两

林讳万应舍银拾式两　　　林讳祖晏舍银陆两

陈讳炯赏舍银拾式两　　　蔡讳凤翔舍银陆两

王讳绍睿舍银式拾肆两　　林讳儒廷舍银陆两

信士

郭彬孝　何日章　王士转　傅宗汪　叶梦魁　陈烨壮

陈国良俱各舍银壹拾贰两

王士苓　郭昱秀　王昆余　陈三官　赵勋华　鲁卯官

郭壮奇　郭邦辉　黄增肇　郭奕载　王联登　柯朝振

黄魁官　王裕官　许帝官　黄妙官　黄辉祖　陈君冲

郑文官　陈尔舜　韩骥官　叶启忠　郭开曜　林逢春

何长裕　钟萃炳　李逢麟　张员官　卢怀宏　黄光官上俱各喜舍
银陆两

王琳官　林聘官　蔡宗官　洪漳官　王安观俱各舍银叁两陆钱

连恩官　柯科官　吕仁官　黄越官　李妙官　余团官　林阔官

钟标官　陈雄官　连品官　戴珍官　王凝官　王科官　黄应魁

杨饲官　吕盛官俱各舍银贰两肆钱

郭解官　黄胜官　柯汉官　许千官俱各舍银壹两捌钱

王潜官　潘卿官　吴果官　黄守仁　徐荫官　欧官官　车添官

卢伯官　施好官　许勤官　康强官　王笑官　林三官　刘日官

李成官　郑初官　赵补官　黄向官　张辰官　王补官　周卯官

林明官　朱宋官　陈开官　郑政官　黄凯官　毛周官　施平官

郑箴官　林前官　洪换官　周鹏官　徐二官　欧阳官　陈睿光

蔡进官　罗月官　吴起官　颜伯奋　黄尾官　陈章官　王协官

颜五官　汪智官　蔡庆官　吴贺官俱各舍银壹两式钱

甲必丹林讳应章、美锡甜马讳章同议，将吧国三都大道公缘银丑、寅二年共交银四百二拾两。劝缘颜铭益、颜忠鹏、吴维琛、林自谟、陈玉官。

康熙三十六年岁在丁丑孟冬吉旦首事颜仲、英仝立石。

资料来源：此碑现存厦门同安青礁慈济宫。

附录六 《天妃灵应之记碑》

　　皇明混一海宇，超三代而轶汉唐，际天极地，罔不臣妾。其西域之西，迤北之北，固远矣，而程途可计。若海外诸番，实为遐壤，皆捧琛执贽，重译来朝。皇上嘉其忠诚，命和等统率官校、旗军数万人，乘巨舶百余艘，赍币往赉之，所以宣德化而柔远人也。自永乐三年奉使西洋，迨今七次，所历番国，由占城国、爪哇国、三佛齐国、暹罗国，直逾南天竺、锡兰山国、古里国、柯枝国，抵于西域忽鲁谟斯国、阿丹国、木骨都束国，大小凡三十余国，涉沧溟十万余里。

　　观夫海洋，洪涛接天，巨浪如山，视诸夷域，迥隔于烟霞缥缈之间。而我之云帆高张，昼夜星驰，涉彼狂澜，若履通衢者，诚荷朝廷威福之致，尤赖天妃之神护佑之德也。神之灵固尝著于昔时，而盛显于当代。溟渤之间，或遇风涛，即有神灯烛于帆樯，灵光一临，则变险为夷，虽在颠连，亦保无虞。及临外邦，番王之不恭者，生擒之；蛮寇之侵掠者，剿灭之。由是海道清宁、番人仰赖者，皆神之赐也。

　　神之感应，未易殚举。昔尝奏请于朝，纪德太常，建宫于南京龙江之上，永传祀典。钦蒙御制纪文，以彰灵贶，褒美至矣。然神之灵无往不在，若长乐南山之行宫，余由舟师累驻于斯，伺风开洋，乃于永乐十年奏建，以为官军祈报之所。既严且整，右有南山塔寺，历岁久深，荒凉颓圮，每就修葺，数载之间，殿堂禅室，弘胜旧规。今年春，仍往诸番，蚁舟兹港，复修佛宇神宫，益加华美。而又发心施财，鼎建三清宝殿一所于宫之左，雕妆圣像，粲然一新，钟鼓供仪，靡不具备，金谓如是庶足以尽恭事天地神明之心。众愿如斯，咸乐趋事，殿庑宏丽，不日成之。画栋连云，如翚如翼，且有青松翠竹掩映左右，神安人悦，诚胜境也。斯土斯民，岂不咸臻福利哉？

人能竭忠以事君，则事无不立；尽诚以事神，则祷无不应。和等上荷圣君宠命之隆，下致远夷敬信之厚，统舟师之众，掌钱帛之多，夙夜拳拳，惟恐弗逮，无不竭忠于国事，尽诚于神明乎？师旅之安宁，往回之康济者，乌可不知所自乎？是用著神之德于石，并记诸番往回之岁月，以贻永久焉。

一、永乐三年，统领舟师，至古里等国。时海寇陈祖义，聚众三佛齐国，劫掠番商，亦来犯我舟师，即有神兵阴助，一鼓而殄灭之，至五年回。

一、永乐五年，统领舟师，往爪哇、古里、柯枝、暹罗等国，王各以珍宝、珍禽、异兽贡献，至七年回还。

一、永乐七年，统领舟师，往前各国，道经锡兰山国，其主亚烈苦奈儿负固不恭，谋害舟师，赖神显应知觉，遂生擒其王，至九年归献，寻蒙恩宥，俾归本国。

一、永乐十一年，统领舟师，往忽鲁谟斯等国，其苏门答腊国有伪王苏斡刺，寇侵本国，其王宰奴里阿比丁，遣使赴阙陈诉，就率官兵剿捕。赖神默助，生擒伪王，至十三年归献。是年，满刺加国王亲率妻子朝贡。

一、永乐十五年，统领舟师往西域，其忽鲁谟斯国进狮子、金钱豹、大西马；阿丹国进麒麟，番名祖刺法，并长角马哈兽；木骨都束国进花福绿并狮子；卜刺哇国进千里骆驼并驼鸡；爪哇、古里国进麋里羔兽。若乃藏山隐海之灵物，沉沙栖陆之伟宝，莫不争先呈献，或遣王男，或遣王叔、王弟，赍捧金叶表文朝贡。

一、永乐十九年，统领舟师，遣忽鲁谟斯等国，使臣久侍京都者，悉还本国。其各国王益修职贡，视前有加。

一、宣德六年，仍统舟师，往诸番国，开读赏赐，驻泊兹港，等候朔风开洋。思昔数次皆仗神明助佑之功如是，勒记于石。

宣德六年岁次辛亥仲冬吉日，正使太监郑和、王景弘，副使太监李兴、朱良、周满、洪保、杨真、张达、吴忠，都指挥朱真、王衡等立。正一住持杨一初稽首请立石。

资料来源：该碑现存于长乐市南山郑和史迹陈列馆内。